Greg Riether
Wahre Gnade - Die Lehren Jesu

Greg Riether

Wahre Gnade

Die Lehren Jesu

Aus dem Amerikanischen von
Gabriele Kohlmann

Copyright © 2013 by Greg Riether
Die amerikanische Originalausgabe erschien im Verlag *Virtualbookworm.com Publishing Inc.*
unter dem Titel *Real Grace: The Teachings of Jesus.* All rights reserved.

Die Deutsche Nationalbibliothek verzeichnet diese Publikation in der Deutschen Nationalbibliografie; detaillierte bibliografische Daten sind im Internet über http://dnb.dnb.de abrufbar.

Bibelzitate, sofern nicht anders angegeben, wurden der Schlachter Bibelübersetzung
entnommen. Bibeltext der Schlachter, Copyright © 2000 Genfer Bibelgesellschaft. Alle
Rechte vorbehalten. Alle Bibelübersetzungen wurden mit freundlicher Genehmigung
der Verlage verwendet. Hervorhebungen einzelner Worte oder Passagen innerhalb von
Bibelstellen wurden vom Autor vorgenommen.

ELB *Revidierte Elberfelder Bibel* © 1985, 1991, 2006, SCM R.Brockhaus im SCM Verlag
     GmbH & Co. KG, Witten.
EÜ   *Einheitsübersetzung*, Copyright © 1980 Kath. Bibelanstalt GmbH, Stuttgart.
HFA *Hoffnung für alle* © by Biblica, Inc.®, hrsg. von Fontis.
LUT *Lutherbibel*, Revidierte Fassung von 1984, Copyright © 1985 Deutsche
     Bibelgesellschaft Stuttgart.
NEÜ *Neue evangelistische Übersetzung*, Copyright © Karl-Heinz Vanheiden.
NLB *Neues Leben Bibel*, Copyright © 2006, SCM R.Brockhaus im SCM-Verlag GmbH &
     Co. KG, Witten.
NGÜ *Neue Genfer Übersetzung* – Neues Testament und Psalmen, Copyright © 2011 Genfer
     Bibelgesellschaft.

Zitate aus den folgenden Bibeln wurden aus dem Englischen übersetzt:
NKJV *New King James Version*, Copyright © 1982 by Thomas Nelson, Inc.

Lektorat: Gabriele Kohlmann, Thilo Niepel
Umschlaggestaltung: spoon design, Olaf Johannson
Umschlagbild: makarenko7/Shutterstock.com
Satz: Grace today Verlag
Druck: CPI – Clausen & Bosse, Leck
Printed in Germany

1. Auflage 2018

© 2016 Grace today Verlag, Schotten

Paperback: ISBN 978-3-95933-066-4, Bestellnummer 372066
E-Book: ISBN 978-3-95933-067-1, Bestellnummer 372067

Nachdruck und Vervielfältigung, auch auszugsweise, nur mit Genehmigung des Verlages.

www.gracetoday.de

Inhalt

Vorwort

Die Buchreihe »Wahre Gnade« mit ihren Bänden »Die Lehren Jesu«, »The Miracles of Jesus« (*Die Wunder Jesu*) und »The Parables of Jesus« (*Die Gleichnisse Jesu*) entstand aus dem tiefen Wunsch, die Evangelien mit neuen Augen zu betrachten. Aus zwei Gründen fühlte ich mich dazu veranlasst.

Erstens wurde meine Theologie von 20 Jahren durch eine tiefere Offenbarung der Gnade ernsthaft erschüttert. Dieses einzigartige Konzept, dass alle meine Sünden (vergangene, gegenwärtige und zukünftige) von Jesus am Kreuz gebündelt und dort von ihm in vollem Umfang bezahlt worden waren, war etwas, das ich so nie zuvor verstanden hatte. Gott versöhnte durch Christus die Welt (die ganze Welt!) mit sich selbst, indem er den Menschen ihre Sünden nicht anrechnete (2Kor 5,19). Gott rechnet niemandem dessen Sünden zu! Unser religiöses Schema, Gott um Vergebung anzuflehen, wie auch immer sich das in den jeweiligen Denominationen abspielt, ist anti-christlich. Die Wahrheit des Evangeliums ist: Wir sind »für immer vollendet« (Hebr 10,14)! Und nicht: »vollendet, bis wir das nächste Mal sündigen«. (Alle, die jetzt 1. Johannes 1,9 als Einwand vorbringen, sollten eine kurze Abhandlung von Bob George mit dem Titel »What About 1 John 1:9?« lesen. Dieser Vers – wie auch alles andere im ersten Kapitel von 1. Johannes – richtet sich nicht an Gläubige.) Dies ist der Skandal des neuen Bundes in Jesus. Menschen, die »geistlich arm« sind, erben das Königreich! Was Jesus und seinen neuen Bund betrifft, bleibt nur eine Frage: Glaubst du das? Diejenigen, die glauben, haben das ewige Leben. Wer nicht glaubt, ist bereits verurteilt (Joh 3,18). Als ich diese tiefere Offenbarung über das vollendete Werk Christi empfing, öffnete sich mir die Bibel wie nie zuvor. Es war, als hätte ich eine völlig neue Bibel! So viel Freude!

Darüber hinaus begann ich zu sehen, wen Jesus in den Berichten der Evangelien verkörperte, nämlich die Übergangsfigur zwischen dem alten Bund des Gesetzes zu dem neuen Bund der Gnade. Heute erscheint alles so elementar, aber zu der damaligen Zeit war es eine gewaltige Offenbarung. Jesus tat während seines Dienstes stets eines von zwei Dingen: Entweder begrub er Menschen unter den Forderungen von Gottes Gesetz (damit sie ihre Eigenbemühungen um Gerechtigkeit aufgeben, sprich »dem eigenen Ich sterben« würden) oder er wusch sie auf neue und lebendige Weise gemäß der Gnade (er vergab die Sünden des gelähmten Mannes, ohne dass dieser Mann sie bekannt und Buße getan oder auch nur um Vergebung gebeten hätte!). Wenn du Jesu unterschiedliche Beweggründe nicht nachvollziehen kannst, wenn du nicht verstehst, dass der neue Bund erst mit dem Tod von Jesus in Kraft trat, und auch nicht erkennst, dass ein Großteil von Jesu Lehren ein Angriff auf das System der »Eigenbemühung« (das System des Fleisches) war, wirst du allen Reden Jesu die gleiche Bedeutsamkeit beimessen. Du wirst dann glauben, sie richteten sich allesamt direkt an gläubige Christen. Diese Herangehensweise hat den Lehren Jesu großen Schaden zugefügt und viele Gläubige in Verdammung und Furcht festgehalten. Diese Buchreihe ist darum bemüht, die kraft- und gnadenvollen Worte Jesu und sein Wirken neu zu erfassen, damit wir die beeindruckende Schönheit und den Skandal des »fleischgewordenen Wortes voller Gnade und Wahrheit« (Joh 1) erkennen können.

Während des Lesens wirst du hin und wieder bestimmte wiederkehrende Formulierungen finden. Das ist so, weil jedes dieser Kapitel in meiner Gemeinde als Predigt gehalten wurde. Was du liest, ist eine überarbeitete Version meiner Predigtmanuskripte.

Ich glaube, diese Lehreinheiten werden dich mächtig segnen. Ich glaube außerdem, dass der Heilige Geist die hier dargelegten Wahrheiten in deinem Herzen bezeugen wird. Freue dich, mein Freund. Jesus ist SO gut! Und Papa liebt dich!

Einleitung

Ich habe die Worte Jesu in zwei Kategorien aufgeteilt und jeder davon ein Buch gewidmet: »Die Gleichnisse Jesu« und »Die Lehren Jesu«. Im vorliegenden »Die Lehren Jesu« möchte ich die schwierigsten Worte Jesu vorstellen, die ich in den vier Evangelien finden konnte. Viele der Lehreinheiten entstanden aufgrund von Fragen, die mir gestellt wurden. Leute sagten zu mir: »Aber Pastor Greg, was ist mit dieser Lehre Jesu? Ich weiß nicht, wie das mit unserem Verständnis von Jesu vollbrachtem Werk zusammenpasst.«

Sehr viele »Was ist mit dieser Lehre«-Fragen haben ihren Ursprung in der Bergpredigt. Deshalb erschien es mir richtig, mit ihr zu beginnen. Die Bergpredigt ist eine der beliebtesten, am häufigsten zitierten und am meisten missverstandenen Schriftstellen. Teile davon wurden von Menschen dazu benutzt, Gläubige zu verurteilen und sie in Furcht gefangen zu halten.

Schließlich sagte Jesus doch:

- Du musst vergeben, sonst wird dir nicht vergeben.
- Du musst vollkommen sein, wie dein himmlischer Vater vollkommen ist.
- Wenn du dich über deinen Bruder ärgerst, gehörst du ins Feuer der Hölle.
- Der Weg zum ewigen Leben ist schmal und schwer zu finden.
- Jeder Baum, der keine Frucht trägt, wird abgehauen und ins Feuer geworfen.
- Wenn du nicht alles tust, was Jesus befiehlt, hast du dein Haus auf Sand gebaut.

Die Lehrreihe über die Bergpredigt ist eine der wichtigsten überhaupt. Sie zu verstehen ist ausschlaggebend, da die Worte Jesu in Matthäus 5–7 in der Wahrnehmung vieler Christen das Herzstück seines Dienstes bilden. Während du die einzelnen Lehreinheiten durchgehst, wirst du große Freude verspüren, wenn du siehst, wie der neue Bund sich vor dir entfaltet.

Ich glaube, dass ich jede schwierige Stelle in den Evangelien zumindest streife und den nötigen Hintergrund und Bezugsrahmen biete, um Jesu Worte verstehen zu können. Es gibt eine Sache, die ich Menschen sage, wenn sie sich unserem wunderbaren, mitfühlenden Herrn durch die Schriften der Evangelien nähern: »Habt keine Angst vor IRGENDETWAS, das Jesus sagt.« Für den Gläubigen gibt es keine Furcht, denn die vollkommene Liebe treibt die Furcht aus (1Joh 4,18). In dem Moment, in dem wir den Kontext von Jesu Dienst kennen und seine Motive dafür, Menschen aus dem System des Fleisches (dem Gesetzessystem des alten Bundes) hinaus und in das System des Geistes (das Gnadensystem des neuen Bundes) hinein zu helfen, werden seine Lehren deutlich und glasklar.

Freuen wir uns an den Worten unseres Herrn Jesus!

Die Bergpredigt

TEIL 1 - GIB DEINE GERECHTIGKEIT AUF

Es ist solch eine Freude, wenn Menschen zum ersten Mal die Botschaft der Gnade, das wahre Evangelium von Jesus, empfangen! Das wahre Evangelium von Jesus besteht darin, dass er alle deine Sünden auf sich genommen hat, jegliches Fehlverhalten vom Beginn deines Lebens bis zu deinem Lebensende, und dass es keine Sünde gibt, für die zu irgendeinem Zeitpunkt nochmals bezahlt werden müsste. Du bist rein und angenommen und für immer mit Gottes Gerechtigkeit beschenkt worden. Du stehst als Sohn vor deinem Vater und er freut sich stets über dich. Du bist sein geliebter Sohn, an dem er Freude hat. Gott rechnet dir deine Sünden nicht an. *»Denn Gott war in Christus und versöhnte so die Welt mit sich selbst und rechnete den Menschen ihre Sünden nicht mehr an«* (2Kor 5,19 NLB). Du hast dieses Wort von Jesus empfangen, sein Evangelium – die gute Nachricht – über dich. Er sprach es über dich aus, du hast begonnen, es anzunehmen, und schon steigt Freude in dir auf! Leben beginnt zu fließen! Liebe entspringt aus deinem Inneren und Hoffnung, die nicht enttäuscht, breitet sich in dir aus.

Und dann gehst du nach Hause und beginnst damit, diese wunderbare Botschaft an deine Familie und Freunde weiterzugeben, von denen einige in der Gemeinde aufgewachsen sind und die Bibel kennen. Sie hören, was du sagst, und sofort fangen ihre Alarmglocken an zu klingeln – ding, ding, ding – und dann sagen sie: »He, du liegst falsch. Ja, da steht zwar, Gott hat dich für immer vollkommen gemacht, aber das muss etwas anderes bedeuten. Und ja, da steht auch, dass du auf ewig erlöst bist, doch das ist anders zu verstehen. Gut, da steht außerdem, dass Gott dir deine Sünden nicht anrechnet und dass du die Gerechtigkeit Gottes besitzt, die nicht aus dem Gesetz kommt, aber sicherlich ist damit etwas anderes gemeint.« Und dann werden sie ohne zu zögern auf Worte zurückgreifen, die Jesus in seiner Bergpredigt ausgesprochen hat.

Die Bergpredigt beinhaltet das Vaterunser, in dem es heißt: »Du musst vergeben, damit dir vergeben wird.« Und dann sind da noch Aussagen wie diese: Wenn du eine geschiedene Person heiratest, begehst du Ehebruch. Und du hast keine Belohnung im Himmel, wenn du deine Schätze hier auf Erden aufhäufst. Und der Weg zu Gott ist schmal und schwer zu finden. Und nicht jeder, der »Herr, Herr« zu Jesus sagt, wird in das Himmelreich hineinkommen, das werden nur diejenigen, die den Willen des Vaters »tun« (siehe Mt 7,21). Nur derjenige, der *alles* tut, was Jesus sagte, ist wie ein Mensch, der sein Haus auf einen Felsen gebaut hat. Und wenn du nicht alles beachtest, jeden Befehl, den Jesus soeben gegeben hat, bist du eine Person, deren Haus auf Sand gebaut ist, und groß wird die Zerstörung sein. Du kannst also noch immer zerstört werden!!!!

Hör zu, Gemeinde, der Teufel will stets, dass ihr euch wieder auf eure Leistung und eure Unzulänglichkeit konzentriert, statt euren Blick fest auf Jesu Leistung und sein Gnadenangebot gerichtet zu halten. Und Menschen, die den in Jesus geschlossenen Bund der Gnade nicht verstehen, werden immer auf Jesu Bergpredigt und die Aussagen, die er in ihr trifft, hinweisen.

Selbstverständlich liebe ich alles, was Jesus in den Evangelien sagte. Ich liebe seine Worte! Und wenn du verstehst, dass Jesus die Übergangsfigur zwischen dem alten Bund des Gesetzes und dem neuen Bund der Gnade ist, kannst du seine Aussagen auch richtig deuten. Doch wenn du die beiden Bünde miteinander vermengst, wirst du Jesus missverstehen. Jesus führte eine völlig neue Art der Beziehung zu Gott ein, die auf Gnade basiert, gegründet auf seinem vollbrachten Werk. Das beinhaltete gleich mehrere Dinge: Erstens musste er die Menschen dazu bringen, die Mangelhaftigkeit des ersten Bundes des Gesetzes zu sehen. Sie sollten ihre Eigenbemühungen als hoffnungslos unzureichend erkennen. Zweitens musste er den neuen Bund der Gnade einführen, der bei seiner Auferstehung in Kraft treten würde. Die Menschen lebten nicht unter dem neuen Bund, solange Jesus nicht von den Toten auferweckt worden war. Niemand konnte vor der Auferstehung, genauer gesagt vor Pfingsten, vom Geist Christi erfüllt werden. Während Jesu Dienst auf der Erde gab es daher niemanden, der von neuem geboren war. Sogar der Glaube, mit dem die Menschen an Jesus glaubten, war somit von ihnen selbst hervorgebracht und unterschied sich von dem Glauben, den wiedergeborene Gläubige als Geschenk besitzen.

Du besitzt den Glauben Jesu, der dir als Geschenk gegeben wurde. Du hast keinen größeren oder kleineren Glauben als den, den ich habe. Du wurdest aus Gnade durch Glauben gerettet, und dieser Glaube war ein Geschenk Gottes und entsprang nicht deinen eigenen Werken oder Bemühungen. Selbst die Geschichten über den Glauben der Menschen um Jesus herum, die geheilt wurden, müssen im Licht des neuen Bundes der Gnade betrachtet werden.

Ich möchte das Unmögliche tun. Ich möchte zu der von Menschen so oft missverstandenen Bergpredigt gehen, die drei Kapitel des Matthäusevangeliums umfasst, und sie in ihrer vollen Länge betrachten. Dann möchte ich das Ergebnis in einem einzelnen Kapitel dieses Buches als Übersicht darstellen. Ich möchte, dass du Jesu Herz und seine Strategie erkennst. Lass uns also mit der Übersicht beginnen.

Jesus stieg auf den Berg und setzte sich. Die Menschenmengen kamen. Seine Jünger traten zu ihm. Und »*dann begann er zu reden und lehrte sie*« (Mt 5,2). Die ersten Worte aus dem Munde Jesu waren das, was wir die »Seligpreisungen« nennen. Weißt du, wie sie in den Ohren dieser Menschenmengen klangen? Sie klangen nach Hoffnung – der Hoffnung, dass das Königreich der Himmel in ihrer Reichweite war. Menschen, die gescheitert waren; Menschen, die arm im Geist waren; Menschen, die wussten, dass sie ungerecht waren, sich aber danach sehnten, gerecht zu sein; Menschen, die auf der Grundlage dessen, was sie über Gott gelehrt worden waren, keine Chance hatten – zu ihnen sagte Jesus: »Das Königreich der Himmel gehört euch, ihr werdet getröstet werden, ihr werdet das Land erben, ihr werdet ein reines Herz besitzen, ihr werdet Gott sehen, ihr werdet Söhne Gottes genannt werden, im Himmel wartet eine große Belohnung auf euch wegen meines Wortes.«

Das ist das Thema des gesamten Dienstes Jesu. »Kehrt um – das Königreich der Himmel ist nah. Es ist in greifbarer Nähe.« Jesus spricht hier zu ganz gewöhnlichen Menschen, die auf die Schriftgelehrten und Pharisäer und deren äußerliche Gerechtigkeit sahen und zu sich selbst sagten: »Auf *keinen* Fall habe ich bei Gott eine Chance.« Und dann beginnt Jesus seine Predigt damit, den Menschen Hoffnung zu geben: »Ja, du hast bei Gott eine Chance. Tatsächlich ist es so: Falls du derjenige bist, der untauglich ist (arm im Geist, voller Sehnsucht nach der Gerechtigkeit, die du nicht besitzt), dann hast du es geschafft! Das ganze Königreich wird dir gehören.«

Jesu Strategie ist es, zuallererst eine Vision der Hoffnung zu vermitteln, wankende Knie zu stärken. Gott hat einen Plan für gescheiterte Menschen, und das Endergebnis dieses Plans ist, dass das gesamte Reich Gottes zu deinem Besitz wird. Das ist Gottes

Absicht für die Menschheit – dieses neue, unfassbar hoffnungsvolle Leben. Doch wie wird eine Person von Gerechtigkeit erfüllt, wie kann eine hoffnungslos untröstliche Person inneren Trost empfangen? Etwas fehlt im Inneren. Ein bestimmter Teil fehlt der Menschheit. Wir sind das Salz, das seine Würzkraft verloren hat. Vers 13 sagt: »*Ihr seid das Salz der Erde. Wenn aber das Salz fade wird, womit soll es wieder salzig gemacht werden?*« Etwas Wesenhaftes fehlt den Menschen; wie Salz, dem die Salzigkeit fehlt. Der von Gott zugedachte Zweck unseres Lebens wird durch diesen fehlenden Bestandteil beeinträchtigt. Damit untrennbar verbunden ist die Art und Weise, wie wir versuchen, unser Leben zu führen. Menschen sollen Leuchttürme Gottes sein. Wir sollen dermaßen großartige Beispiele für Gerechtigkeit sein, dass andere Menschen unsere guten Werke sehen und unseren Vater im Himmel dafür preisen. Wenn sie uns sehen, sollen sie Gott preisen und sagen: »Wow, Gott, welch ein Segen ist dieser Mann, welch ein Segen ist diese Frau!«

Jetzt kommt der Moment, in dem die Menschen, die Jesus auf dem Berg zuhören, ihre Köpfe senken. Als Erstes gab Jesus ihnen die Hoffnung auf das Königreich. Doch nun muss er sie dazu bringen, das alte System aufzugeben, in dem sich ihre Beziehung zu Gott darauf gründete, wie gut sie waren, denn was du tust, erfüllt dich nicht mit Gerechtigkeit. Du wirst von Gerechtigkeit nur erfüllt, indem du sie im Glauben und wie ein Kind als Geschenk annimmst. Jesus muss sie also dazu bringen zu erkennen, welches Problem ihre Art der Annäherung an Gott birgt. Sinngemäß sagt er: »Die Leute sollten auf den Straßen wegen eurer Taten singen. Sie sollten eure guten Werke sehen und Gott preisen.« Seine Zuhörer lassen die Köpfe hängen, weil jemandem, der arm im Geist ist und dem es an Gerechtigkeit mangelt, so etwas garantiert nicht widerfährt.

Nun wird's heikel. Jesus muss sie zur Selbstaufgabe bewegen. Er muss die Menschen an den Punkt führen, wo sie sich selbst und ihren Bemühungen um einen einwandfreien Lebenswandel sterben. Er muss Menschen, deren ganze Identität als Nation fest an ein System gebunden ist, in dem Gottes Gesetz gehalten werden muss, um ihn damit zufriedenzustellen, an die Hand nehmen und ihnen die Vergeblichkeit dieses Systems aufzeigen, damit sie es verlassen. Stell dir das vor: Ihre gesamte Lebensweise, das tägliche Leben dieser Menschen – vom Aufstehen am Morgen bis zum Zubettgehen am Abend – war erfüllt von »Dingen, die getan werden mussten«, um vor Gott rein zu bleiben. Ihr Alltag, ihr religiöses Leben, ihre ganze Identität als Nation ist fest mit dem System des Gesetzes verbunden. Jesus muss sie dazu bringen, dieses System aufzugeben. Und während der folgenden 31 Verse, bis zum Ende des Kapitels, wird Jesus zunehmend brutaler. Damit will er sie zu einer ehrlichen Betrachtung des Systems des alten Bundes bringen, das sie nicht gerecht zu machen vermag.

Jesus sagt: »Ich weiche das Gesetz nicht auf. Ich kam nicht, um das Gesetz aufzuheben, sondern um es zu erfüllen. Ich werde tun, wozu ihr nie in der Lage wart.« In der Menge gibt es einige, die sich angegriffen fühlen, weil sie denken: »Nun, ich habe das Gesetz von meiner Jugend an gehalten.« Jesus geht nun mit aller Härte in die Offensive: »Hört auf zu tricksen! Kein Jota und kein Strichlein kann weggeschummelt werden.« Das »Jota« ist das hebräische *Jod*, der kleinste Buchstabe im hebräischen Alphabet und einem kleinen Apostroph ähnlich. Das »Strichlein« ist der kleine dekorative Schnörkel am Ende eines Buchstabens, eine Art Serife. Jesus spricht die Zuhörer auf ihre Kompromisse bei der Einhaltung des Gesetzes an: »Selbst den kleinsten Buchstaben des Gesetzes dürft ihr nicht verfälschen.«

Sieh dir Vers 19 (NGÜ) an: »*Wer darum eines dieser Gebote – und wäre es das geringste – für ungültig erklärt und die Menschen in diesem Sinn lehrt, der gilt im Himmelreich als der Geringste. Wer aber danach handelt und entsprechend lehrt, der gilt viel im Himmelreich.*« Das ist die Sichtweise des Himmels, die himmlische Stellungnahme zu Menschen, die versuchen, das Gesetz zu halten. Wenn du auch nur das kleinste Gebot des Gesetzes brichst, wird man dich im Himmelreich *elachistos* nennen, ein Wort, für das es keine weitere Steigerung gibt und das die absolut niedrigste Form der Existenz beschreibt. »Wenn du auch nur beim kleinsten Teil des Gesetzes versagst, betrachtet der Himmel dich als die unwürdigste Kreatur, die je geschaffen wurde. So beurteilt der Himmel dich. Wenn du allerdings alles richtig machst, betrachtet der Himmel dich als der Größte von allen. Na, wie beurteilt dich der Himmel wohl?«

Nach dem Gesetzessystem hast du nur zwei Möglichkeiten: Du bist entweder so vollkommen wie dein himmlischer Vater und somit der Größte im Königreich der Himmel *oder* du bist der Armseligste und Unwürdigste und verdienst den Zorn Gottes. Weil Jesus kam, um an deiner Stelle das Gesetz zu erfüllen, gab er dir, als du anfingst, an ihn zu glauben, seine Gerechtigkeit, seine Vollkommenheit, und du wurdest – im selben Moment und für immer – der Größte im Königreich der Himmel. Unter dem Bund des Gesetzes ist es anders, da fällt ausnahmslos jeder in eine der beiden Kategorien.

»Denn ich sage euch: Wenn nicht eure Gerechtigkeit die der Schriftgelehrten und Pharisäer weit übertrifft (perisseuo – reichlich vorhanden, im Überfluss vorhanden), *so werdet ihr keinesfalls in das Reich der Himmel hineinkommen«* (Vers 20 ELB). Jesus meint es nicht böse, er will die Menschen nur zum Aufgeben bewegen. »Bitte gebt auf. Seht doch bitte, dass ihr einen anderen Weg braucht.

Ich werde dieser Weg sein, ein neuer und lebendiger Weg.« Das ist sein Bestreben. Und im gesamten folgenden Abschnitt verstärkt Jesus die Last des Gesetzes. Er begräbt die Zuhörer geradezu unter den Forderungen des Gesetzes, um sie zum Aufgeben zu bringen und damit sie ihren Eigenbemühungen sterben.

»*Ihr habt gehört, dass zu den Alten gesagt ist:* ›*Du sollst nicht töten!*‹, *wer aber tötet, der wird dem Gericht verfallen sein*« (Vers 21 ELB). Zorn ist Mord. Lustvolles Begehren ist gleichbedeutend mit Ehebruch. »Wenn ihr eine geschiedene Person geheiratet habt, habt ihr damit Ehebruch begangen.« Steht jetzt noch jemand erhobenen Hauptes da? Dann lasst mich fortfahren. »Wenn eure rechte Hand euch zum Unrecht verführt, haut sie ab; wenn euer Auge euch zur Sünde anregt, reißt es heraus.« So ernst ist der Verstoß. Das ist das Gesetz. Seid ihr Söhne des Gesetzes? Lebst du gemäß den Lehren Jesu? Wenn du seine Worte als ein neues Gesetz siehst, unter dem wir heute leben, hat es Jesus für dich soeben verschärft. Geh und lebe nach seinen Lehren. Hör auf, ein Heuchler zu sein, schnapp dir dein Steakmesser und fang an, deine Hände abzusäbeln und deine Augen auszustechen. Der Punkt ist, dass du das nicht kannst. Gib Jesus einfach recht – das alte System funktioniert nicht. Du hast das Gesetz hoffnungslos gebrochen.

Jesus fügt nun eine kleine Parabel ein: »*Werde dir mit deinem Widersacher schnell einig, solange du noch mit ihm auf dem Weg bist*« (Vers 25 NKJV). Der Widersacher ist Satan. Tatsächlich benutzt Petrus genau dieses Wort, um unseren Widersacher zu beschreiben, der umherstreift wie ein brüllender Löwe. Der Widersacher ist der Ankläger. Satan will, dass du dich von Gott abgelehnt fühlst. Jesus sagt hier, solange du noch auf dem Weg bist mit ihm – also hier auf der Erde lebst –, sollst du dem Widersacher unverzüglich beipflichten, indem du sagst: »Ja, ich habe versagt, und ich brauche einen neuen Weg, der mich zu Gott führt.«

Dann taucht Jesus wieder in das Gesetz ein. Er blickt auf, um zu sehen, ob noch jemand steht, dann fährt er fort: »Schwört ihr? Plappert ihr drauflos? Eure Schwüre sind ein Verstoß. Wenn etwas anderes als ›ja‹ oder ›nein‹ aus eurem Mund kommt, ist es von dem Bösen.« Na, wie ist das? Ja, jetzt bin ich richtig in Fahrt. »Wenn euer Feind euch verklagt, gebt ihm mehr, als er von euch fordert. Wenn er euch ins Gesicht schlägt, sagt ihm, es ist in Ordnung, wenn er euch auch noch auf die andere Wange schlägt, denn so wird das Gesetz erfüllt. Ihr denkt, ihr dürft eure Feinde hassen; nein, ihr müsst eure Feinde lieben. Segnet die, die euch verfluchen, betet für die, die euch etwas zuleide tun, damit ihr Söhne eures Vaters im Himmel seid« (siehe Vers 45).

Was macht dich unter diesem System zu einem Sohn? *Alles einzuhalten!* Doch lässt du auch nur ein Jota oder ein Strichlein aus, wertet dich der Himmel als niedrigste aller Kreaturen. Und der absolute Höhepunkt dieses Predigtabschnitts ist Vers 48: »*Darum sollt ihr vollkommen sein, gleichwie euer Vater im Himmel vollkommen ist!*«

Die Menschen sind sprachlos. Hör zu: Erlaube es niemandem, Verse aus diesem Abschnitt herauszupicken und dich unter Verdammnis zu bringen. Der gesamte Abschnitt ist dazu gedacht, *jeden* zu verurteilen, damit wir an uns selbst verzweifeln und aufgeben. Jesus will nicht, dass du unter Verdammnis lebst. Er will nur, dass wir ehrlich sind, was das System betrifft, das wir für unsere Beziehung zu Gott verwenden. Wenn es das System des Gesetzes ist, wenn Gott mal zufrieden mit dir ist und dann wieder zornig auf dich wird, je nachdem, wie gut du das Gesetz gehalten hast, dann bist du in deiner Gerechtigkeit gehandicapt. Die Verdammnis, unter der du dann lebst, wird dich umbringen. Sie wird dich verrückt machen. Einige der am schlimmsten verkorksten Menschen, die ich gesehen habe, kamen aus guten christlichen Elternhäusern, wo das System, unter dem sie lebten, Gottes Gesetz war, und wo ihnen zum Frühstück, Mittagessen und Abendbrot nichts anderes als Schuld vorgesetzt wurde. Es gibt einen besseren Weg, und sein Name ist Jesus, was »Jahwe rettet« bedeutet. *Er rettet. Du rettest nicht. Er tut es.* Entspanne dich in seinem Erlösungswerk. Dir ist vergeben und du lebst als freier Mensch unter seiner wunderbaren Gnade.

An diesem Punkt der Bergpredigt mildert Jesus seine Vorgehensweise ab. Er setzt an zu einem Appell an das ganz gewöhnliche Volk; dabei hilft er den Menschen, die Schwierigkeiten des Systems zu sehen, unter dem sie leben, einem System der bedingten Belohnungen. Tatsächlich nenne ich diesen Abschnitt in Kapitel 6 »Die bedingten Segnungen unter dem System des Gesetzes«. Und jetzt sage ich dir etwas, das die Leute wütend macht: Dieser Abschnitt richtet sich nicht direkt an Gläubige. Ich sage damit nicht, dass darin nicht die eine oder andere Richtlinie für dein Leben enthalten ist, an die der Heilige Geist dich heranführen wird, denn es ist wahr, dass beispielsweise Gutes zu tun, ohne es an die große Glocke zu hängen, richtig ist. Aber um es noch einmal zu sagen: Jesus spricht hier zu Menschen unter dem alten Bund des Gesetzes und will sie erkennen lassen, wie schwierig dieses System ist, damit sie es aufgeben. Ein Wort wird in diesem Abschnitt durchgehend verwendet. Es ist das Wort »Belohnung« (*mishton*), was so viel heißt wie »verdienter Lohn«. Du bist nicht unter dem System des verdienten Lohns.

»Habt acht, dass ihr eure Almosen nicht vor den Leuten gebt, um von ihnen gesehen zu werden; sonst habt ihr keinen Lohn bei eurem Vater im Himmel« (Kapitel 6, Vers 1). Ich hörte einen Pastor sagen, er offenbare hin und wieder vor der Gemeinde seine finanziellen Gaben, um ihnen so als Beispiel zu dienen, obwohl er – so seine Aussage – dadurch seinen Lohn im Himmel für diese Gaben ver-

liere. Nein! Darüber werden manche Leute sich aufregen, aber hör genau zu: Es gibt im Himmel kein Konto, auf das man Einzahlungen macht. Ich kenne so ziemlich jede verdrehte Theologie, die im Umlauf ist, und eine davon besagt, dass du mithilfe deines Zehnten und deiner guten Werke Einzahlungen im Himmel vornehmen kannst, um später von diesem Konto etwas abzuheben. Nein! Halt! Stopp! Diese ganze Geschichte dreht sich um die Werke des alten Bundes, die Gottes Segen einbringen.

Als Gläubiger besitzt du bereits jeglichen geistlichen Segen in der Himmelswelt. Dieses ganze »Schätze sammeln im Himmel«, das Sammeln von Gutscheinen, die man später gegen Gottes Gunst einlösen kann – das ist eine Sache des alten Bundes. Jesus fordert in dieser Predigt dazu auf, unseren Blick vom Mammon abzuwenden und auf unseren Schatz zu richten. Ihr, Freunde, habt euren Schatz in irdenen Gefäßen. Jesus, euer Schatz, ist in euch. Ihr tragt ihn mit euch umher. Ihr braucht keine alttestamentarischen Coupons zum Einlösen. Du besitzt den Schatz. Er ist in dir. Und alles, was du brauchst, wurde dir in Christus gegeben. Du musst Gott nicht um Vergebung anflehen, du musst ihn nicht um dein tägliches Brot bitten, und du musst ihn auch nicht anbetteln, dich vor dem Bösen zu beschützen. Du musst ihn auch nicht bitten, er möge sein Himmelreich kommen lassen. Es ist bereits gekommen! *Es ist in dir!* »*Denn das Reich Gottes ist nicht Essen und Trinken, sondern Gerechtigkeit, Friede und Freude im Heiligen Geist*« (Röm 14,17).

Das Vaterunser ist ein Gebet des alten Bundes, in dem es um bedingten Segen geht. Wenn du den Menschen vergibst, wird Gott dir vergeben. Ich habe sehr viele schlechte Predigten von Pastoren gehört, die versucht haben, die Theologie des Vaterunsers für den neuen Bund passend zu *machen*. Und du bekommst davon absurde Vorstellungen wie, dass Gott dir zwar nicht *wirklich* die

Vergebung verweigert, wenn du Menschen, die sich an dir schuldig machen, nicht vergibst (obwohl Jesus genau das sagt), er wird dann nur keine Gemeinschaft mit dir haben wollen. Hör mit diesem Irrsinn auf. Sieh dir an, was Jesus tut. Er zeigt den Menschen die Vergeblichkeit des Systems des alten Bundes.

Am Ende sagen die Menschen: »Was können wir nur tun? Wir haben als Diener Gottes versagt.« In dem Moment, in dem sie am Gesetzesbund verzweifeln, nennt Jesus ihnen die Lösung, wie sie von Gott empfangen können. Für mich ist das der Höhepunkt, die Krönung, der Mount Everest der Bergpredigt. Dadurch verändert sich alles. Jesus spricht über menschliche Bedürfnisse und darüber, wie Menschen den Fehler machen, sich auf Geld oder auf ihre Bedürfnisse zu konzentrieren – »was sollen wir essen« oder »was sollen wir trinken« als Lebenszweck, als Ziel, das es zu erreichen gilt. »Nein«, sagt Jesus, »hier ist das Ziel, hier ist, was fehlt. Das ist die Salzigkeit des Salzes, das ist die Erfüllung des Gesetzes; alles hat hier seinen Ursprung.«

»Trachtet vielmehr zuerst nach dem Reich Gottes und nach seiner Gerechtigkeit, so wird euch dies alles hinzugefügt werden!« (Mt 6,33). »Trachte nach dem Reich Gottes« – mit anderen Worten, erkenne, was Gott tut, erkenne diese neue Sache, suche Gottes Reich und *seine* Gerechtigkeit, nicht *deine* Gerechtigkeit. Versuche nicht, auf *deine* Weise richtig zu leben. Suche genau die Gerechtigkeit, die in Gottes Besitz ist. Suche *Gottes* Gerechtigkeit. Wenn du sie findest, wird dir alles andere hinzugefügt werden, alles wird sich dann von selbst ergeben. Denn »wie viel mehr werden die, welche **den Überfluss der Gnade und das Geschenk der Gerechtigkeit** empfangen, im Leben herrschen« (Röm 5,17). Das bezieht sich auf dieses Leben, hier auf der Erde.

Wir müssen unser Denken verändern. »Richtet nicht, damit ihr nicht gerichtet werdet! Denn mit demselben Gericht, mit dem ihr *richtet, werdet ihr gerichtet werden«* (Mt 7,1–2a). Wenn du nach dem Gesetz lebst, wirst du andere Menschen auch nach dem Gesetz beurteilen. Das ist ein fehlerhaftes System. *»Was siehst du aber den Splitter im Auge deines Bruders, und den Balken in deinem Auge bemerkst du nicht?«* (Vers 3). Das Wort »Balken« ist das Wort *dokos,* worunter man einen hölzernen Trägerbalken versteht. Wörtlich bedeutet es »stützen«. Jesus spricht über einen Stützbalken. Du musst diesen Stützbalken, der in deinem Auge steckt, loswerden. Zieh den Stützbalken heraus und lass das gesamte System des Fleisches in sich zusammenfallen. Dann wirst du klar und deutlich sehen.

Was sollen wir deutlich sehen? Wie sieht diese Beziehung mit Gott tatsächlich aus? Wenn das System, unter dem wir Diener oder Knechte Gottes sind, unrettbar defekt ist, wodurch kann es dann ersetzt werden? Durch das, was Jesus dir gibt, und dabei macht er eine völlige Kehrtwende. Hier ist Gottes radikal neuer Weg. Es geht dabei nicht darum, dass du dich abmühst, einer distanzierten und zornigen Gottheit zu dienen. Es geht darum, deinen Platz in seiner Familie zu erkennen. Er ist ein Papa, der dich liebt, und er sieht dich als sein kleines Kind. Und er weiß, was du brauchst. Er kümmert sich um dich mit nichts als uneingeschränkter Liebe. Vers 11: *»Wenn nun ihr, die ihr böse seid, euren Kindern gute Gaben zu geben versteht, wie viel mehr wird euer Vater im Himmel denen Gutes geben,«* … die hart arbeiten und ihm alles recht machen? Nein! *»…, die ihn bitten!«* Diese guten Gaben kommen aus dem liebenden Herzen eines Vaters; sie haben nichts damit zu tun, wie gut du darin bist, heilig zu leben!

Jesus schließt hiermit: »Wenn ihr diese neue Denkweise empfangen könnt, habt ihr euer Haus auf einen Felsen gebaut, und dieser Fels ist Jesus. Und wenn euer Haus auf einen Felsen gebaut ist, ist es so, als hättet ihr jede meiner soeben gestellten Forderungen gehört und befolgt.« Jesus sagte damit: »Diese beiden Aussagen sind einander gleichzusetzen – alles zu hören und zu tun, was ich in diesem Gleichnis gesagt habe, *und* euer Haus auf einen Felsen zu bauen.« Wenn dein Haus ganz auf Jesus gebaut ist anstatt auf deine Bemühungen, ist es dasselbe wie alles zu erfüllen, worüber Jesus eben gesprochen hat. Du bist so vollkommen, wie es dein himmlischer Vater ist. Und die Unheilspropheten und die Stürme des Lebens und die Ankläger der Brüder, die auf dein Haus eindreschen und dein Glaubensgebäude mit Fäusten bearbeiten und dich aller möglichen Dinge beschuldigen – *dieser Sturm* wird auf dein Haus treffen, doch du wirst unerschütterlich sein, weil der *Fels* unerschütterlich ist.

Verankere dich in dem vollbrachten Werk Jesu und lass *niemanden* irgendein anderes Wort in dich hineingießen als allein das Wort der Gnade. Jesus hat dich tauglich gemacht. Jesus ist für alle Zeit dein Retter. Jesus hat alle deine Sünden vergeben und das Thema Sünde für immer erledigt. Ganz gleich, was du tust oder nicht tust, das Königreich der Himmel beurteilt dich immer mit einem »Großartig!«Du bist der Größte im Königreich. Du bist erfüllt von Gerechtigkeit. Das Königreich der Himmel gehört dir. Du hast Barmherzigkeit erhalten. Du siehst Gott. Du wirst zu den Söhnen Gottes gezählt und auch so genannt. Jetzt mach dich auf den Weg und erbe das Land. Es gehört dir. Weil du das Reich Gottes gesucht und seine Gerechtigkeit gefunden hast, wurde dir alles, was du außerdem brauchst, bereits gegeben. Das ist Jesus. Das ist dein Erlöser. Halleluja!!

Die Bergpredigt

TEIL 2 - RICHTE NICHT:
VON SPLITTERN UND BALKEN

Jesus hatte die Menschen unter dem Gesetz des alten Bundes begraben und brachte sie so dazu, die Unmöglichkeit eines Lebens unter diesem Bund zu erkennen. Der sonst so liebevolle und freundliche Jesus macht sich selbst zum Sprachrohr von Gottes Gesetz und die Worte, die er spricht, sind so brutal wie das Gesetz Gottes selbst. Das war nötig, denn die Menschen hatten das Gesetz so weit abgeschwächt, dass es erfüllbar schien. Jesus versucht, ihnen die Abwegigkeit des Gesetzessystems, des Gesetzesbundes, deutlich zu machen; er zeigt ihnen, dass sie damit schlecht abschneiden, dass Gott an diesem System etwas auszusetzen hat. Es muss durch etwas ersetzt werden, das nur er dir geben kann.

Dann beginnt er, den Ersatz für dieses System vorzustellen. Das neue System ist nicht wie das alte. Unter dem neuen System, dem neuen Bund, geht es nicht darum, deinen Herrscher Gott dazu zu bringen, dich – seinen Diener – zu segnen. Der Ersatz ist Gott selbst (dein Vati, dein Abba, dein Papa), der dich (seine Tochter, seinen Sohn) liebt, und er sieht deine Bedürfnisse, jedes einzelne – auch dein Bedürfnis nach Gerechtigkeit. *»Aber euer himmlischer Papa weiß, dass ihr das alles benötigt«* (siehe Vers 32) und er gibt dir, was du brauchst, so wie ein Vater seinen kostbaren Kindern gute Dinge gibt. »Suche du einfach zuerst das Reich Gottes und seine Gerechtigkeit, und alle diese Dinge werden dir hinzugefügt.« Hör auf, deine eigene Gerechtigkeit zu suchen. Suche stattdessen die Gerechtigkeit, die nur Gott besitzt – seine eigene Gerechtigkeit, die er dir gerne zum Geschenk macht.

Das ist wirklich ein neues System, und dein Glaube an Jesus macht dich zum Teilhaber. Er gibt dir seine Gerechtigkeit und macht dich tauglich, er vervollkommnet dich in deinem Geist, erlöst dich für immer und nimmt dich fest an die Hand. Und nichts kann dich ihm entreißen. Keine Macht auf Erden, keine Machenschaft des Teufels, keine Unterlassung oder Verfehlung deinerseits, kein noch so großes Maß an Fehlern oder Ungehorsam oder Sünden kann dich aus seiner Hand reißen!

Er denkt an dich und behütet dich – auch dann, wenn du nicht an ihn denkst. Das tut er, weil er ein Vater ist, und ein guter Vater kann seine Kinder niemals vergessen. Selbst wenn sie ihn ignorieren, wird er sie doch niemals ignorieren. *»Kann eine Mutter etwa ihren Säugling vergessen? Fühlt sie etwa nicht mit dem Kind, das sie geboren hat? Selbst wenn sie es vergessen würde, vergesse ich dich nicht!«* (Jes 49,15 NLB).

Wie schon der verlorene Sohn kannst du bei den Schweinen schlafen und vergeuden, was er dir gibt, aber du bleibst trotzdem sein Sohn! Und wenn du wieder zur Vernunft kommst und zurückkehrst, um mit deinem Papa zu reden, will er nichts von deinen Verfehlungen hören. Darüber ist er längst hinaus; hierfür hat Jesus bereits bezahlt. Er möchte dich einfach nur daran erinnern, wer du bist, und dich mit seiner Liebe überschütten und dir ins Gedächtnis rufen, wer du schon immer warst – sein Sohn! Er möchte dich bekleiden und dein Leben einfacher machen, indem er dir seine Schuhe gibt und den Ring der Vollmacht als Erinnerung an deine Identität wieder auf deinen Finger steckt. Freunde, wenn ihr in eurem Denken weit von Gott entfernt wart und ihr heute nach

Hause zurückgekehrt seid, hört auf mich: Gott ist nicht böse auf euch. Er war niemals böse auf euch! Niemals!

So wirkt die Kraft von Christi vollbrachtem Werk für dich. Er kümmert sich um den Aspekt der Sünde, damit du stets und in alle Ewigkeit in einer Position der Liebe und des Nicht-Verurteiltseins bleiben kannst. *»Jetzt gibt es keine Verurteilung mehr für die, welche in Christus Jesus sind«* (Röm 8,1 EÜ). Und das verändert einfach alles. Es verändert, wie du Gott siehst, es verändert, wie du dich selbst siehst, und es verändert, wie du andere siehst. Ein Teil dessen, was Jesus in der Bergpredigt sagte, hat damit zu tun, wie wir andere sehen. Zum einen unter dem Gesetzesbund: Das Gesetz spürt unseren Ungehorsam auf – und wenn du ein Sohn des Gesetzes bist, leistest du den Anordnungen des Gesetzes Folge, indem du den Ungehorsam *anderer* zutage förderst. Zum anderen unter dem neuen Bund; dieser »spürt die Gerechtigkeit Jesu auf«.

»Urteilt nicht über andere, damit Gott euch nicht verurteilt. Denn so wie ihr jetzt andere richtet, werdet auch ihr gerichtet werden. Und mit dem Maßstab, den ihr an andere anlegt, werdet ihr selbst gemessen werden« (Mt 7,1 HFA). Jetzt spricht Jesus über zwei Begriffe, die immer zusammenwirken – das Urteil und der Maßstab. Ein Urteil ist eine Schuld- oder Unschuldsfeststellung. Und der Maßstab ist die Richtschnur, nach der sich entscheidet, ob es zu einer Schuld- oder zu einer Unschuldsfeststellung kommt. Wenn du jemanden betrachtest, um ein Urteil über ihn zu fällen, benutzt du dafür (gedanklich) ein bestimmtes Verfahren oder Richtmaß. Wenn du denjenigen *nach seinen Taten* beurteilst, wirst du ihn nach deinem Maßstab (deiner Interpretation von Gottes Gesetz) entweder billigen oder verurteilen. Jesus hat soeben zwei ganze Kapitel damit zugebracht uns zu sagen, wie sehr wir Gottes Gesetz verbogen haben, um es als unseren Maßstab verwenden zu können.

Wir mögen *sagen*, dass unser Maßstab (unsere Richtschnur) Gottes Maßstab in seinem Gesetz, dem Gesetz Moses ist, Jesus aber sagt, dass wir diesen Maßstab nicht richtig deuten. Wir biegen uns Gottes Gesetz zurecht, wir bringen es auf ein Level, auf dem es einhaltbar erscheint; wir benutzen es, um in unseren Köpfen unsere eigene Gerechtigkeit zu errichten, aber aus dieser Selbsttäuschung folgt nichts Gutes. Hör mit dem Zurechtbiegen auf, und hör auf zu urteilen. Denn wenn du Gottes Maßstab in seinem Gesetz korrekt verwendest, ist das einzige Urteil, zu dem du gelangen kannst, ein Schuldspruch. Du bist schuldig. Und diejenigen, die nach dem Gesetz Gottes urteilen, die unter diesem beschwerlichen System leben, sind Experten darin, die Schuld anderer Leute zu sehen, aber auch darin, dieses Gesetz zurechtzubiegen, wenn es um sie selbst geht. Sie sehen sich als Experten für Lebensbereinigung – für die Bereinigung *deines* Lebens – und als Profis darin, *dein* Leben vor Gott in Ordnung zu bringen. »Ich werde dich beurteilen, indem ich den Maßstab von Gottes mosaischem Gesetz unter dem alten Bund anlege, und ich werde deine Fehler finden und dann werde ich dir helfen, dein Leben auf die Reihe zu bekommen, indem ich dir sage, wie du dich besser verhalten kannst, damit Gott mit dir zufrieden ist.«

Jesus sagte, diese Art von Person ist wie jemand, der nach dem Splitter im Auge eines anderen sucht, während er den Balken in seinem eigenen Auge ignoriert. Verse 4-5 (NGÜ): »*Wie kannst du zu deinem Bruder sagen:* ›*Halt still! Ich will dir den Splitter aus dem Auge ziehen*‹ *– und dabei sitzt ein Balken in deinem eigenen Auge? Du Heuchler! Zieh zuerst den Balken aus deinem eigenen Auge; dann wirst du klar sehen und kannst den Splitter aus dem Auge deines Bruders ziehen.*« Menschen, die den Maßstab des Gesetzes anwenden, um Zugang zu Gott zu finden, wissen nicht einmal, was dieser Splitter ist, den sie da im Auge ihres Bruders sehen. Sie denken, es gehe darum, irgendeine Sünde zu bereinigen. Doch es ist nicht »eine« Sünde, die es zu bereinigen gilt.

Vor etwa einem Jahr war ich mit meiner Frau Sherry und unserer kleinen Enkeltochter im Garten hinter unserem Haus. Es war Abend und die Dämmerung hatte bereits eingesetzt. Wir drei tollten einfach herum und hatten Spaß dabei. An einem unserer Bäume lief ich direkt in einen tief hängenden Ast und ein kleiner Zweig traf mich genau ins offene Auge. Autsch! Und ich meine: *autsch!* Ich lief ins Haus und wusch mein Auge aus, in der Hoffnung, dass dies den Schmerz lindern würde. Aber das tat es nicht. Ich ging ins Bett und versuchte zu schlafen, doch die Schmerzen waren unerträglich. Schließlich brachte mich Sherry in die Notaufnahme und die Ärzte spülten mein Auge aus. Es stellte sich heraus, dass ich einen Span in meinem Auge hatte. Hey, das ist eine biblische Verletzung. Da wurde biblische Geschichte zum Leben erweckt, denn das Wort »Span«, hier übersetzt als »Splitter«, bedeutet wörtlich »kleiner, trockener Zweig«. Sie wuschen ihn heraus, behandelten das Auge mit etwas Salbe und ich segnete diesen Arzt.

Darauf will ich hinaus: Ich konnte nichts gegen das Ding in meinem Auge ausrichten. Ich versuchte, mir irgendwie zu helfen oder zur Tagesordnung überzugehen, aber meine ganze Welt drehte sich um diesen Span, diesen Splitter. Ich war völlig davon vereinnahmt. Der Hintergrundschmerz war unglaublich und ließ auch nicht nach. Ich konnte nicht aufhören, mein Auge mit der Hand zu bedecken und um Linderung zu beten. Mein Leben war durch diese alles beherrschenden Schmerzen buchstäblich auf Eis gelegt. Das ist es, was ein Splitter im Auge einer Person bedeutet. Der Span, über den Jesus spricht, der Splitter im Auge, der es so furchtbar reizt und einen dadurch völlig vereinnahmt, der Menschen derart beschäftigt hält, dass sie unfähig werden, im Leben normal zu funktionieren, der in unserem Auge steckt und unsere

Sicht verschleiert, dieser Span ist das Gesetz Gottes selbst. Und wenn das Gesetz Gottes deine Sicht beherrscht, bewirkt es eine dich völlig vereinnahmende Reizung namens »Verdammnis«.

Der Apostel Paulus sagte, dass alles, was aus Heu und Stroh besteht (das ist der Splitter!), am Tag des Gerichts im Feuer verbrennen wird. Er meinte damit, dass alles, was mit menschlicher Anstrengung zu tun hat, wenn es darum geht, mit Gott ins Reine zu kommen oder im Reinen zu bleiben, verbrannt wird – also alles, was nicht der Gnade entspringt, alles, was nicht von Jesus kommt. Denn wenn das Gesetz Gottes, und sei es nur ein kleines bisschen davon, in deinem Auge ist, reicht das aus, um große Verdammnis zu verursachen.

Selbst nicht-religiöse Menschen, die von Jesus und seiner Gnade nichts verstehen (sie tragen Splitter mit sich herum), wissen, dass sie vor Gott versagt haben und dass sie keinen Anspruch darauf haben, von ihm gesegnet zu werden. Sie kommen, wenn überhaupt, voller Ungewissheit und Verunsicherung zu Gott und hoffen, dass Gott nicht zornig auf sie ist, dass er (aus Liebe) über ihre Fehler hinwegsehen kann. Die Verdammnis, die sie empfinden (unter dem Gesetz, das sie *instinktiv* kennen), bestimmt, wie Gott gegenübertreten. Was brauchen sie? Sie brauchen den Splitter-Doktor der Notaufnahme. Ihnen muss das Gesetz entfernt werden. Das Problem ist nur, dass ein Großteil der Christenheit die Splitterentfernung nicht besonders gut beherrscht. Wenn der religiöse Doktor (Experte) unter dem alten Bund steht, versucht er, Gott durch sein eigenes Tun zu gefallen, während er in Wirklichkeit sich selbst untersucht und dabei sündenbewusst nach innen schaut. Durch strikte Einhaltung des Gesetzes ist er bemüht, Frieden mit Gott zu finden. Aber genau dadurch trägt dieser Doktor mehr Verdammnis in sich als die nicht-religiöse Person, die er zu retten versucht.

Die Ironie des Ganzen ist: Je religiöser du bist, desto größer ist der Reizauslöser; je religiöser du bist, desto inkompetenter bist du bei der Splitterentfernung. Jesus sagte Folgendes über die Pharisäer, die strikt das Gesetz befolgten und darin unübertroffen waren: »Wehe euch, ihr Scheinheiligen! Ihr reist über das Meer und durchquert jede Wüste, um nur einen einzigen Nichtjuden dafür zu gewinnen, eure Gesetze anzuerkennen. Aber wenn ihr einen gefunden habt, dann wird er durch euch ein Kind der Hölle, das euch an Bosheit noch übertrifft« (Mt 23,15 HFA). Ihr lasst denjenigen im System des Gesetzes erstarren. Ihr nehmt den großen Stützbalken des Gesetzes, der in euren Augen steckt und rammt ihn in sein Auge, und ihr denkt, damit hättet ihr das Problem gelöst. Religiöse Menschen stellen die falsche Diagnose über den Splitter; sie denken, es handelt sich dabei um irgendeine kleine Sünde, die sie beseitigen müssen, um mit Gott ins Reine zu kommen. Und die ganze Zeit über verstehen sie nicht, was die andere Person tatsächlich braucht (und was auch *sie selbst* dringend brauchen): Ihre Augen müssen mit dem Wort der Gnade ausgespült werden! Gnade spült das Gesetz heraus, wodurch der furchtbare Schmerz der Verdammnis behoben wird.

Neben dem Gesetz gibt es noch einen anderen Maßstab. Es ist der, den Gott anwendet. Es ist das Wort des Königreichs, das Wort, das vom Himmel herabkam; Jesus, voller Gnade und Wahrheit. Wahrheit und Gnade gehören zusammen. Glaube der Gnade Gottes, die in Jesus ist. Sie ist Wahrheit! In Markus 4,24–25 wiederholt Jesus diese Lehre in etwas abgewandelter Form. Dabei verwendet er dasselbe Wort für Maß wie schon in Matthäus 7: »Und er sprach zu ihnen: Achtet auf das, was ihr hört! Mit demselben Maß, mit dem ihr [anderen] zumesst, wird auch euch zugemessen werden, und es wird euch, die ihr hört, noch hinzugelegt werden.

Denn wer hat, dem wird gegeben werden; wer aber nicht hat, von dem wird auch das genommen werden, was er hat.«

Welchen Maßstab möchtest du auf dich angewandt sehen? Was, von dem du möchtest, dass es auch »dir getan wird«, solltest du »anderen tun«? Gib ihnen Gnade! Gnade in Jesus ist die Erfüllung des Gesetzes und der Propheten. Es ist das Wort des Königreichs, das durch das Hören kommt. Es ist das Wort Jesu, das Wort der Gnade. Wenn du dieses Wort für dich selbst empfängst, wirst du auf ganz natürliche Weise dieses Wort auch an andere weitergeben.

Du lebst durch das Wort der Gnade, wenn dein alltägliches Leben zu diesem Bekenntnis wird: »Jesus nahm meine Sünden auf sich und ich bin nun angenommen, frei, schuldlos und zum Empfang von Segnungen berechtigt.« Wenn du tagtäglich sagen kannst: »Ich werde geliebt, ich bin frei und Gott rechnet mir meine Sünden nicht an«, dann bist du jemand, der hat und dem noch mehr gegeben wird. Habe Mitleid mit der Person, die das nicht »hat«, denn selbst das, was sie hat, wird ihr genommen werden. Der Teufel wird es stehlen, weil der Splitter, der Auslöser der Verdammnis, ihr Leben besetzt hält und sie keine Zuversicht Gott gegenüber hat, um im Glauben um irgendetwas zu bitten. Solche Menschen bekennen unentwegt ihre Sünden und sie haben keinerlei Vollmacht. Sie stellen Gottes Liebe zu ihnen in Frage, sie fragen sich, ob sie wohl gut genug waren, um in den Himmel zu kommen, und es hört einfach nie auf.

Doch wenn deine Augen mit dem Wort der Gnade ausgespült werden und der Reizauslöser und die Beschäftigung mit der Verdammnis durch die Gnade ausgespült sind, wenn das Gesetz nicht mehr deine Sicht verschleiert, kannst du klar und deutlich sehen. Und *dann* bist du dazu befähigt, die Splitter aus den Augen anderer Menschen zu entfernen. Erst dann hast du aufgehört, sie auf der Grundlage des Gesetzes zu beurteilen und wendest auf sie den Maßstab von Gottes Gnade an. Du kannst dann auf Menschen zugehen und eine beiläufige Unterhaltung beginnen und sagen: »Hör mal, mein Freund, Gott will, dass du weißt, dass er dir nichts zur Last legt – rein gar nichts. Er liebt dich in diesem Moment, ohne dass du zuerst etwas tun musst. Das hat Jesus für dich getan. Glaube es einfach!« Und was diese Aussage bei der so angesprochenen Person bewirkt, ist echter Glaube, wenn sie in irgendeiner Weise dafür offen ist.

Ich habe bisher mit keiner – nicht einer einzigen – nicht-religiösen Person gesprochen, auf die diese Aussage keine positive Wirkung gehabt hätte. Die Menschen hungern so sehr nach Jesu Geschenk, nicht verurteilt zu werden, dass sie, wenn du darüber sprichst, die darin liegende Wahrheit und Kraft spüren. Selbstverständlich sind auch schon eine Menge *religiöser* Menschen wütend auf mich geworden. Aus diesem Grund sagte Jesus ja auch: »*Gebt das Heilige* (heilig bedeutet »übernatürlich«, überirdisch wie Gott, also die Gnade) *nicht den Hunden, und werft eure Perlen nicht vor die Schweine. Die trampeln doch nur auf ihnen herum und versuchen dann, euch selbst in Stücke zu reißen«* (Vers 6 NEÜ).

Religiöse Menschen, die in ihrer Beziehung zu Gott auf eigene Anstrengungen bauen, hassen dieses Wort der Gnade. Und deshalb wollen sie es begraben, indem sie es unter ihren Füßen zertrampeln. Und wenn sie damit fertig sind, das Evangelium Jesu zu zertrampeln, wenden sie sich zu dir um und benutzen das Gesetz, um dein Leben mit Verdammnis zu überhäufen und dich in Stücke zu reißen.

Ich würde mich in meinem Arbeitsalltag oder wo auch immer viel lieber mit nicht-religiösen Menschen unterhalten, die keine bestimmte Erwartung haben, wenn man ein von Gott kommendes Wort der Gnade über sie ausspricht. Denn wenn du es aussprichst, wissen sie, dass es eine Botschaft vom Himmel ist, und es verändert sie für immer. Wenn du die gute Nachricht von dem vollbrachten Werk Jesu in dir endlich »kapierst«, ändert sich dein Maßstab, nach dem du bewertest, von Grund auf. Und besonders unter uns Gläubigen müssen wir diesen Maßstab auf unsere Glaubensbrüder und -schwestern anwenden.

In 2. Korinther 10,7 spricht Paulus darüber, wie seine Brüder und Schwestern in Korinth ihn sehen. Wie beurteilen sie ihn? Er benutzt dabei dieselben Worte, die Jesus in Matthäus 7 ausgesprochen hat: »*Schaut ihr auf das, was vor Augen liegt?*« Worum geht es hier? Es geht darum, eine Person gemäß dem zu beurteilen, was du sie mit eigenen Augen tun siehst. Beurteilst du sie nach ihrem Handeln, nach ihrer falschen oder richtigen Art zu leben? Beurteilst du sie nach dem äußeren Anschein? »*Wenn jemand von sich selbst überzeugt ist, dass er Christus angehört, so möge er andererseits von sich selbst aus den Schluss ziehen, dass, gleichwie er Christus angehört, so auch wir Christus angehören.*« Mit anderen Worten: »Wenn du verstanden hast, dass du für immer zu Christus gehörst, dann verstehe auch, dass dies aufgrund seiner Gnade und seines wunderbaren Werkes so ist.« Wenn du begriffen hast, dass du Christus gehörst und er in dir wirkt und die Dinge in Ordnung bringt, dann musst du dich darin üben, auch andere Gläubige als Christi Besitz zu sehen und dir bewusst zu machen, dass er auch in ihnen wirkt und Dinge in Ordnung bringt, und zwar genauso geduldig, wie er es in dir tut. Dieses Evangelium der Gnade verändert Menschen von innen heraus, auch wenn man es nicht sehen kann.

Genau darum geht es Paulus in Vers 3: »*Denn obgleich wir im Fleisch wandeln, so kämpfen wir doch nicht nach Art des Fleisches.*« Mit anderen Worten, obwohl wir in Körpern aus Fleisch leben, bekämpfen wir die Sünde nicht mithilfe unserer eigenen Stärke,

indem wir das System des Fleisches anwenden, uns zusammen-
reißen und versuchen, uns durch Entschlossenheit und eigene
Willenskraft auf Kurs zu halten. Das wäre Kämpfen nach Art des
Fleisches. »*Denn die Waffen unseres Kampfes sind nicht fleischlich,
sondern mächtig für Gott zur Zerstörung von Festungen; so zerstören wir überspitzte Gedankengebäude und jede Höhe, die sich
gegen die Erkenntnis Gottes erhebt, und nehmen jeden Gedanken
gefangen unter den Gehorsam Christi*« (Vers 4–5).

Hier ist die Rede von der Kraft des Evangeliums Jesu Christi,
dem Wort der Gnade. Die »Erkenntnis Gottes« ist die Art und
Weise, wie Gott den Kampf führt. Und dieses Evangelium ist so
mächtig, dass es jede Festung der Ungerechtigkeit in einem Menschen niederreißen kann. Alles in einem jeden Gläubigen, das sich
gegen Gott stellt, jede Festung in jedem einzelnen Gläubigen, wird
durch das Evangelium der Gnade besiegt. Genau das geschieht in
diesem Moment in dir. Wie funktioniert das? Es funktioniert so,
dass *jeder solcher Gedanke gefangengenommen und unter den Gehorsam Christi gestellt wird.*

Immer wenn ich diesen Vers in meinem früheren Leben als
Pharisäer las, dachte ich dabei: »Okay, soeben hatte ich einen
schlechten Gedanken, einen sündigen Gedanken, ich muss diesen
Gedanken unter den Gehorsam stellen. Ich muss ihn bekämpfen,
wie Christus es tun würde; ich muss diesen Gedanken als das erkennen, was er ist, ihn dann gefangen nehmen und damit aufhören, so zu denken.« Halt! Lass das sein! Nein, das ist Kampfführ-
rung gemäß der eigenen Stärke, nach Art des Fleisches.

Wie kämpfst du auf geistliche Weise? Du erkennst den Gedanken als das, was er ist und bringst ihn unter den Gehorsam Christi. *Der Gehorsam Christi ist der Gehorsam von Christus, und nicht
meiner.* Der Gehorsam Christi ist sein vollbrachtes Werk, das er
in mir und für mich tat. Ich habe einen hartnäckigen Gedanken

oder ein bestimmtes Denkmuster, ich werde mir dessen bewusst, und statt nun unter Verdammnis zu geraten und aus eigener Kraft dagegen anzukämpfen, rufe ich mir in Erinnerung, dass Jesus diesen Gedanken genau hier und jetzt durch sein vollbrachtes Werk mit seiner Gnade bedeckt hat. Somit kann mich dieser Gedanke in keiner Weise mehr beherrschen.

Jesus wirkt seine Gnade in das Denken seiner Menschen hinein, und durch die Erneuerung ihres Denkens werden sie zunehmend verwandelt. Da ist nur eine Sache: Du kannst diesen Prozess von außen nicht sehen. Es ist kein äußeres Geschehen, das beurteilt werden könnte. Der Geist der Gnade wirkt im Inneren eines Menschen. Wir wissen nicht von allem, was Jesus in Menschen tut. Es ist absolut falsch, jemanden nach dem äußeren Anschein zu beurteilen, nach dem Gesetz, nach dem eigenen Verständnis von richtig oder falsch, nach *deiner* Einschätzung, an welchem Punkt derjenige in *seinem* Leben mit Gott stehen sollte.

Paulus sagt: »Denkt einfach nur daran, dass diese Menschen vollständig in Christus sind, so wie ihr vollständig in Christus seid, und dann lasst uns Christus und dem Heiligen Geist die nötige Ellenbogenfreiheit geben, um Festungen in den Menschen niederzureißen. Denn wir beurteilen niemanden mehr nach dem Fleisch. Wir haben einen anderen Maßstab; es ist derselbe, der auch auf euer Leben angewandt wurde, und dieser Maßstab ist: Gnade! Gnade! Gnade!« Ich bin zuversichtlich, dass der Heilige Geist Festungen in uns niederreißt. Jesus wirkt in Menschen, um Unbeständigkeit, Untreue, Anstößigkeit und jedes andere ungerechte Verhalten zu ersetzen. Er wirkt in Menschen, und das mit viel Geduld. Du hast das Geschenk, nicht verurteilt zu werden, erhalten und das ist es, was wir auch weitergeben dürfen. Umsonst haben wir empfangen. Umsonst geben wir.

Hier ist der Grund, weshalb wir über andere nicht urteilen oder sie verurteilen: In dem neuen System hat Gott bereits das Urteil über uns gesprochen, und zwar nach dem neuen Maßstab. Was ist dieser Maßstab? Der Maßstab Jesu ist *Gnade*. Und das Urteil über dich lautet: unschuldig. Und das ist eine wirklich gute Nachricht!

Die Bergpredigt

TEIL 3 – BITTE UND DIR WIRD GEGEBEN

Den Gesetzesbund zu halten, um Gottes Zustimmung und Aufmerksamkeit und den Zugang zum Himmel zu erlangen, ist die breite Straße, der breite Weg, der ins sichere Verderben führt, weil er aussichtslos ist. Doch Jesus kam, um einen neuen Weg einzuführen – einen Weg, der allein durch ihn führt. Er besteht nur aus Jesus, weshalb dieser Weg schmal ist. *»Denn die Pforte ist eng und der Weg ist schmal, der zum Leben führt; und wenige sind es, die ihn finden«* (Vers 14). Das Wort »schmal« (oder in einigen englischen Übersetzungen auch »schwierig«) bedeutet wörtlich »bedrängt«. Young's Literal Translation übersetzt es so: *»Wie eng ist das Tor und wie schmal und beengt ist der Weg, der zum Leben führt.«*

Der Weg ist nicht schmal oder schwierig (im Sinne von mühevoll); er ist beengt und wird von dem System, durch das *jeder* sich Gott zu nähern versucht, verdrängt und förmlich erstickt: Karma – tu Gutes, dann bekommst du Gutes; eigene Bemühungen – streng dich mehr an, um Gott zu gefallen und von ihm gemocht zu werden; versuche, ihm durch gute Taten Segen zu entlocken, tu nicht allzu viel Böses, damit du nicht in die Hölle kommst. Das alles sind Dinge, die diesen Weg verdrängen. Zusammen bilden sie die breite Straße, die jeder nimmt; den Weg, der dich in dein Verderben führt.

Jesus stellt uns in der Bergpredigt einen neuen Weg vor. Es ist ein Weg, der das Reich Gottes gewöhnlichen Menschen zugänglich macht (»selig sind die geistlich Armen, denn ihnen gehört das Himmelreich« – Zugang zu Gott und zum Himmel für geistliche Versager). Es ist ein Weg, der nicht von deiner Fähigkeit, das Gesetz einzuhalten, abhängig ist, *sondern von seiner Fähigkeit, das Gesetz für dich einzuhalten.* Jesus sagte: »Ich bin gekommen, um das Gesetz zu erfüllen! Ich bin die Erfüllung des Gesetzes.« Das ist der schmale Weg, der Weg zum Leben.

Kannst du sehen, dass Jesus hier zwei Zugangswege zu Gott aufgreift – den schmalen und beengten Weg gegenüber dem breiten und weitläufigen Weg? Es geht hier nicht um einen »sündhaften« Weg im Vergleich zu einem »sündlosen« Weg. Es sind zwei verschiedene Bünde, zwei völlig unterschiedliche Lebenskonzepte. Deine Bemühungen um Gerechtigkeit sind zum Scheitern verurteilt – hätte Jesus das noch deutlicher machen können, als er es in seiner Bergpredigt getan hat? Das ist der Weg der bedingten Segnungen, wo du Gott um Vergebung anflehst, die davon abhängt, ob du in der Lage bist, anderen zu vergeben, wo du ihn jeden Tag um Notwendigkeiten anbettelst. Das ist die eine Annäherung: der breite und weitläufige Weg, den jeder nimmt, sogar die meisten Gläubigen!

Was ist der andere Weg? Jesus gab den Leuten in Kapitel 5 einen kleinen Vorgeschmack. Es geht darum, nach *Gottes eigener* Gerechtigkeit zu trachten, die dir als Geschenk gegeben wird – und nicht nach *deiner* Gerechtigkeit. Jesus sagte ihnen das. Dann sagte er: »Oh, es ist so heilig, was ich euch sage. Es ist heilig und so völlig anders, dass es religiösen Menschen nicht gefallen wird. Wenn ihr versucht, religiösen Menschen davon zu erzählen, werden sie es unter ihren Füßen zertrampeln und sich dann umwenden und euch zerreißen.«

Der heilige Weg, der neue Weg Gottes funktioniert so: »*Bittet, und es wird euch gegeben; sucht, und ihr werdet finden; klopft an, und es wird euch geöffnet. Denn jeder, der bittet, empfängt, und wer sucht, findet, und wer anklopft, dem wird geöffnet. Oder würde jemand unter euch seinem Kind einen Stein geben, wenn es ihn um Brot bittet? Würde er ihm eine Schlange geben, wenn es ihn um einen Fisch bittet? Wenn also ihr, die ihr doch böse seid, das nötige Verständnis habt, um euren Kindern gute Dinge zu geben, wie viel mehr wird dann euer Vater im Himmel denen Gutes geben, die ihn darum bitten«* (Mt 7,7–11 NGÜ). Wie kommt Gerechtigkeit durch Jesus, das Brot des Lebens? Wenn ein Sohn um Brot bittet (um Gerechtigkeit in Jesus bittet), wird der Vater ihm dann einen Stein geben? Wenn du um Gerechtigkeit in Jesus bittest, wird Gott dir dann eine weitere Steintafel geben (mehr Gebote, mehr Dinge, die zu tun sind)? Nein, er wird dich stattdessen sättigen.

Sieh dir den ersten Vers des Abschnitts an: *»Bittet, und es wird euch gegeben.«* Wir sollen nach dem Reich Gottes und seiner Gerechtigkeit trachten. Wie bekommen wir beides? Bitte, und dir wird gegeben. Jesus verwendet hier drei Wörter: *bitte, suche* und *klopfe an.* Dabei verbindet er sie jeweils mit einem weiteren Wort. Bitte – dir wird gegeben. Suche – du wirst finden. Klopf an – dir wird geöffnet. »Bitten – gegeben, suchen – finden, anklopfen – geöffnet.« Und dann wiederholt er das Ganze in Vers 8, doch mit einer Abwandlung: *»Denn jeder, der bittet, empfängt, und wer sucht, findet, und wer anklopft, dem wird geöffnet.«* »Suche – und finde« bleiben gleich, ebenso »klopf an – dir wird geöffnet«. Aber »bitte – dir wird gegeben« sind zu »bitte – empfange« geworden.

Er sagt: *»Bitte, und es wird dir gegeben.«* Bitte um Gottes Gerechtigkeit, und Gott wird sie dir geben. Doch damit du sicher weißt, dass sie auf dem Weg zu dir nicht verloren geht, sagt Vers 8: *»Denn jeder, der bittet, empfängt«.* Gott bringt sie nicht nur auf den Weg, er sorgt auch dafür, dass sie bei dir ankommt. Denn jeder, der bittet, empfängt.

Das ist wunderbar, doch wie kann das sein? Jesus stellt hier etwas Neues vor. Es ist eine völlig neue Denkweise, die alles Bisherige über den Haufen wirft. Nicht du bist es, der als Diener des Herrn versucht, Gott, deinem Herrscher und strengen Zuchtmeister, der nur darauf wartet, dir für deine Sünden einen Schlag zu verpassen, etwas abzuringen. Die neue Denkweise ist diese: »Gott ist ein Vater, der sich um dich, sein Kind, kümmert.« Das ist so unglaublich, diese Veränderung ist so weit entfernt von dem gewohnten Denken der Menschen, dass Jesus diese Wahrheit seinen Zuhörern nur häppchenweise verabreichte. Das ist seine Einführung eines neuen Bundes. Und als er diese Unterweisung wiederholte, so von Lukas überliefert, fügte er ein weiteres Gleichnis hinzu, um ihnen zu einem besseren Verständnis dieses Konzepts zu verhelfen. In Lukas 11, 9–11 ist dieselbe Lehre zu finden: »*Und ich sage euch: Bittet, so wird euch gegeben; sucht, so werdet ihr finden; klopft an, so wird euch aufgetan! Denn jeder, der bittet, empfängt; und wer sucht, der findet; und wer anklopft, dem wird aufgetan. Welcher Vater unter euch wird seinem Sohn einen Stein geben, wenn er ihn um Brot bittet?*«

Hier wiederholt Jesus die Veranschaulichungen, die er schon in der Bergpredigt verwendet hat, die Aussage bleibt somit gleich. Er greift zwei Arten des Zugangs (oder der Wege) zu Gott auf – den breiten, weitläufigen Weg, der ins Verderben führt, im Gegensatz zu dem schmalen, beengten Weg, der zum ewigen Leben führt.

Doch beachte, wie er diese beiden Wege miteinander vergleicht. Er tut es, indem er Parallelen aufzeigt. Am Anfang von Kapitel 11 steht das Vaterunser, welches ein Gebet des alten Bundes ist. Das Vaterunser ist für Menschen gedacht, die noch unter dem alten Bund stehen. Ich hörte einmal einem jüdischen Gelehrten zu, der über Gebet lehrte und als praktizierender Jude sagte, jeder gewissenhafte Jude könne das Vaterunser beten. Ja, denn es handelt sich um ein Gebet des bedingten Segens.

Jesus formuliert dieses Gebet des alten Bundes und fährt dann mit einem Gleichnis fort, um das Leben mit Gott unter diesem Gebet zu beschreiben. Es ist, als müsstest du einen schlafenden Gott zu etwas bewegen: *»Wenn einer von euch einen Freund hat und um Mitternacht zu ihm geht und sagt: Freund, leih mir drei Brote; ...«* (Vers 5 EÜ). Du bist der Freund, der zu Gott geht, um ihn um die Brote zu bitten. Wie reagiert Gott auf deine Bitte? *»... wird dann etwa der Mann drinnen antworten: Lass mich in Ruhe, die Tür ist schon verschlossen und meine Kinder schlafen bei mir; ich kann nicht aufstehen und dir etwas geben? Ich sage euch: Wenn er schon nicht deswegen aufsteht und ihm seine Bitte erfüllt, weil er sein Freund ist, so wird er doch wegen seiner Zudringlichkeit aufstehen und ihm geben, was er braucht«* (Vers 7–8 EÜ).

Das ist Gottes Güte unter dem alten Bund des Gesetzes, der Bund, unter dem man Gutes tut und Gutes bekommt oder Schlechtes tut und Schlechtes bekommt. Menschen, die Gott gegenüber unter diesem Bund agieren, liegen völlig falsch. Sie haben versagt, weil sie ihre Freundschaft mit Gott nicht aufrechterhalten haben. Gott ist von der Freundschaft in diesem Gleichnis nicht beeindruckt. Er wird nicht aus Freundschaft zum Handeln bewegt. Nur weil der Typ gut darin ist, sich Gott aufzudrängen, gibt Gott ihm in seiner Güte das, was er braucht. Du siehst also, dass es sich hier um ein Gebet (das Vaterunser) des alten Bundes handelt, gefolgt von einem Gleichnis über das Leben unter dem alten Bund (als Jude zu der Zeit Jesu).

Dann geht Jesus wieder nach demselben Prinzip vor, indem er zuerst ein Gebet vorstellt, diesmal jedoch als Beispiel für einen anderen Bund. Dann erklärt er anhand eines Gleichnisses, wie sich das zweite Gebetsmodell vom ersten unterscheidet. Beim ersten

Modell ist es so: Du stehst draußen vor der Tür, kommst Gott damit ungelegen, und dann bedrängst du ihn. Du drängst und drängst. Und wenn du ihn lange und heftig genug bedrängt hast, wird Gott in seiner Güte dein Gebet erhören, aber nicht, weil deine Beziehung zu ihm so gut ist, sondern weil er so gut ist.

Beim neuen Gebetsmodell ist es ganz anders: Bitte, und es wird dir von Gott gegeben. Und nicht nur das – er wird auch sicherstellen, dass du es empfängst. Suche, und du wirst finden. Klopfe an, und die Tür wird sich dir weit öffnen. Denn *jeder*, der auf diese Weise bittet, empfängt und findet und rennt offene Türen ein. Warum? Wie kann das sein? Die Antwort darauf findet sich in dem Gleichnis: *Hier erbittet ein Sohn etwas von seinem Vater, und nicht ein Freund zu unpassender Zeit etwas von einem entfremdeten Freund!* Es ist sogar noch besser als das. Du bist nicht der fremd gewordene Freund, dessen Freundschaft Gott nicht zum Handeln bewegt. Du bist nicht der fremd gewordene Freund, der auf der anderen Seite der geschlossenen Tür steht, der vor einer verriegelten Tür steht. Die Tür zwischen dir und Gott ist *nicht* geschlossen. *Du bist das Kind, das zusammengerollt in Papas Bett liegt* (»*meine Kinder schlafen bei mir*«). Die Wohnhäuser zu der Zeit Jesu waren nicht wie die Häuser heutzutage, in denen wir für jeden Zweck verschiedene Räume haben. Die Häuser des einfachen Volks zu der Zeit Jesu bestanden aus zwei Räumen – aus einem geschlossenen Innenraum und einem teilweise offenen Außenbereich.

Als wir in Israel waren, fuhren wir zum Nordufer des Galiläischen Meeres und besuchten dort tatsächlich die Überreste der Ortschaft Kapernaum. Kapernaum war der Ausgangspunkt für Jesu Dienst. Dort lebte auch Petrus im Haus seiner Schwiegermutter. Petrus' Haus ist noch zu sehen, zumindest das, was davon übrig ist. Diese Ruinenstätte gehört zu der mehrfach verifizierten, zweifelsfrei festgestellten »Dies ist definitiv das Haus«-Sorte. Du könntest auch ein Schild aufstellen: »Hier schlief Jesus«. Nicht nur irgendwo in der Umgebung, sondern genau hier an dieser Stelle. Dort schliefen zwölf Jünger, schnarchende Fischer von Wand zu Wand. Es ist kein Wunder, dass Jesus loszog, um sich einen abgeschiedenen Ort zu suchen. Das hättest du wohl auch getan!

Eine Familie zu der Zeit Jesu hatte für gewöhnlich nur eine einzige Schlafgelegenheit, bestehend aus einer einfachen Pritsche, auf der im Hauptraum des Hauses alle gemeinsam schliefen. Nun versuche dir dieses Bild vor Augen zu führen. Die Person, die in dem ersten Gleichnis Gott verkörpert, sagt zu dem entfremdeten Freund: *»Lass mich in Ruhe, die Tür ist schon verschlossen und meine Kinder schlafen bei mir.«* Das ist der alte Bund. Du bist der entfremdete Freund, der auf der anderen Seite der geschlossenen und verriegelten Tür steht und bettelt. Doch wie sieht der neue Bund aus? Jesus sagte, unter dem neuen Bund bittet der Sohn den Vater um das, was er braucht. Erkennst du den Wechsel, den Jesus hier vollzogen hat? Unter dem neuen Bund bist du nicht der entfremdete Freund vor der Tür. Du bist der Sohn, der sich neben seinem Papa im Bett zusammenrollt. Du bist drinnen bei Papa!

Sohn-schaft! Das ist die Grundlage des neuen Bundes in Jesus! Nicht Entfremdung. Du musst deine Freundschaft zu Gott nicht beweisen! Mensch, du bist angekommen! Du bist im Inneren des Hauses, genau dort, wo er ist. Er hat seine Arme um dich gelegt und du bist sicher geschützt und hast alles, was du brauchst. Und wenn du sonst noch etwas möchtest, dann bitte ihn einfach! Bitte – es wird dir gegeben. Und du wirst empfangen. Hierzu ist Jesus gekommen – um dir die Sohnschaft in der Familie zu geben *und das Erbe, das damit einhergeht.*

»Als dann aber die Zeit herangekommen war, sandte Gott seinen Sohn. Er wurde von einer Frau geboren und unter das Gesetz ge-

stellt. Er sollte die loskaufen, die unter der Herrschaft des Gesetzes *standen, damit wir das Sohnesrecht bekämen. Weil ihr nun Söhne* *seid, gab Gott euch den Geist seines Sohnes ins Herz, der »Abba!* *Vater!« in uns ruft. Du bist also nicht länger ein Sklave, sondern* *Sohn! Und wenn du Sohn bist, dann hat Gott dich auch zum Erben* *gemacht«* (Gal 4,4–7 NEÜ). Jesus hat dich von der Sklaverei, von der Knechtschaft, losgekauft. Du bist kein Sklave, kein Knecht mehr. Am letzten Abend seines irdischen Dienstes, an dem Abend, an dem er verraten und gefangen genommen wurde, sagte Jesus zu seinen Jüngern: *»Ich nenne euch nicht· mehr Knechte, denn der* *Knecht weiß nicht, was sein Herr tut«* (Joh 15,15).

Ihre Beziehung hatte eindeutig eine neue Form angenommen. Sie war nicht länger das Verhältnis zwischen einem Knecht oder Sklaven und seinem Herrn. Das ist sehr wichtig. Jesus hat diesen Moment deutlich für uns gekennzeichnet. Was bedeutet, dass alles, was Jesus vor diesem Moment in seinen Gleichnissen über das Dienen vor Gott gesagt hat, erneut betrachtet und auf der Basis eines neuen Bundes neu bewertet werden muss. Wenn ich sterbe und vor meinen Papa hintrete, erwarte ich nicht die Worte: *»Recht* *so, du guter und treuer Knecht«* (Mt 25,21). Das will ich nicht hören. Druckt das ja nicht auf das Programmheft für meine Beerdigung. Ich bin kein Knecht; ich bin ein Sohn! Wenn ich am Ende meines Lebens zu meinem Papa gehe, will ich Folgendes hören: »Willkommen zu Hause, Sohn!«

Jesus hat dich von der Knechtschaft losgekauft. Und nun hast du den Geist, durch den du ausrufst: »Abba, Papa.« Und das Erbe gehört dir auch. *»Und wenn du Sohn bist, dann hat Gott dich auch* *zum Erben gemacht«* (Gal 4,7 NEÜ). Ein Erbe ist jemand, der eine Erbschaft macht. Eine Erbschaft ist das, was du nach dem Tode dessen bekommst, der die zu erbenden Güter besitzt. Jesus sagte: »Alles, was dem Vater gehört, gehört auch mir.« Und das ist die

Erbschaft. Dem Vater gehören alle Dinge. Er übergab alles dem Sohn. Und Jesus, der Sohn, sagt: »Ich hinterlasse euch alles – alle Dinge.« Als Jesus starb, wurde die Erbschaft rechtskräftig übertragen, und nun hast du (der arm im Geist ist) eine Erbschaft. Woraus besteht diese? Aus allen Dingen. Alle Dinge!

Bitte, und dir wird gegeben und du wirst empfangen. Das einzige Problem hierbei ist, die Menschen dazu zu bringen, das auch zu glauben. Wir müssen jedes Gebetsschema, das uns bisher beigebracht wurde, aufgeben, auch solche Gebete, wie sie Menschen formulieren, um »Gott nahezukommen«. Nein, der Heilige Geist ist als Nachlassverwalter eingesetzt worden und er ist *in* dir.

Wenn du um etwas bittest, was du brauchst, und dich fragst, ob Gott dich gehört hat oder ob du das Erbetene empfangen wirst, richte deinen Blick einfach auf den Heiligen Geist, der in dir ist als dein Pfand und Garant deiner Erbschaft. Wenn du zweifelst, fang an zu sagen: »Der Geist ist in mir. Es ist Christi eigener Geist, der meine Gestalt bewohnt.« Er wohnt in deinem Körper. Er wohnt im Körper eines jeden Gläubigen. Er ist der Garant, der Nachlassverwalter. Auf alles, worum du bittest, ist der Heilige Geist die Antwort, denn er verwaltet die Erbschaft. Und da er als Verwalter der Erbschaft in dir ist, kannst du bitten und sicher sein, dass es dir gegeben wurde und du es auch empfangen wirst. Wie sehr sich das doch vom alten Bund unterscheidet!

Werde die Gebetsanleitungen los, die du in der Vergangenheit gelesen hast. Werde alles los, womit du Löcher in den Himmel geschlagen hast, damit der Segen auf dich herunterkommen kann. Alles Material, das auf Gleichnissen oder Beispielen aus dem alten Bund über Beharrlichkeit und Ausdauer basiert, gilt nicht für dich. Gebet ist nicht das Mittel, um die Kluft zwischen dir und Gott zu schließen, es ist nicht das Mittel, um die Fenster des Himmels zu öffnen, und es ist auch nicht das Mittel, mit dem du

Gott dazu bewegst, dir die Tür zu öffnen. Du musst dieses Bild aus deinem Kopf bekommen. Und du musst wissen, wer *du* bist und auch, wer *Gott* ist. Du bist nicht der draußen stehende entfremdete Freund; du liegst zusammengerollt im Bett direkt neben deinem Papa! Also bitte! Bitte! Bitte! Dies ist der neue Bund! Das Erbe gehört dir. Jesus hat es erworben und dir gegeben. Es ist ganz einfach. Aber du musst dieses Bild aus deinem Kopf bekommen, auf dem du der Knecht, der entfremdete Freund bist, und Gott eine distanzierte Gottheit ist, ein unnahbarer Dienstherr im Himmel, auf der anderen Seite der Tür. Ich kann dir garantieren, dass dies das größte Hindernis auf deinem Weg zur Freude ist. Wir sehen uns selbst vollkommen falsch.

Ich habe eine Lehreinheit über Mefi-Boschet aus dem Alten Testament, dessen Beschreibung auf sehr viele Gläubige zutrifft. Mefi-Boschet war ein Mann, der nichts hatte. Er war der Enkelsohn des getöteten Königs Saul. David wollte ihm Ehre erweisen und nahm Mefi-Boschet, der in Lodebar in Armut lebte, mit in sein eigenes Haus, wo er ihm alles an Land und Besitz übergab, was zuvor König Saul gehört hatte. In einem Augenblick wurde Mefi-Boschet von einem Almosenempfänger und einem aus dem Land Ausgestoßenen zur zweitreichsten Person Israels, mit dem Recht, tagtäglich am Tisch des Königs zu essen. Das ist das Gleichnis eines Gläubigen. Das ist es, was Jesus augenblicklich tut, wenn du ihn *bittest, hereinzukommen.* Er selbst wird gegeben und du empfängst. Du landest direkt in deiner Erbschaft. Doch wir glauben das nicht.

Das Problem war, dass Mefi-Boschet nie dahin gelangte, sich in dieser Position wirklich wohl zu fühlen. Nach außen hin hatten seine Lage und seine Stellung sich um 180 Grad gedreht. *Doch innerlich tat sich Mefi-Boschet mit diesem Wandel überaus schwer, da er sich selbst nie als würdig sah.* Tatsächlich bezeichnete er sich selbst als »toten Hund«. So dachte er von sich selbst – ein Mann, unbedeutend wie ein Hund, der es nicht verdient zu leben. Mefi-Boschets Beine waren vermutlich seit seinem fünften Lebensjahr gelähmt. Seine Amme wollte mit ihm auf dem Arm flüchten, stolperte aber, woraufhin er im hohen Bogen auf den Boden stürzte und sich die Wirbelsäule brach. Fünf Jahre alt und gelähmt. Was das aus einem macht, zusammen mit der Grausamkeit, nirgendwo dazuzugehören, verspottet zu werden und nicht in der Lage zu sein, für sich selbst zu sorgen, können wir nur erahnen. Aber mit Sicherheit verzerrte es seine Selbstwahrnehmung.

Tatsächlich trug Mefi-Boschet ursprünglich einen hebräischen Namen, der »Herausforderer von Baal« bedeutete. Doch er änderte seinen Namen zu Mefi-Boschet, was »Mann der Scham« bedeutet. Und diesen Namen verpasste er sich selbst. Wie lautet der Name, den *du* dir selbst gegeben hast? Der Name, der so beschämend und geheim ist, dass du niemandem je davon erzählt hast? So denkst du über dich. Für dich ist das deine Identität.

Mefi-Boschet hatte nie das Gefühl, in Davids Palast zu gehören. Warum empfand er so? Es hatte mit dem tragischen Unfall zu tun, der sich in seiner Kindheit zugetragen hatte; *etwas, wofür er noch nicht einmal verantwortlich war*, etwas, das ihm zugefügt worden war. Hör genau hin, was der Geist in deinem Herzen zu dir spricht. Es gibt Dinge, die uns in der Kindheit zustoßen, und wir haben zugelassen, dass sie uns bestimmen. Da sind Dinge mit dir geschehen, für die du noch nicht einmal etwas konntest, und trotzdem halten sie dich in diesem Moment davon ab, dich selbst als einen Sohn Gottes wahrnehmen zu können, an dem er Freude hat, als ein Mann oder eine Frau, der oder die einer Erbschaft würdig ist. Du siehst dich als der entfremdete Freund in Jesu Gleichnis.

Menschen wachsen in Elternhäusern auf, die von Alkoholsucht oder Gewalt beherrscht werden. Oder sie wachsen als der Sonderling auf, der nirgendwo reinpasst oder dazugehört. Manche Menschen wurden sexuell missbraucht oder körperlich misshandelt. Manche wuchsen gar unter dem schweren Gewicht religiöser Gesetzlichkeit auf, der sie nie gerecht werden konnten und nach deren Maßstab sie nie gut genug waren. All das (die ganze Scham, das Gefühl der Wertlosigkeit) schleppst du mit hinein in die Beziehung zu deinem Papa-Gott, und du kannst dich einfach nicht als jemanden sehen, der es verdient hat, der Papas Sohn ist, an dem er Freude hat. Alles, was du siehst, ist deine Unwürdigkeit aufgrund von Dingen, die dir in deinem Leben zugestoßen sind und an denen du noch nicht einmal die Schuld trägst.

Du sagst: »Pastor, du weißt nicht Bescheid; ich habe Dinge getan, die furchtbar schlecht sind.« Hör mir zu, *wir wurden kaputt geboren.* Hast du verstanden? Du hattest eine Sündennatur, die du geerbt hast. Es war nicht dein Fehler. Und obwohl wir aus dieser Sündennatur heraus gehandelt haben und dadurch die Verantwortung für unser Handeln auf uns überging, ist Gott sich deiner Schwäche bewusst. Er weiß, womit du als Mensch fertigwerden musstest, und er zieht dich dafür nicht zur Rechenschaft. Er hat alles auf Jesus gelegt. Jesus nahm alles auf sich; er hat dir dein Versagen abgekauft. Du bist absolut nichts schuldig.

Du bist nicht länger Mefi-Boschet, ein Mensch der Scham. Du bist nicht der entfremdete Freund, der an die verschlossenen Türen des Himmels hämmert. Wie sieht Gott dich? Gott hat dir einen neuen Namen gegeben: Sohn! Sohn! Also hör auf, dich gemäß dem Gesetz und deinem Versagen zu beurteilen; das ist der breite und weitläufige Weg ins Verderben, dem so viele Menschen folgen. Der Heilige Geist badet dich in Liebe. Liebe und Gnade sind die einzigen Mittel, um diese tiefen Wunden zu heilen. Er möchte dich heilen, weil er will, dass du anfängst, dich selbst als die wohlhabendste Person des Landes zu sehen, mächtig gesegnet, vollkommen gerecht, Teilhaber des Erbes, denn genau das bist du. *Bitte. Bitte einfach!!* Das ist der neue Bund. Du liegst friedlich zusammengerollt neben Papa im Bett. Du bist Familie für ihn. Er liebt es, mit dir zusammen zu sein. Du bist kein Almosenempfänger. Du bist kein Bettler. Du bist keine Belastung. Du musst dich sehen, wie Gott dich sieht. Du musst deinen liebenden Papa sehen, wie er ist. Die Bergpredigt ist keine interessante Theologie; *sie ist die Kraft einer neuen Realität.*

Die Bergpredigt

TEIL 4 - FALSCHE PROPHETEN ERKENNEN

D ie gesamte Bergpredigt besteht aus diesen beiden Konzepten, die Jesus vorstellt: Da ist einmal der Weg des Gesetzesbundes zu Gott, von dem Jesus sagt, es sei der breite und weitläufige Weg ins Verderben, den jeder nimmt. Es ist der übliche Weg – tue Gutes, arbeite hart, bringe Gott dazu, dich zu segnen und versuche, gut genug zu sein, um in den Himmel zu kommen. Das ist der breite Weg, der ins Verderben führt. Und dann ist da noch der schmale, beengte Weg, der zum ewigen Leben führt. Er ist schmal, weil er allein aus Christus besteht und *»unter dem ganzen Himmel ist uns Menschen kein anderer Name gegeben, durch den wir gerettet werden können«* (Apg 4,12b NGÜ). Er ist also schmal *und* beengt. In einigen englischen Bibelübersetzungen wird der Weg als schwierig (schmal und schwierig) bezeichnet, doch das ist keine gute Übersetzung des verwendeten Wortes. Young's Literal Translation sagt es so: *»der Weg ist schmal und beengt«*; und zwar, weil er von den vorherrschenden Stimmen religiöser Menschen verdrängt wird, die sagen, man müsse hart arbeiten, um sich Gottes Gunst zu verdienen.

Nun haben wir also diese beiden Wege, die Jesus klar dargelegt hat: Auf dem einen empfängst du Gottes eigene Gerechtigkeit als von ihm gegebenes Geschenk (durch Jesus), indem du ihn einfach bittest; auf dem anderen arbeitest und schuftest du hart und versuchst, deine eigene Gerechtigkeit aufrechtzuerhalten, was aber ins Verderben führt. Jesus sagt Folgendes: *»Hütet euch vor den fal-*

schen Propheten! *Sie kommen im Schafskleid zu euch, in Wirklichkeit aber sind sie reißende Wölfe. An ihren Früchten werdet ihr sie erkennen. Erntet man etwa Trauben von Dornbüschen oder Feigen von Disteln? So trägt jeder gute Baum gute Früchte; ein schlechter Baum hingegen trägt schlechte Früchte. Ein guter Baum kann keine schlechten Früchte tragen; ebenso wenig kann ein schlechter Baum gute Früchte tragen. Jeder Baum, der keine guten Früchte trägt, wird umgehauen und ins Feuer geworfen. Deshalb sage ich: An ihren Früchten werdet ihr sie erkennen«* (Mt 7,15–20 NGÜ). Für mich war dies immer eine verurteilende Schriftstelle, als ich noch ein christlicher Pharisäer war, doch ich versuchte, nicht zu viel über sie nachzudenken. Wenn ich zu intensiv über sie nachdachte, verursachte sie in meinem Denken nämlich stets Verdammnisgefühle. Ich fragte mich dann: »Bin ich ein guter oder ein schlechter Baum?« Und ich dachte: »Nun ja, manchmal trage ich schlechte Früchte, um ehrlich zu sein. Ich trage auch gute Früchte (ich tue ja Gutes), aber manchmal trage ich eben auch schlechte Früchte (weil ich böse Dinge tue). Besser ist es, diesen Gedanken nicht weiterzuverfolgen. Denn wenn du schlechte Früchte trägst, musst du ein schlechter Baum sein. Und wenn du ein schlechter Baum bist, wirst du ins Feuer geworfen. Doch wenn ich meine schlechten Früchte unter das Blut Jesu bringe (jedes Mal, wenn ich sie hervorgebracht habe), bekomme ich vielleicht eine neue Chance, gute Früchte zu tragen, dann bin ich frei von Schuld und kann noch einmal von vorne beginnen.« Trotzdem fragte ich mich, ob ich wohl ein schlechter Baum war.

Der Haken war in Vers 18 zu finden: *»Ein guter Baum **kann keine** schlechte Frucht tragen.«* Er kann es nicht! Genauso wenig kann ein schlechter Baum gute Früchte tragen. Er kann es nicht. Und so denken wir: »Jesus sagte eben, ein guter Baum ist nicht in der Lage, schlechte Früchte zu tragen. Ich trage schlechte Früchte, was nur einen Schluss zulässt – ich bin ein schlechter Baum.« Falls das etwas ist, worüber du dir Gedanken gemacht hast, dann wird dich diese Lehre freisetzen. Du bist kein schlechter Baum; niemand, der in Christus ist, ist ein schlechter Baum.

Deshalb musst du die Bergpredigt verstehen, denn du kannst nicht an irgendeine Stelle springen, einen einzelnen Vers wie diesen aus dem Kontext reißen und dann erwarten, ihn zu verstehen. Jesus baute hier ein Argument auf dem anderen auf, bis schließlich alles zusammen in dem neuen Leitbild von Gott als deinem Papa »gipfelte«. Du bist mit ihm im Haus, er liebt dich, du bittest ihn um seine Gerechtigkeit, er gibt sie dir als ein Geschenk, du bittest ihn um was immer du sonst noch brauchst, und er gibt es dir, weil es dein Erbteil ist. Das ist das neue Leitbild. Doch damit sie dieses neue Leitbild annehmen konnten, musste Jesus den Menschen dabei helfen, das System, mit Gott durch das Gesetz in Beziehung treten zu wollen, aufzugeben und zu verlassen.

Etwa in der Mitte von Kapitel 7 stellte er das System der Gnade vor. Und dann sagt er: »Hütet euch vor den falschen Propheten« (Vers 15). Er spricht hier nicht vom Durchschnittsgläubigen, der ihn, Jesus, zu verstehen versucht. Er warnt sie davor, auf falsche Propheten zu hören. Falsche Propheten treten für gewöhnlich harmlos auf (sie sind als Schafe verkleidet), aber sie predigen den breiten und weitläufigen Weg, der ins Verderben führt. Sie lehren nicht das Wort Jesu, das Wort voller Gnade und Wahrheit; sie predigen das Regelwerk, nach dem man durch eigene Anstrengung mit Gott ins Reine kommen und bleiben muss.

Was es noch verwirrender macht, ist die Tatsache, dass sie harmlos erscheinen, sie sehen wie Schafe aus, sie sehen wie wir aus; und – halt dich fest! – sie verwenden sogar den Namen Jesu, wodurch sie ziemlich authentisch klingen. Sieh dir die Verse 21–23 (NGÜ) an: »Nicht jeder, der zu mir sagt: ›Herr, Herr!‹, wird ins Him-

melreich kommen (dies ist eine Fortsetzung des Abschnitts über die *falschen Propheten*; hier steht, was mit ihnen passiert), *sondern nur der, der den Willen meines Vaters im Himmel tut. Viele werden an jenem Tag zu mir sagen: ›Herr, Herr! Haben wir nicht in deinem Namen prophetisch geredet* (das ist erstaunlich, sie verwenden den Namen Jesu!)*, in deinem Namen Dämonen ausgetrieben und in deinem Namen viele Wunder getan?«* Alles, was sie tun, geschieht im Namen Jesu. Sie denken, sie tun den Willen des Vaters und sie dienen in Jesu Namen, doch sie tun *nicht* den Willen des Vaters.

Jesus sagt in Vers 23: »*Dann werde ich zu ihnen sagen: ›Ich habe euch nie gekannt. Geht weg von mir, ihr mit eurem gesetzlosen Treiben!*‹« Ach du Schande! Diese Leute stehen im Dienst. Sie sind die falschen Propheten. Sie tun gute Dinge! Sie tun viele Wunder, treiben Dämonen aus, prophezeien im Namen Jesu. Sie sind davon überzeugt, den Willen des Vaters zu tun. Und sie sind ganz und gar verblendet. Sie führen Menschen (und sich selbst) auf dem breiten und weitläufigen Weg ins Verderben. Sie führen Menschen nicht zu der Gerechtigkeit Gottes, seiner eigenen Gerechtigkeit, die er als ein Geschenk gibt. Und weil sie sie nicht zu der einzigen Gerechtigkeit führen, die ein menschliches Wesen je erlangen kann, *betreiben sie Gesetzlosigkeit* (also genau das Gegenteil davon, was *sie* zu tun *glauben*).

Sie haben den Willen des Vaters verfehlt. Was ist der Wille des Vaters? Er liegt nicht im Tun. Er liegt im Glauben! »*Da fragten sie ihn: ›Was für Dinge müssen wir denn tun, um Gottes Willen zu erfüllen?‹ Jesus antwortete: ›Gottes Wille wird dadurch erfüllt, dass ihr an den glaubt, den er gesandt hat*«* (Joh 6,28–29 NGÜ). Glaube an Jesus. Glaube an den neuen Bund, den er bereitstellt. Glaube an das Wort Gottes, das voll von *Gnade* und *Wahrheit* ist! Glaube an den Bund, der bis zum Rand und darüber hinaus mit Gnade gefüllt ist.

Obwohl sie den Namen Jesu verwenden und tatsächlich auch Wunder geschehen, wenn dieser Name verwendet wird, setzen diese falschen Propheten die Menschen nicht in die Gnade und in den einfachen Glauben an den wunderbaren Namen Jesu frei. Sie halten die Menschen in der Knechtschaft des alten Weges, des breiten Weges, des weitläufigen Weges, der ins Verderben führt. Sie sehen aus wie wir, sagen lauter »Jesus«–Dinge, sie tun religiöse Werke, doch Jesus nennt sie reißende Wölfe. Denk mal über diesen Ausdruck »reißende Wölfe« nach. Ein Wolf ist ein grimmiges Raubtier, ein entschlossener Jäger. In unserer Gesellschaft wissen wir wenig darüber, wie gefährlich ein Wolf sein kann. Kürzlich kam in den Nachrichten ein Bericht über eine Russin irgendwo in Russland, wo sich Fuchs und Hase gute Nacht sagen. Diese Frau wurde von einem Wolf angegriffen, den sie abwehren und tatsächlich mit einer kleinen Axt töten konnte. Sie war schon eine ältere Dame und die ganze Nation feierte sie als Heldin, weil Wölfe schließlich gefährlich sind.

Jesus kannte den Tanach (das, was wir die Schriften des Alten Testaments nennen). Er kannte das Wort Gottes. Er zitierte es gegenüber dem Teufel, lehrte daraus, und nach seiner Wiederauferstehung, als er auf die beiden Jünger auf dem Weg nach Emmaus traf, *»ging er mit ihnen die ganze Schrift durch und erklärte ihnen alles, was sich auf ihn bezog – zuerst bei Mose und dann bei sämtlichen Propheten«* (Lk 24,27 NGÜ). Ausgehend von dieser Kenntnis nennt Jesus falsche Propheten »reißende Wölfe«. Dieser Ausdruck findet sich in der gesamten Bibel nur an einer einzigen weiteren Stelle. In 1. Mose 49,27 (EÜ): *»Benjamin ist ein reißender Wolf: Am Morgen frisst er die Beute, am Abend teilt er den Fang.«* Dies ist Teil der Prophetie, die Jakob über jeden seiner Söhne aussprach, die später zusammen die zwölf Stämme Israels bilden würden. Und Benjamin nannte er einen »reißenden Wolf«. Hierzu musst du wissen, dass von Benjamin und von Juda, einem weiteren Sohn, die zwei größten Könige stammten, die Gottes Volk regierten. Diese beiden Könige repräsentieren die beiden Bünde Gottes. Einer davon ist Saul, der erste König, der den Gesetzesbund (die Herrschaft des Gesetzes) repräsentiert. Saul stammt von Benjamin ab. Gott wollte Saul nicht als König für sein Volk, aber das Volk bestand auf ihn. Dies ist der alte Bund des Gesetzes. Gott wollte für sein Volk keinen Gesetzesbund, aber das Volk zog diesen der innigen Nähe und der Gnade vor. *»Alles, was du uns befohlen hast, Herr, werden wir tun.«* Mit anderen Worten: »Wir werden eine Beziehung zu dir haben, die auf diesem Gesetz gründet.« Saul wurde als König zu einer Last für das Volk. Noch während seiner Regentschaft salbte Gott einen anderen zum König, der Sauls Platz einnehmen sollte – David, vom Stamm Juda. David repräsentiert den neuen Bund der Gnade in Jesus (der Löwe vom Stamm Juda).

Alles im Alten Testament wurde uns als Bild gegeben, um darin Jesus zu erkennen. Als Saul starb und David König wurde, wurde seine Regentschaft von keinem einzigen der anderen Stämme anerkannt. Alle anderen Stämme schlugen sich auf die Seite von Sauls Nachkommen. Das war die jüdische Antwort auf Jesus. Jesus kam, und die Juden lehnten ihn ab. David kam, und die Juden lehnten ihn ab, bis sie das Gesetz ausgeschöpft hatten. Erst als Isch-Boschet, der Sohn Sauls, starb, nahmen sie David als König an. Ich glaube, dies ist ein prophetisches Bild. Eines Tages werden die Juden ihren König anerkennen: König Jesus.

Saul gehörte zum Stamm Benjamins, der in der Typologie der Geschichte Israels das Gesetz Gottes repräsentiert. Und hier nun wird Benjamin, der für das Gesetz steht, ein »reißender Wolf« genannt. Der Stamm, der verkörpert durch Saul den Gesetzesbund repräsentiert, ist ein reißender Wolf. Kein einziges weiteres Mal wird dies in der Bibel erwähnt – *bis zu Jesus*. Und Jesus warnt nun vor den falschen Propheten, die dich den breiten, weitläufigen Weg deiner eigenen Gerechtigkeit (den Weg des Gesetzes) hinunterführen; sie sind die reißenden Wölfe. Sie sind Nachkommen Sauls, Nachkommen des Gesetzesbundes. Und obwohl sie sich ein wenig weiterentwickelt haben – immerhin kleiden sie sich äußerlich in Schafswolle –, werden sie dich töten und ins Verderben führen.

Manche Propheten wollen die Schafe nähren. Andere wiederum wollen *sich* von den Schafen ernähren. Manche geben ihnen Nahrung, und manche *machen sie* zur Nahrung. Falsche Propheten geben dir ein Gefühl, als hätte man auf dir herumgekaut, als hätte man dich abgenagt. Manche Propheten sorgen dafür, dass du satt wirst und mit einem Gefühl des Wohlbefindens davongehst. Andere gehen auf dich los und zerren an dir herum – du gehst davon und hast das Gefühl, für Gott niemals gut genug zu sein, was die Mauer zwischen dir und deinem himmlischen Vater nur noch undurchdringlicher werden lässt. Welcher Sorte Prophet hörst du zu?

Jesus sagte: »*Ihr werdet sie an ihren Früchten erkennen.*« Ein guter Baum trägt gute Früchte. Ein schlechter Baum trägt schlechte Früchte. Was heißt das nun? Jesus erklärt es uns. Sieh dir Vers 16 an: »*An ihren Früchten werdet ihr sie erkennen. Sammelt man auch Trauben von Dornen, oder Feigen von Disteln?*« Er betrachtet es aus der Hörerperspektive. Die Früchte, von denen er spricht, sind nicht die persönlichen guten oder schlechten Werke, die der Prophet im Laufe seines Lebens hervorbringt. Die Menschen sammeln nicht die guten Taten, die du in deinem persönlichen Leben vollbringst, um sich davon zu ernähren. Hier geht es nicht um gute Taten – schlechte Taten. Es geht nicht um: »Oh, dein Pastor hat im Restaurant ein Bier getrunken; sieh dir nur diese schlechte Frucht an.« Ich will darauf hinaus, dass es hier nicht um deine persönliche Frucht aus einem heiligen oder unheiligen Lebensstil geht. Jesus sagte: »*Sammelt man auch Trauben von Dornen, oder Feigen von Disteln?*« Die Früchte des Propheten in diesem kurzen Gleichnis sind das, was die Menschen sammeln, um es zu essen. Sammeln Menschen Trauben von Dornenbüschen? Was tun Menschen? Sie sammeln Früchte von Propheten, um diese Früchte zu essen.

Jesus redet hier eindeutig von den Worten, die diese Propheten sprechen. Du wirst die reißenden Wölfe an ihren Worten, also an ihren Früchten erkennen. Welche Art von Früchten tragen sie? Was bringen Dornenbüsche und Disteln hervor? Das Einzige, was Dornenbüsche und Disteln hervorbringen, sind weitere Dornenbüsche und Disteln.

In dem Gleichnis über die Saat und den Sämann nannte Jesus die Dornen »Ängste und Sorgen dieser Welt«. Die Sorgen dieser Welt ersticken die gute Saat, sodass sie unfruchtbar wird. Jesu Erklärung in jenem Gleichnis ist klar und deutlich, und hier benutzt er dieses Wort erneut. Zweifellos bezieht sich Jesus (erneut) auf die einzige andere Stelle in der gesamten übrigen Bibel, wo Dornen und Disteln erwähnt werden: 1. Mose 3,17.

Dies geschieht unmittelbar nach Adams und Evas Fall, als sie (im Garten Eden) dachten, sie müssten etwas unternehmen, um sich selbst zu vervollkommnen und dadurch Gott gleich zu werden. Das ist Adams und Evas Sünde. Die Schlange bringt sie dazu, der Lüge Glauben zu schenken, sie seien *nicht* bereits nach dem Ebenbild Gottes geschaffen und sie müssten etwas *tun*. Also essen sie vom Baum der Erkenntnis von Gut und Böse und fangen so an, ihre Beziehung zu Gott auf der Grundlage ihrer Erkenntnis über ihre eigenen guten und bösen Werke zu führen. Jahrtausende später versucht Jesus, die Welt von diesem bösen System zu befreien – dem breiten, weitläufigen Weg ins Verderben. Und Gott sagt zu Adam und Eva (über den Weg, den sie gewählt haben): »*So sei der Erdboden verflucht um deinetwillen! Mit Mühe sollst du dich davon nähren dein Leben lang; Dornen und Disteln soll er dir tragen*« (1Mo 3,17).

Die Sorgen und Ängste, sagte Jesus, kommen einfach aus dieser Welt hervor und können die gute Saat der Gnade ersticken. Und dann, hier in diesem Gleichnis, sagt Jesus, dass es falsche Propheten gibt, die Erzeuger solcher Dornen und Disteln sind. Die Menschen kommen, um Früchte von ihnen zu sammeln – gute Früchte –, doch alles, was man von jemandem bekommen kann, der dem System des Gesetzes untersteht, sind Dornen und Disteln, Sorgen und Ängste.

Und Freunde, das ist das Einzige, was das System des Gesetzes hervorzubringen vermag. Wenn du eine Beziehung mit Gott führst, die auf dem Baum der Erkenntnis von Gut und Böse gegründet ist, auf deinen Bemühungen, alles richtig und möglichst nichts falsch zu machen, wirst du niemals Frieden finden; deine Seele wird nie zur Ruhe kommen und du wirst dich immer vor Gott fürchten, sei es, weil du glaubst, unter seinem Zorn zu sein, oder weil du denkst, er wolle dir durch Krebs oder Krankheit oder irgendeinen anderen Unsinn eine Lektion erteilen. Es ist mir egal, wie oft ein Prediger das Wort »Jesus« benutzt. Wenn er nicht versteht, dass Jesus ein ewiggültiges und einmaliges Opfer für alle Sünden gebracht hat und er sich danach hinsetzte und somit das Werk der Vergebung der Sünden vollendet ist, und wenn er nicht versteht, dass Gott »*in Christus war und die Welt mit sich selbst versöhnte, indem er ihnen ihre Sünden nicht anrechnete*« (2Kor 5,19), dann wird er außerstande sein, Gottes Volk mit den Trauben, mit dem Wein des neuen Bundes, zu nähren. Die Menschen werden immer in Furcht leben, weil dieser Prophet ihnen nichts zu bieten hat als nur den Fluch des Gesetzes; die Ängste und Sorgen, die

Dornen und Disteln, die das Ergebnis unserer eigenen Ungerechtigkeit vor Gott sind.

Ein schlechter Baum kann in Menschen nicht die guten Früchte des neuen Bundes hervorbringen. Diese Art von Prophet wird dir ein wenig von Jesus geben, und dann wird er dir sagen, du solltest besser ins Reine kommen mit Gott. Ein Prediger des Gesetzes würde sich selbst niemals gestatten, das reine Wort der Gnade zu predigen, das Wort von Gottes Gerechtigkeit als ein pures Geschenk der Gnade für geistlich arme und unwürdige Menschen. Sein Gewissen würde das nicht zulassen.

Sieh dir diesen Vers 17 an: »*Ein schlechter Baum trägt schlechte Früchte.*« Die Übersetzung verwendet hier zweimal das Wort »schlecht«. Doch Jesus sagte es nicht auf exakt diese Weise. Er benutzte zwei verschiedene Adjektive. Im Griechischen sagt er, dass ein »poneros«-Baum »sapros«-Früchte trägt. Die Definition von *poneros* laut der Elberfelder Studienbibel ist »voller Mühe, Mühsal, Schmerz und Erschöpfung, verursacht von Anstrengung«. Das ist *poneros*. So beschreibt Jesus diese Art von Baum, mit der wir es hier zu tun haben. Der Baum des falschen Propheten, das Wesen dieses Baumes ist es, ein »poneros«-Baum zu sein – voller Anstrengung, voller Mühsal. Das ist der alte Bund. Das ist Satans System, das System, das er einführte und das den Fluch mit sich brachte. Diese Art von Baum, der »poneros«-Baum, wird ausschließlich »sapros«-Früchte hervorbringen. *Sapros* bedeutet »faul, modrig«. Sinnbildlich bedeutet es moralisch unwert. Das Gesetz erzeugt keine Gerechtigkeit; ganz im Gegenteil hält es Menschen in der Knechtschaft ihrer Ungerechtigkeit gefangen. Der »poneros«-Baum (schuften, um Gott zu gefallen) bringt nichts als faulige Früchte hervor. Er hält Menschen in Unbehagen und Furcht fest und erinnert sie an ihre Sünden. Er befreit sie nicht. Er belässt sie in ihrer Fäulnis und ihrem Moder.

Gott möchte uns mithilfe der einzigen Sache befreien, die uns tatsächlich frei machen kann: das Evangelium von Jesus – Gerechtigkeit als ein Geschenk der Gnade. Du bist dank Jesus gerecht. Er nahm deine ganze Ungerechtigkeit weg – absolut alles. Er nahm sie mit ans Kreuz und befreite dich von deiner gesamten Sündenschuld und gab dir seine Gerechtigkeit. Seine Gerechtigkeit ist nichts, was manchmal über dich kommt und dann auch wieder verschwindet. Sie ist in Jesus gegeben und sie bleibt auf dir, genau so, wie er dir versprochen hat, dich niemals zu verlassen oder zu vergessen. Du wirst nie wieder deiner Ungerechtigkeit überlassen werden. Wenn du unrechte Dinge tust, bleibst du trotzdem noch (wirklich und wahrhaftig) die Gerechtigkeit Gottes in Christus. Dieses Wissen wird dich Gott gegenüber zuversichtlich machen und dir Friede und Freude geben.

Falsche Propheten können das nicht hervorbringen. Falsche Propheten zwingen die Menschen, Dornen und Disteln zu essen. Sie lehren Menschen das Fürchten. Jesus sagt zu dir: »Fürchte dich nicht.« Falsche Propheten wollen, dass du deinen Vater fürchtest. Falsche Propheten sind wie Väter, die ihren Kindern Steine und Schlangen zu essen geben. Steine sind das auf Steintafeln geschriebene Gesetz Gottes; die Schlange steht für das System des Teufels, das im Garten Eden eingeführt wurde und an das die ganze Welt glaubt.

Das ist die falsche Botschaft. Gott ist dein Papa. Er ist ein Papa, der seinen Kindern das Geschenk der Gerechtigkeit gibt, indem sie ihn einfach darum bitten. Was gibt er also? Er gibt seinen Kindern Brot! Er gibt seinen Kindern das Brot des Lebens – Jesus – als Geschenk. Und er gibt über sein Volk folgende Erklärung ab: »Ich werde eurer Ungerechtigkeit nicht mehr gedenken. Ihr seid nun meine Söhne.« Söhne bemühen sich nicht darum, Söhne zu sein. Sie sind es einfach. Papa sagt: »Freut euch einfach, wieder zu meiner Familie zu gehören.«

So wie ein »*poneros*«-Baum nicht die guten Früchte des Königreichs der Gnade tragen kann, kann und will ein guter Baum (ein Prophet, der endlich das Wort der Gnade versteht) niemals wieder das Gesetz predigen. Er wird stets nur die gute Nachricht von Jesus predigen. Ich würde ernsthaft lieber sterben, als zu der Vermengung von Gesetz und Gnade, von altem und neuem Bund zurückzukehren. Ich könnte das einfach nicht. Ein guter Baum kann keine schlechten Früchte tragen. Ein schlechter Baum hingegen weiß nur, wie man in Menschen Furcht erzeugt, damit sie weiter schuften und arbeiten, um mit Gott im Reinen zu bleiben. Du wirst sie an ihren Früchten erkennen. Iss auf keinen Fall diese Früchte der Angst.

Wir kennen Papa. Wir wissen, dass er die Liebe selbst ist. Und seine vollkommene Liebe zu dir treibt die Furcht aus. So kannst du erkennen, ob du das einzig Wahre hörst oder nicht. Treibt es die Furcht aus? Sagt Jesus durch den Propheten, der zu dir spricht: »Fürchte dich nicht«? Stellt Jesus dich wieder auf die Füße? Erinnert Jesus dich an deine Gerechtigkeit? Bringt er dein Herz zur Ruhe in ihm? Sagt er dir immer und immer wieder: »Ich halte dein Leben in meiner Hand, vom Anfang bis zum Ende, du bist mein *poiema*, mein Meisterstück (mein Werk)« (siehe Eph 2,10)? Sagt er dir: »Ich habe dich tauglich gemacht, ich habe dich gerecht gemacht, ich habe dich heil gemacht, ich habe dich für immer vollkommen gemacht, ich habe dich für alle Ewigkeit erlöst, komm mutig zum Thron meiner Gnade«? Jesus stärkt deine wankenden Knie. Höre, was er über dich sagt! Das ist deine Identität. Und »*durch den Überfluss der Gnade und das Geschenk der Gerechtigkeit wirst du im Leben herrschen*« (siehe Röm 5,17). Damit bist du gemeint. Sei dir bewusst, wer du in Christus bist. Schicke die falschen Propheten weg. Spucke die Disteln aus.

Das Vaterunser

TEIL 1 – UNSER VATER IM HIMMEL

Unser Vater, der du bist im Himmel! Geheiligt werde dein Name. Dein Reich komme. Dein Wille geschehe, wie im Himmel, so auch auf Erden. Gib uns heute unser tägliches Brot. Und vergib uns unsere Schulden, wie auch wir vergeben unseren Schuldnern. Und führe uns nicht in Versuchung, sondern errette uns von dem Bösen. Denn dein ist das Reich und die Kraft und die Herrlichkeit in Ewigkeit! Amen. (Denn wenn ihr den Menschen ihre Verfehlungen vergebt, so wird euer himmlischer Vater euch auch vergeben. Wenn ihr aber den Menschen ihre Verfehlungen nicht vergebt, so wird euch euer Vater eure Verfehlungen auch nicht vergeben.)
– Matthäus 6,9–13

Während ich aufwuchs, lernte ich drei verschiedene Gebete auswendig. Das erste davon ist mir auch heute noch sehr wertvoll (ich habe es von meinen Eltern gelernt). Ich habe ein Bild von meinem Vater vor Augen, wie er mit gebeugtem Kopf am Abendbrottisch sitzt und gemeinsam mit uns anderen sagt: »Großer Gott, guter Gott, für Speis und Trank geben wir dir Lob und Dank. Amen.«

Das zweite Gebet, das ich auswendig lernte, wurde mir ebenfalls von meinen Eltern beigebracht. Es ist ein Nachtgebet und ich verabscheue es: »Sollte ich im Schlafe sterben, bitte ich den Herrn, dass er meine Seele bei sich berge.« Für meinen kleinen Kinder-verstand hieß das übersetzt: »Gott, wenn der Schwarze Mann während der Nacht unter meinem Bett hervorkriecht und mich umbringt, schicke mich bitte, bitte, bitte nicht in die Hölle.« Schon damals hatte ich ein schlechtes Gewissen.

Das dritte Gebet lernte ich in der Gemeinde, was der Tatsache geschuldet ist, dass wir es jede Woche im Gottesdienstes sprachen – das Vaterunser. Zu der Zeit waren wir Presbyterianer, also baten wir unseren Vater, uns unsere *Schulden* zu vergeben, wie auch wir unseren *Schuldnern* vergeben. Presbyterianer sind wohlhabende Leute, deshalb machte es für meinen Kinderverstand Sinn, über Geld zu sprechen. In Pennsylvanien, wo ich aufgewachsen bin, ist die Hälfte der Bevölkerung römisch-katholisch. Als Wölfling bei den Pfadfindern fand ich heraus, dass Katholiken Gott darum baten, ihnen ihre *Verfehlungen* oder *Übertretungen* zu vergeben, nicht ihre *Schulden*. Später, als ich älter wurde, kam ich dahinter, dass dieses Übertreten nichts damit zu tun hat, dass man verbote-nerweise über Nachbars Rasen gelaufen ist, und dass es dabei auch nicht um Geld geht, sondern dass Jesus damit Sünden meinte.

Deutlicher kann man kaum werden als Jesus, der uns hier un-terweist, Gott für persönlich begangene Sünden um Vergebung zu bitten. Doch es kommt noch schlimmer: Jesus macht Gottes Ver-gebung abhängig von unserer Fähigkeit, anderen zu vergeben. Im Laufe der Jahre kamen viele Menschen zu mir, denen während ih-rer Kindheit entsetzliche Dinge zugefügt worden waren (das abso-lut Schlimmste, was man sich vorstellen kann), und die von dem Wissen gepeinigt werden, dass sie dem Täter tief in ihrem Inneren noch immer nicht vollständig vergeben haben. Aufgrund dieser Tatsache fragen sie sich, ob ihnen selbst vergeben wurde. Das ist, was sie denken. Aber woher kommt das? Es kommt von diesem Gebet – dem Vaterunser.

Vergangene Woche habe ich mir die Sendung eines bekannten Bibellehrers angesehen. Ich werde seinen Namen nicht nennen, aber ihr würdet ihn alle kennen. Er sagte Folgendes: Damit du den Segen, den Gott für dich hat, empfangen kannst, musst du fünf Dinge tun. Zwei der genannten Dinge waren: »Schick mir Geld« und »Spüre alle Unversöhnlichkeit in deinem Herzen auf«. Er sagte, wenn du in deinem Herzen unversöhnlich bist, kannst du mit Gott keine Beziehung haben und er kann dich nicht segnen. Deshalb solltest du in deinem Inneren nach Unversöhnlichkeit forschen und sie ausmerzen. Erst *dann* wirst du deinen Segen empfangen.

Hier geht es um etwas sehr Wichtiges. Wenn davon unsere Vergebung abhängt, sollten wir besser nichts falsch machen. Jesus lehrte seine Jünger, so zu beten. Doch irgendetwas passt hier nicht zusammen, denn der Apostel Paulus sagte den Menschen in keinem seiner Briefe des Neuen Testaments, ihre Vergebung hinge von ihrer Fähigkeit ab, anderen Menschen zu vergeben. Auch von den anderen Aposteln ist darüber nichts zu lesen, nicht von Petrus, Jakobus oder Johannes und auch nicht an irgendeiner Stelle der Apostelgeschichte. Sie alle sagen nur: »*Glaube an den Namen des Herrn Jesus Christus und du wirst gerettet.*« »*Bekenne Jesus Christus und du wirst gerettet.*« »*Glaube Jesus Christus in deinem Herzen und du wirst gerettet.*«

Was also ist hier los? Irrt sich Jesus? Nein, tut er nicht – er liegt absolut richtig. Wir hatten unrecht. Es war falsch von uns, dieses Gebet als Gebet des neuen Bundes zu lehren. Wir hätten es nicht als ein Gebet präsentieren dürfen, nach dessen Vorbild Gläubige beten sollen. Ich werde jetzt eine heilige Kuh schlachten: Du und ich müssen uns der Tatsache stellen, dass die Gemeinde im Laufe der Jahre das eine oder andere falsch ausgelegt hat. Nur weil Jesus es sagte, heißt das noch lange nicht, dass es für Gläubige des neuen Bundes gilt.

»Wie kannst du so etwas sagen?« Weil Jesus zwei Missionen hatte, während er hier auf Erden war: die Juden unter dem Gesetz zu begraben und den neuen Bund einzuführen. Er begrub die Juden unter dem Gesetz, um ihnen zu zeigen, dass das Gesetz sie nur verurteilt, statt ihnen zu helfen. Jesus sagte also, dass ein Urteil über dich ergeht, wenn du einer Person böse bist. Wenn du jemanden hasst, begehst du damit bereits einen Mord und wirst von Gott dementsprechend verurteilt werden. Wenn dein Auge dich ärgert, reiß es heraus; wenn deine Hand dich verführt, hau sie ab. Das meinte Jesus genauso ernst wie das Vaterunser. Es gibt allerdings nicht allzu viele Fernsehprediger, die sagen: »Damit du deinen Segen erhältst, führe Schritt eins aus: Schneide deine Hand ab, wenn sie gesündigt hat, und wenn du einen begehrlichen oder neidischen Blick riskiert hast, reiß dir das Auge heraus. Schritt zwei: Schicke deinen Scheck oder richte deine Überweisung an …«

Jesus begrub also die Juden unter dem Gesetz, um sie zum Schweigen zu bringen – die Bibel nennt es »ihnen den Mund stopfen« – und sie zu der Erkenntnis zu führen, dass sie einen Retter brauchen. Und dann begann er, den neuen Bund der Gnade vorzustellen, den Bund der völligen Vergebung in seinem Namen. Der Hebräerbrief sagt, dass ein Bund *durch Blutvergießen in Kraft tritt*. Wann begann demnach der neue Bund in Jesus? Auf das Vergießen seines Blutes hin; nach seinem Tod. Wenn du also die Evangelien liest, musst du, wie der Hebräerbrief es bezeichnet, »*erfahren im Wort der Gerechtigkeit*« sein. Du musst in der Lage sein, das Wort der Wahrheit dem alten Bund und dem neuen Bund jeweils korrekt zuzuordnen, denn Jesus ist die Übergangsfigur.

Man beachte, dass diese Lehre Jesu über das Vaterunser am Beginn seines Dienstes steht. Die Bergpredigt ist die erste seiner Lehrversammlungen, die aufgezeichnet wurde. Lass mich dir eine Frage stellen: Unter welchem Bund lebten die Teilnehmer dieser

Versammlung? Sie lebten unter dem alten Bund, dem Gesetzes-bund. Unter dem alten Bund des Gesetzes musste man *Dinge tun*, um die Vergebung Gottes zu erlangen. Man musste Gott um Ver-gebung anflehen. Man bat ihn um Verzeihung, brachte ihm ein Tieropfer und erhielt so die Sündenvergebung. Du konntest gerei-nigt und freigesprochen aus dem Tempel marschieren, doch wenn du auf eine Person trafst, die dir etwas schuldete, dir etwas ange-tan oder gegen dich gesündigt hatte und deshalb Groll in dir auf-stieg (was laut Jesus gleichbedeutend mit Mord ist), warst du zu-rück am Ausgangspunkt und brauchtest erneut Vergebung. Dein Zustand der Schuldfreiheit hing davon ab, wie gut du das Gesetz einzuhalten vermochtest und wie eifrig du bekennen, flehen und opfern konntest. Das war ein schlechtes Abkommen. Gott be-trachtete diesen Bund als mangelhaft. Er kannte dessen Mangel-haftigkeit von Anfang an, weshalb er auch die ganze Zeit über ei-nen besseren Plan für uns auf Lager hatte, denn er liebt uns.

Es gibt Gläubige, die leben, als wären sie unter dem alten Bund. Sie denken, sie müssten Sünden bekennen, um Vergebung zu er-halten. Das ist anti-christlich. Es ist ein direkter Angriff auf das vollbrachte Werk Jesu, das eine ewiggültige Opfer für alle Sünden (Hebr 10,10). Wenn du nicht glaubst, dass du in dem Moment, als du Jesus in dein Leben gebeten hast, für immer vollkommen ge-macht wurdest, hast du das Evangelium nicht verstanden. Dann hast du das Herzstück des neuen Bundes nicht erfasst. Dir ist der Sinn von Jesu Opfertod am Kreuz ganz und gar entgangen. Er kam als das Lamm Gottes, das die Sünden der Welt wegnahm – jede einzelne – von der Zeit Adams bis hin zu dem glorreichen Tag der Wiederkunft des Herrn. Alle Sünde ist fort. Jede Sünde wurde beglichen und getilgt.

Einer meiner Freunde führt hin und wieder Gespräche mit ei-nem Mann, der Jude ist. Dabei unterhielten sie sich auch über das

Thema Vergebung. Einmal sagte dieser Mann zu meinem Freund: »Eines verstehe ich nicht, was euch Christen betrifft; ihr sagt, Jesus habe den Preis für die Sünden bezahlt, die Kirche wiederum sagt, man müsse seine Sünden bekennen, um Vergebung zu erhalten. Das ergibt keinen Sinn. Wie verhält es sich nun? Hat Jesus die Sünden der Welt weggenommen oder hat er es nicht getan?« Er hat es getan. Worum geht es also bei diesem Gebet? Hier lehrt Jesus seine Jünger zum Vater zu beten, und zwar innerhalb der Grenzen des Bundes, unter dem sie lebten – dem alten Bund. Es handelt sich hier nicht um ein Gebet für Christen. Es ist ein Gebet des alten Bundes.

Nehemiah Gordon ist ein Sprachgelehrter und ein Experte der hebräischen Sprache. Er ist außerdem ein praktizierender karaitischer Jude. Er ist somit kein Christ. Folgendes sagt er über das Vaterunser: »Dieses Gebet enthält nicht ein einziges Wort, das dem jüdischen Glauben widerspricht. Es handelt sich hierbei um ein jüdisches Gebet.« Jetzt ordne das Gebet gemäß dieser Aussage dem richtigen System zu: Gehört es zum Bund des Gesetzes oder zu dem Bund der Gnade in Jesus? Es ist ein jüdisches, alttestamentliches Gebet des alten Bundes.

Es besteht jedoch eine Einschränkung – *Jesus stellt hier nämlich eine neue Art der Nähe zu Jahwe Gott vor.* Während der gesamten Bergpredigt hatte er Gott »Vater« genannt, wozu er auch hier in diesem Gebet auffordert: Nennt Gott »Vater«. Betet: *»Unser Vater im Himmel.«* Im Hebräischen besteht das Wort für Vater nur aus zwei Buchstaben: *Aleph, Beth* (»av«). Als Paulus sagte, dass uns der Geist Christi gegeben wurde, durch den wir »Abba, Vater« ausrufen, ergänzte er das Wort »Papa« um ein weiteres *Aleph*, wodurch es zu etwas Endgültigem wird. So als würde man sagen: »Du bist nicht nur ein Vater, nicht nur ein Papa für mich, du bist *der* Vater, mein einzig wahrer Vater, mein alleiniger Papa.« Der Heilige Geist bringt dich zu einer inneren Haltung, die dich sagen lässt: »Papa-Gott, du bist mein einzig wahrer Vater, mein alleiniger Papa.« Ist es nicht das, was der Heilige Geist dich lehrt? Mich lehrt er das zu sagen.

Ich habe Prediger sagen hören (und wahrscheinlich habe auch ich es gesagt), dass nirgendwo im Alten Testament Gott als Vater angesprochen wird und dass das, was Jesus in diesem Gebet tut, absolut revolutionär ist; ich glaube sogar, dass Jesus, indem er Gott hier mit »Vater« anspricht, direkt auf den neuen Bund hinweist. Das glaube ich deshalb, weil das Bild von Gott als Vater im Alten Testament bereits existiert, aber es ist eingebettet in eine prophetische Schriftstelle über den Messias. Gott spricht hier zu König David: »*Wenn deine Tage erfüllt sind und du bei deinen Vätern liegst, so will ich deinen Samen nach dir erwecken, der aus deinem Leib kommen wird, und ich werde sein Königtum befestigen. Der wird meinem Namen ein Haus bauen, und ich werde den Thron seines Königreichs auf ewig befestigen. Ich will sein Vater sein, und er soll mein Sohn sein*« (2Sam 7,12–14a).

Jesus nimmt diese Wahrheit und sagt: »Ich bin dieser Sohn, dessen Königsherrschaft auf ewig befestigt wird. Er ist mein Vater. Und wisst ihr was? Ich lade euch ein, in diese Beziehung mit hineinzukommen. Auch ihr dürft ihn Vater nennen.« Dies war ein Hinweis auf den neuen Bund, der in Kürze geschlossen werden sollte. Jesus sagt damit im Grunde: »Die Dinge hier werden sich bald ändern und so wird es dann sein: Ich bin der Sohn, Jahwe ist der Vater, ich bin in ihm, er ist in mir, und schon bald werdet ihr in mir sein. Und wenn ihr in mir seid und ich im Vater bin, dann seid auch ihr, so wie der Sohn, im Vater.« Das ist Teil des hohepriesterlichen Gebets in Johannes 17. »Doch fürs Erste fangt an, euch daran zu gewöhnen. Gott ist zwar nicht in euch, aber er ist dennoch euer Vater.«

Beachte, dass Jesus sie Folgendes zu beten lehrt: »*Unser Vater im Himmel*.« Das ist alter Bund. Das ist noch vor der Zeit des Heiligen Geistes, vor seiner Ausgießung zu Pfingsten. Nicht zu verstehen, dass dies ein Gebet des alten Bundes ist, bringt Menschen durcheinander. Unser Vater *im Himmel*. Wo ist Gott? Nun ja, Gott ist irgendwo da oben. Und zwar ganz weit oben im Himmel, und dorthin müssen deine Gebete aufsteigen.

Ich kann gar nicht mehr zählen, wie oft ich von Menschen Folgendes zu hören bekommen habe: »Pastor, es scheint, als würden meine Gebete nicht durch die Zimmerdecke dringen. Es ist, als würden sie abprallen und wieder zu mir zurückkommen, als würden sie es niemals bis zum Himmel schaffen.« Hör zu, wärst du immer noch unter dem alten Bund und müsstest auf die Weise dieses alten Bundes zu deinem Vater im Himmel beten, könntest du dir vielleicht zu Recht Sorgen machen. Doch Gott ist nicht länger nur der Vater im Himmel; *er ist Abba, und er lebt in dir!* Deshalb senkst du beim Beten deinen Kopf – du sprichst mit Gott, der genau hier und jetzt in deinem Inneren ist!

Unter dem neuen Bund ist dein Körper der Tempel Gottes, der Ort, den Gott nach eigenem Beschluss bewohnt. Abba ist in dir. *»Wisst ihr nicht, dass euer Körper der Tempel seines Geistes ist?«* Das bedeutet, du könntest etwas flüstern und er würde es hören. Oder du könntest es auch nur denken und er würde es mit dir denken. Und das Schöne daran ist, dass er gerne dort ist. Er liebt es, in deinem Inneren zu sein. Papa-Gott ist zugleich an einem realen Ort namens Himmel; das gehört zu seinem Gottsein. Doch wenn du eine Beziehung mit Gott führst, bei der er derjenige ist, der irgendwo da oben im Himmel ist, dann basiert diese Beziehung nicht auf dem neuen Bund, sondern auf dem alten Bund. Und der Grund dafür ist vermutlich, dass du über *genau dieses Gebet* falsch unterrichtet wurdest.

Wenn du das Gefühl hast, deine Gebete erreichen das Ohr Gottes nicht, ist dieses Gefühl falsch. Und wenn du glaubst, Gott wäre irgendwo da oben im Himmel, während du betest, musst du deine Denkweise ändern. »*Metanoia!*« Dieses Wort (das wir als »tue Buße« übersetzen) bedeutet wörtlich »seine Denkweise ändern«. Unter dem neuen Bund müssen wir etwas völlig Neues in unsere Köpfe hineinbekommen, und zwar dies: Jesus hat uns durch sein Opfer zu einer passenden Wohnstätte für unseren Abba (Papa) gemacht. Und er wohnt gerne in dir. »*Nun ist ja der Geist, der in euch wohnt, der Geist dessen, der Jesus von den Toten auferweckt hat* (also der Vater)« (Röm 8,11 NGÜ). Papa ist in dir. Nicht nur sein Geist. Nicht nur Jesus. Abba. Dein einzig wahrer Vater.

Jesus sagte: »Unser Vater im Himmel; geheiligt werde dein Name.« »Geheiligt« steht für das Wort *hagiazo,* was »heilig« bedeutet. Dieses Wort wurde auf sehr ungewöhnliche Weise zu einem Verb geformt. Im Griechischen nahm man für gewöhnlich ein Adjektiv, in diesem Fall das Wort »heilig«, und machte es zu einem Verb. Es ist ein Befehl. Es ist dieselbe Form, die Gott während der Schöpfung in 1. Mose 1,2 verwendet: Und Gott sprach »Es werde Licht!«; wörtlich sagte er: »Licht, werde«. Und hier bringt Jesus nun den Menschen des alten Bundes bei, Folgendes auszusprechen: »Der Name Gottes *werde geheiligt.* Gott, lass deinen Namen heilig gemacht werden.«

Ist der Name Gottes denn nicht schon heilig? Dies wirft folgende Frage auf: Wie macht man Gottes Namen heilig? Und wie *heißt* Gott überhaupt? Gott hat viele Titel. Menschen reden über die Namen Gottes, doch was sie damit meinen, sind die »Titel Gottes«. Gott ist *El-Schaddai* (allmächtiger Gott), doch das ist nicht wirklich sein Name, es ist ein Titel. *Jahwe-Zidkenu* (der Herr ist meine Gerechtigkeit) ist genau genommen ebenfalls nicht sein Name, sondern ein Titel.

Wenn du einen Juden fragst, wie der Name Gottes lautet, wird er dir ohne zu zögern sagen, dass es keiner von den vorgenannten ist. Gott hat seinen Namen, den heiligen Namen, Mose offenbart. Sein Name ist *Jahwe*, was am treffendsten mit »ICH BIN« übersetzt wird. Aus diesem Grund waren die religiösen Anführer drauf und dran, Jesus wegen Gotteslästerung zu Tode zu steinigen, als er sagte: »*Ehe Abraham war, BIN ICH.*« Sieh dir das in Johannes 8,58–59 an: »*Jesus sprach zu ihnen: ›Wahrlich, wahrlich, ich sage euch: Ehe Abraham war, bin ich!‹« Da hoben sie Steine auf, um sie auf ihn zu werfen.*« Warum wurden sie so wütend? Weil er sich an die Stelle Gottes setzte.

Ich weiß nicht, ob es dir schon aufgefallen ist, aber unmittelbar nach diesem Vorfall setzt Jesus zu einer ganzen Reihe von »ICH BIN«-Lehren an. In Johannes 8 setzt er sich selbst an die Stelle von Gott. Dann, damit du es auch wirklich verstehst, folgt: »*Ich bin das Licht der Welt*« (Joh 9,5). »*Ich bin die Tür*« (Joh 10,7). »*Ich bin der gute Hirte*« (ich dachte, der Herr sei mein Hirte, aber ICH BIN ist mein Hirte; Ja, ICH BIN dieser Hirte) (Joh 10,14). »*Ich bin die Auferstehung und das Leben*« (Joh 11,25). »*Ich bin der Weg, die Wahrheit und das Leben!*« (Joh 14,6). »*Ich bin der Weinstock*« (Joh 15,1). Gottes Name ist »ICH BIN« und »ICH BIN, der ICH BIN«. »Ich bin der Name Gottes«, sagt Jesus.

Gottes Name wird an zwei Stellen definiert. Einmal in den Büchern Moses als Jahwe (ICH BIN) und einmal im Neuen Testament, wo Gott dir sagt, wer er ist: »*Sie wird aber einen Sohn gebären, und du sollst ihm den Namen Jesus geben, denn er wird sein Volk erretten von ihren Sünden*« (Mt 1,21). Der griechische Name Jesus (*iesous*) hat keine Bedeutung. Auch auf Deutsch hat der Name Jesus keine Bedeutung. Gott offenbarte sich selbst in Jesus; er sagte, wer »ICH BIN« ist, als er Josef und Maria seinen Namen offenbarte. Er lautet »Jeschua«. Jeschua ist die Kurzform des hebräischen Namens »Jehoschua«, was »Jahwe rettet« oder »der Herr rettet« bedeutet. »Jahwe rettet« ergibt keinen Sinn, wenn man es vollständig übersetzt. Jahwe bedeutet: »ICH BIN.« Jehoschua bedeutet demnach: »ICH BIN rettet«. *Der, den wir Jesus nennen, war Papa-Gott (das Ebenbild des Vaters) im Fleisch; »ICH BIN« ist im Fleisch gekommen, um zu retten.*

Jesus ist der Rest des Namens Gottes. Als Jesus sie lehrte, »*Geheiligt werde dein Name*« zu beten, brachte er den Juden damit bei, ein Gebet zu beten, das sie darauf vorbereitete, den vollen Namen Gottes zu akzeptieren. Wie lautet der volle Name Gottes? »*ICH BIN erlöst dich. ICH BIN rettet dich.*« Wie rettet er dich? Geh zurück und sieh dir an, was der Engel über den vervollständigten Namen Gottes sagte: »*Du sollst ihm den Namen Jeschua (ICH BIN rettet) geben, denn er wird sein Volk erretten von ihren Sünden*« (Mt 1,21b). Jesus bereitet seine Zuhörer darauf vor, ihn als denjenigen anzunehmen, der alle ihre Sünden vergeben wird!

Wenn du dafür betest, dass etwas heilig wird, bittest du darum, dass es für Gottes Zwecke ausgesondert wird. Das ist die Definition von heilig. Eine Predigtkanzel, die allein für Gottes Zwecke ausgesondert ist, würde man als heilige Predigtkanzel bezeichnen. Wenn du dafür betest, dass der vollständige Name heilig sein soll, bittest du darum, dass er allein für Gottes Zwecke ausgesondert wird, dass er als heilig gesehen wird (mit anderen Worten: von Gott kommend) und dass er als heilig empfangen wird (wozu Gott ihn bestimmt hat). Du kannst dieses Gebet nur beten, indem du all dies *für dich selbst* erbittest. Du hast keine Macht, den Namen Gottes heilig zu machen, außer für dich selbst. Du kannst anderen Menschen sagen: »Ihr solltet den vollen Namen Gottes heiligen«, doch das macht ihn für sie nicht heilig. Möglicherweise hören sie auf, den Namen Jehoschua als Fluchwort zu benutzen, aber selbst wenn, heißt das noch lange nicht, dass auch eine innere Verwandlung stattgefunden hat.

Jesus lehrt sie dieses Gebet, damit sie es auf sich selbst anwenden würden. »Möge der volle Name Gottes in seiner ganzen Kraft und in vollem Umfang erkannt und empfangen werden.« Was Jesus sie hier durch die Hintertür zu beten lehrte, sollte sie darauf vorbereiten, ihn zu empfangen, wenn die Zeit gekommen war, den Sohn Gottes zu offenbaren.

»ICH BIN errettet dich aus deinen Sünden.« Das ist Jesu Zustimmung zu einem neuen Bund, einer neuen Art, Vergebung zu finden. Wer errettet dich aus deinen Sünden? Nicht du. Nicht das Bekenntnis deiner Sünden, nicht deine Opfer, nicht dein Flehen um Gnade vor Gott. Gott nimmt dir die Verantwortung für deine Vergebung ab und offenbart seinen vollen Namen: »ICH BIN rettet dich.« Nicht du rettest dich selbst. ICH BIN rettet dich. Wenn du Jesus als den empfängst, der er ist, nämlich das Lamm Gottes, das durch sein *eines* Opfer die Sünden der ganzen Welt für immer weggenommen hat, hast du damit den vollen Namen Gottes geheiligt. Und wenn du das nicht in deinen Kopf hineinbekommst, dann ist der Name Jesus für dich nicht heilig; er ist dann nur ein gewöhnlicher Name wie jeder andere auch. Das Gegenteil von heilig (ausgesondert) ist nicht ungerecht. Das Gegenteil von heilig ist gewöhnlich. Wenn Jesus nicht alle deine Sünden weggenommen hat, machst du seinen Namen damit weniger heilig. Du lässt ihn dadurch gewöhnlicher werden. Du machst ihn unheilig. Empfange ihn einfach als den, der er ist. Deine Sünden sind fort. Finde dich damit ab. Selbst die, die du heute begehst. Abba hat sich in dir häuslich eingerichtet. Und es gefällt ihm dort. Er liebt es. Wenn das keine gute Nachricht ist!

Das Vaterunser

TEIL 2 - DEIN REICH KOMME

»Unser Vater, der du bist im Himmel! Geheiligt werde
dein Name. Dein Reich komme. Dein Wille geschehe.«
– Matthäus 6,9–10a

Denk mal über *»Dein Reich komme«* nach – nur darüber. Warum lehrte Jesus die Menschen, so zu beten? So lautet die richtige Frage. Falsch wäre es zu fragen, was es für uns zu bedeuten hat. Die Gemeinde springt nämlich meistens gleich zu »Was bedeutet das für uns?«, bevor sie überhaupt den Kontext versteht.

Ich habe gehört, wie dies fälschlicherweise als Bitte um die Wiederkunft Jesu gepredigt wurde. »Jesus, komm doch endlich zurück und richte deine tausendjährige Herrschaft auf. Lass uns bei deiner Rückkehr das Böse endlich ein für alle Mal bezwingen. Lass uns Gerechtigkeit auf Erden schaffen, sodass deine Herrlichkeit offenbar wird. Lass dein Königreich endlich kommen.« Das war es, was zu der Zeit Jesu alle wollten. Offen gesagt ist es das, was auch wir wollen. »Komm, Herr Jesus.« Es wäre doch großartig, wenn er schon heute Nachmittag zurückkäme! Ich wäre absolut begeistert. Die Sache ist nur – es ist nicht das, was Jesus die Menschen zu beten lehrte. Er bringt den Leuten nicht bei, für die Errichtung des irdischen, physischen Königreichs des Messias hier auf Erden zu beten. Jeder wollte das zu der Zeit Jesu. Werft die Ketten der römischen Tyrannei ab, der Messias übernimmt die Herrschaft und die Juden werden das Sagen haben. Alle erwarteten das von Jesus. Doch Jesus wusste, dass die Zeit noch nicht gekommen war. Das Königreich nimmt seinen Anfang nicht auf diese Weise. Es beginnt nicht äußerlich; es wird nicht errichtet, indem eine Armee von außerhalb kommt und ein Gebiet besetzt. Gottes Weg, wie dieses Ereignis seinen Anfang nimmt, ist ein völlig anderer. *Es beginnt im Inneren.*

Jesus machte dies seinen Zuhörern deutlich. Er lehrte dieses Gebet während seiner Bergpredigt. Sieh nur, wie Jesus in seiner Bergpredigt die Menschen dazu brachte, über das Reich Gottes nachzudenken. Tatsächlich gehört bereits das erste Wort aus dem Mund Jesu (während der Bergpredigt) zur Lehre über das Königreich: »Glückselig sind die geistlich Armen, denn ihrer ist das Reich der Himmel!« (Mt 5,3).

Das Königreich selbst, die Vorteile des Königreichs, ein Teil des Königreichs zu sein, all das hängt mit dem zusammen, was in einer Person vorgeht. Es dreht sich nicht darum, ob diese Person etwas *tut*, in der Art von: »Bist du bereit, ein Schwert in die Hand zu nehmen und meine Sache zu verteidigen?« Es hat auch nichts zu tun mit: »Bist du bereit, richtig hart an deiner Gerechtigkeit zu arbeiten?« oder mit: »Bist du bereit, ernsthaft zu beten, zu evangelisieren und das Gesetz Gottes mit aller Kraft zu halten?« *Nein, das Königreich der Himmel gehört Menschen, die aufgegeben haben.* Die wissen, dass ihre eigenen Bemühungen um Gerechtigkeit miserabel und nutzlos sind. Das Königreich gehört denjenigen Menschen, die wissen, dass sie geistlich arm sind. Das war *der* Ausgangspunkt für Jesu Dienst. Er stellt ihr Verständnis von Religion auf den Kopf. Die ersten Worte, die er in der Öffentlichkeit lehrte, zeigten die Grundlage, auf der das Königreich empfangen wird.

Jesus sagt hier: »Ihr könnt nicht wie die Pharisäer sein, die denken, sie könnten aus eigener Anstrengung, mit ihrem eigenen Tun, vor Gott glänzen. Ihnen gehört das Königreich nicht. Es kann nur Menschen gehören, die ihre geistliche Bedürftigkeit erkennen, die ihre geistliche Armut eingestehen. Von diesem Startpunkt aus kommt man ins Königreich.« Lenkt Jesus ihr Augenmerk auf das Äußere oder auf das Innere? Stellt er Dinge in den Mittelpunkt, die man *tun* muss, um das Königreich einzuleiten und Teil davon zu werden, oder lenkt er ihren Blick vielmehr auf den persönlichen Zustand – darauf, wer man in Wahrheit vor Gott ist? Es ist der persönliche Zustand, den er in ihren Fokus rückt. Es ist für sie eine ganz neue Art des Denkens.

Das Gesetz Gottes und die Zehn Gebote sind ein Bild dafür, wie das Reich Gottes aussieht, wenn es von außen hinein kommt. So funktioniert es nicht. Wie sieht es aus, wenn es von außen her ins Innere kommt (in Form von Gottes Gesetz)? Es sieht nach Versagen aus. Es sieht aus wie eine Zunahme von Sünde. Ist das Gesetz Sünde? »Nein«, sagt Paulus, »Gott bewahre!« Doch wenn es von außen zu uns kommt, hat das verheerende Folgen. Hätte Gott entschieden, einfach zurückzukommen und der Menschheit sein Königreich (von außen) aufzuzwingen, wären wir allesamt hoffnungslose Fälle. Jesus bliebe beim Umgang mit der Sünde unberücksichtigt. Und am Ende könnte niemand bestehen.

In diesem Gebet lehrte Jesus die Menschen nicht, so zu beten: »Komm und nimm sie dir vor, Gott. Immer her damit. Zwinge ihnen deine Gerechtigkeit einfach von außen auf.« Das war es, was die Pharisäer wollten. Doch hätte Gott das getan, wären wir alle geliefert gewesen, einschließlich der Pharisäer. Wir müssen uns an eines erinnern: »Denn so hat Gott die Welt geliebt.« Deshalb kam Jesus. Gott ist nicht da oben und lamentiert: »Oh, ich will dieses Problem mit den Menschen in diesem Universum endlich hinter mich bringen. Betet doch einfach: ›Komm, oh Gott, dein Reich komme. Mach ein Ende mit diesem Menschheitsproblem.« Nein, er liebt Menschen. Er liebt dich. Er wurde einer von uns, um uns zu retten. Wie tut er das? *Aus dem Inneren heraus.*

Das Reich Gottes beginnt im Inneren eines Menschen. *»Als er aber von den Pharisäern gefragt wurde, wann das Reich Gottes komme, antwortete er ihnen und sprach: Das Reich Gottes kommt nicht so, dass man es beobachten könnte. Man wird nicht sagen: Siehe hier! oder: Siehe dort! Denn siehe, das Reich Gottes ist inwendig in euch«* (Lk 17,20–21). Was bedeutet das? Es bedeutet, das Reich Gottes ist nicht äußerlich, sondern innerlich. Es bedeutet, dass es nicht darum geht, was du tust, sondern darum, wer du bist. Es geht ums Sein, nicht ums Tun.

»Das Reich Gottes ist nicht Essen und Trinken …« (Röm 14,17). Worum handelt es sich dabei? Um äußerliche Dinge. Paulus redete hier über das Einhalten von Gottes Gesetz, über gerechtes Handeln. Beim Reich Gottes geht es nicht darum, sich zu bessern und das Richtige zu tun, Werke der Gerechtigkeit auszuführen, um sich mit Gott gutzustellen. *»… sondern Gerechtigkeit, Friede und Freude im Heiligen Geist.«* Hör genau hin: Das ist ein fließender Prozess, es geht um eine innere Entwicklung. Du nimmst die Gerechtigkeit Gottes an, die er dir zum Geschenk macht. Und wenn du das richtig begriffen hast und auch die Tatsache begreifst, dass er deinen Geist für immer vollkommen gemacht hat, dass du die »Gerechtigkeit Gottes in Christus Jesus« bist, in deinem Geist in alle Ewigkeit wahrhaftig gerecht bist, was entwickelt sich daraus? Friede, Friede vor Gott. Also kein Abmühen und Anstrengen mehr. Du musst dich nicht länger fragen, ob Gott wohl zufrieden mit dir ist. Keine Gedanken mehr darüber, ob du brav genug warst. Einfach nur in seiner Gerechtigkeit ruhen. Friede. Entspannt sein vor Gott. Friede entwickelt sich aus Gerechtigkeit. Und was folgt, wenn du deine eigene Gerechtigkeit als Tatsache begreifst und Frieden und Ruhe findest? Freude!

Freude! Dermaßen viel Freude, dass du sie zum Ausdruck bringen musst.

Kürzlich gab es einen Moment, in dem ich mich einfach mit der Güte des Herrn beschenken ließ. Dabei kam ich an den Punkt, dass ich meine Freude einfach hinausrufen musste! Ich war allein im Haus und die Nachbarn haben vielleicht gedacht, ich wäre durchgedreht, aber ich rief:»Gott! Du bist so gut! Ich liebe dich!« Für alles gibt es eine Zeit und einen Ort, nicht wahr? So sieht Anbetung aus. Menschen, die endlich Gerechtigkeit empfangen, finden auch echten Frieden, und aus diesem Frieden fließt Freude! Ich bin jetzt glücklicher, als ich es je zuvor in meinem Leben war. Ich spiele kein Theater. Das ist nichts, was ich einfach aus dem Hut ziehe. Wie jeder andere habe auch ich Probleme, aber wenn ich an Jesus denke und daran, wer ich in Christus bin und wie gerecht ich bin, finde ich Frieden. Und wenn ich Frieden habe, steigt einfach Freude in mir auf.

Paulus sagt, *das* ist das Reich Gottes. Das geschieht, wenn das Königreich die Herrschaft in dir übernimmt. Genau darüber sprach Jesus –»dein Reich komme«. Wo? *In mir.* Ich erwähnte bereits den ersten Vers der Bergpredigt, aber gleich beim nächsten Mal, als Jesus über das Königreich spricht, geschieht das in Zusammenhang mit Gerechtigkeit.»Glückselig sind, die um der Gerechtigkeit willen verfolgt werden, denn ihrer ist das Reich der Himmel!« (Mt 5,10). Jesus wusste, dass diejenigen Menschen, die sein Geschenk der Gerechtigkeit annehmen, verfolgt werden würden. Merkwürdigerweise werden sie nicht von der ungläubigen Welt verfolgt, sondern von Gottes Volk. Das ist ein Merkmal der Gläubigen, von solchen, die das Königreich besitzen – sie werden wegen der Gerechtigkeit verfolgt, die Jesus ihnen gegeben hat.

»Nun, du kannst nicht einfach in dem ruhen, was Jesus getan hat. Du musst dich von der Sünde fernhalten und sie gleich im Keim ersticken. Ersticke sie im Keim!« Ja, sicher, aber davon hängt meine Gerechtigkeit nicht ab. Religiöse Leute hassen diese Botschaft.

Kürzlich erhielt ich eine garstige E-Mail voller Gift. Weshalb? Weil ich von dieser Botschaft, und davon, wohin sie uns führt, nicht Abstand nehme. Ich segne solche Leute und antworte ihnen auch mit einem Segen. Das Reich Gottes beginnt also im Inneren und fließt nach außen. Das griechische Wort für Königreich ist *basileia*. *Basileia* bezieht sich nicht auf physische Dinge wie Paläste oder Streitkräfte; wörtlich bedeutet es »die von einem bestimmten Wesen ausgeübte Macht, Herrschaft oder Regentschaft«. Wenn du also von dem Reich Gottes sprichst, sprichst du dabei von der Herrschaft und Regentschaft Gottes, von seiner ureigenen Kraft, die in einer Person entfesselt wird.

Jesus sagte: »Betet zum Vater: ›Dein Reich komme.‹« Er lehrte die Menschen dafür zu beten, dass die Herrschaft und Regentschaft Gottes kommen möge, und zwar in ihrem Inneren. Sie sollten dafür beten, dass Gottes Macht (seine Absichten, was er sagt, was er denkt, was er tut) im Inneren der Menschen entfesselt würde. Seinen Anfang sollte das zu Pfingsten nehmen, mit der Gabe des Heiligen Geistes. Der Heilige Geist ist Gottes Gegenwart und Kraft, die in einer Person entfesselt wird.

Bis zu diesem Zeitpunkt war das Reich Gottes nur in Jesus entfesselt worden. Das geschah bei seiner Taufe und ist in Markus 1,10–11 nachzulesen: »Und sogleich, als er aus dem Wasser stieg, sah er den Himmel zerrissen und den Geist wie eine Taube auf ihn herabsteigen. Und eine Stimme ertönte aus dem Himmel: Du bist mein geliebter Sohn, an dem ich Wohlgefallen habe!« Der Heilige Geist kommt also zu Jesus. Jesus begrenzte sich selbst. Er war Gott und trotzdem beschränkte er sich darauf, ein Mensch zu sein. Er verzichtete auf seine göttlichen Rechte, entäußerte sich und wurde wie wir. Und als er den Heiligen Geist empfing, tat er dies gerade so, wie auch wir ihn empfangen. Als der Vater vom Himmel aus mit Jesus sprach, sagte er zu ihm die gleichen Worte, die er auch zu dir sagt, wenn du es der Herrschaft und Regentschaft Gottes (seiner Gegenwart) erlaubst, in dich hineinzukommen. Im selben Moment, in dem du ihn empfängst – noch bevor du Gelegenheit hattest, irgendetwas für ihn zu tun –, sagt der Vater zu dir: »Du bist mein geliebter Sohn, an dem ich Wohlgefallen habe.«

Gott hat von dem Moment an, in dem er in dir wohnt, Freude an dir; unabhängig davon, was du tust, unabhängig von guten Werken, unabhängig davon, ob du eine Gemeinde besuchst, unabhängig von allen Dingen, die du tust, mögen sie gut oder schlecht sein. Als er in dich hineinkam, machte er dich wohlgefällig und nannte dich »Sohn«. Und Jesus lehrte die Menschen, für die Zeit zu beten, wenn das Kommen dieses Königreichs der Menschheit offenbart würde. Das ist geschehen. Das Gebet wurde erhört. Sie beteten: »Dein Königreich komme.« Und Gott sagte: »Ja!« Es kommt in vollkommenem Zustand in jeden hinein, der Jesus empfängt. Und es liegt bei dir, daran zu glauben, dass Gott das Königreich zu dir gebracht hat. Gottes königliche Herrschaft wurde dir gebracht. Und der Erfolg lässt sich sehen: Alles hat sich verändert. Du fängst an, in der Kraft und unter der Führung des Heiligen Geistes zu leben.

Ich kenne einen Pastor, der gerne sagt, dass Gnade drei Dinge verändert: die Art, wie du Gott siehst, die Art, wie du dich selbst siehst, und die Art, wie du andere siehst. *Das ist die Erfüllung des Gesetzes.* Was ist das größte Gebot? »Liebe den Herrn, deinen Gott, mit allem, was in dir ist. Und das zweite ist vergleichbar: Liebe deinen Nächsten wie dich selbst.« Jesus sagte, dass darin alles enthalten ist, was das Gesetz und die Propheten fordern. Nur, dass es nicht wirklich zwei Gebote sind – es sind drei. Es heißt:

»Liebe Gott, liebe deinen Nächsten und liebe dich selbst.« Bevor mir das Reich Gottes offenbart wurde, war ich bestrebt, Gott zu lieben (doch die meiste Zeit über war ich böse auf ihn, enttäuscht von ihm und fürchtete mich vor ihm). Ich strebte danach, andere Menschen zu lieben (doch das meiste davon war nur eine Show, damit ich mich besser fühlen würde), und mich selber hasste ich. Ich verachtete mich für mein Versagen und meine Versäumnisse.

Der neue Bund (das Reich Gottes, das zu dir kommt!) bringt dich dazu, Gott zu lieben (du kannst gar nicht anders, als ihn für das, was er getan hat, zu lieben) und – auf wundersame Weise, wie ich finde – auch dich selbst. Und hier ist die Wahrheit, eine psychologische Tatsache: Du kannst andere Menschen nicht lieben, bevor du dich nicht selbst liebst. Deine Liebe zu anderen wird im Endeffekt das Maß deiner Liebe für dich selbst widerspiegeln.

Deshalb sind so viele Ehen ganz furchtbar. Denn jeder kann anfänglich nette Dinge tun für Menschen, die einem Beachtung schenken. Doch am Ende wirst du für deinen Ehepartner das Bild widerspiegeln, das du von dir selbst hast. Wenn du das Gefühl hast, immer hinter den Erwartungen zurückzuliegen, nie das Ziel zu erreichen und du hart mit dir ins Gericht gehst, weil du nicht die Person bist, die du sein möchtest, dann rate mal, was passiert: Du wirst zwangsläufig damit beginnen, deinen Ehepartner auf dieselbe Weise zu beurteilen. Dein Ehepartner wird nie genug tun können und was er tut, wird nie gut genug sein, und nichts, absolut nichts, wird dich zufriedenstellen. Wenn du dich selbst niedermachst, wirst du auch deinen Ehepartner niedermachen. Wenn du keine Liebe für dich selbst empfindest, wird dich das egozentrisch machen. Du wirst versuchen, das von deinem Ehepartner zu bekommen, was du nur von Gott und durch die Art, wie er dich sieht, bekommen kannst.

Manche Menschen denken, sich selbst zu lieben sei eine Sünde, doch ich habe gelernt, dass dich selbst zu lieben, dich zu sehen, wie Gott dich sieht (»Du bist mein geliebter Sohn, an dem ich Wohlgefallen habe«) Teil des göttlichen und ewigen Dreiecks der Liebe ist, das für immer und ewig Gültigkeit hat. Es besteht aus Gottes Liebe zu dir, deiner Liebe zu ihm und deiner Liebe zu dir selbst. Und daraus fließt deine Liebe zu anderen. So wie ich es in meinem Leben erfahren habe, konnte ich für mich selbst erst dann Liebe empfinden, als ich Gottes Bild von mir und seiner Meinung über mich wirklich Glauben schenkte.

Vor vielen Jahren, zu Beginn meines Dienstes, nahm ich als Gastredner an einem »Women Aglow«-Treffen teil. Eine Frau aus meiner Gemeinde, eine Gott liebende, geisterfüllte Frau, stand auf, um mich den ungefähr einhundert anwesenden Teilnehmerinnen vorzustellen. Sie sagte: »Gott gab mir dieses Wort für Pastor Greg, um ihn damit vorzustellen.« Sie blickte in die Menge und fuhr fort: »Betrachtet es nicht als Gotteslästerung, aber dieses Wort gab Gott mir: ›Dies ist mein geliebter Sohn, an dem ich Wohlgefallen habe.‹« Oh Mann, im Geist wurde mir ganz bange ums Herz, weil ich wusste, dass das nicht der Wahrheit entsprach. Aber wie falsch ich doch lag! Gott versuchte, mir dies gleich zu Beginn meines Dienstes beizubringen. Es ist wahr! So sieht Gott dich. Und du musst das akzeptieren. Das ist das Reich Gottes, das in dich hineingekommen ist. Es verändert einfach alles.

Lass es dir von jemandem gesagt sein, der zwanzig Jahre seines Dienstes, seines Erwachsenenlebens vergeudet hat. Ich garantiere dir, dass es Gott ist, der Folgendes zu dir sagt: »Du bist mein geliebter Sohn, und ich habe solche Freude an dir.« Er ist sehr zufrieden mit dir. Nicht wegen irgendetwas, was du getan oder unterlassen hast, sondern weil du seinem Sohn einfach nur Glauben schenkst. Jesus liebte und schätzte dich genug, um für dich zu sterben. Du bist wertgeschätzt! Wenn du anfängst, das zu begreifen, dann beginnst du auch zu glauben, dass du eine Person bist, die tatsächlich wertvoll und geschätzt ist, und dann wirst du dich selbst lieben können. Und du wirst dich in Gott verlieben, weil er dich zuerst geliebt hat. Dann, von irgendwoher aus deinem tiefsten Inneren, wird sich diese Liebe ihren Weg nach außen zu deinen Mitmenschen bahnen. Du wirst andere Menschen dann immer seltener verurteilen und sie nicht länger als deine Feinde, sondern vielmehr als zerbrochene Menschen sehen, die einfach mehr Zeit brauchen, um innerlich heil zu werden. Dein Herz wird sich ihnen sogar zuwenden. Du wirst feststellen, dass du sogar deine Feinde lieben kannst. Wie ist das möglich? Ist es so, weil Jesus sagte: »Du musst deine Feinde lieben«? Nein, sondern weil das Reich Gottes in dein Herz eingedrungen ist.

Du willst dann Menschen von Gottes Liebe erzählen. Und du willst Menschen die Hand reichen und ihnen Heilung bringen. Tatsächlich kommt in dir Kraft auf, Kraft, die von Gott kommt und die er für dein Leben bestimmt hat, sodass du auf eine kranke Person zugehst und das Gebet des Glaubens betest, Autorität ergreifst und diese Person heilst. Du tust es. Du heilst sie von Krebs und du heilst sie von Fibromyalgie. Weshalb? Weil das Reich Gottes gekommen ist.

Du willst, dass Menschen aus den Fesseln der Verdammnis befreit werden, also gibst du. Ich gebe mein Geld nicht her, um irgendeine Institution am Laufen zu halten; ich gebe, weil wir uns damit befassen, Leben zu verändern, Leben zu verwandeln. Allein das verändert Menschen – das Königreich, das zu ihnen kommt. Nicht ein Königreich, das sie sich erarbeiten, *sondern das Königreich, das in sie hineinkommt.* Hey, das Königreich ist hier! Es verändert Menschen von innen heraus. Es ist eine Revolution. Und es haut mich total um, dass ich daran teilhaben darf. Halleluja!

Das Vaterunser

TEIL 3 - GIB UNS UNSER TÄGLICHES BROT

*Deshalb sollt ihr auf diese Weise beten: Unser Vater, der du
bist im Himmel! Geheiligt werde dein Name. Dein Reich
komme. Dein Wille geschehe, wie im Himmel, so auch auf
Erden. Gib uns heute unser tägliches Brot. – Matthäus 6,9–11*

Was ist unser tägliches Brot? Jeder, der dieses Gebet studiert
hat, wird umgehend antworten, dieses tägliche Brot ist ein
Minimum an lebensnotwendigen Gütern, die wir für unser leibliches Wohl benötigen. Brot steht hier für das, was du materiell
brauchst, um durch den Tag zu kommen. Darin sind Nahrung,
Unterkunft und finanzielle Mittel eingeschlossen; in unserer Kultur kommen noch Dinge wie Benzin für den Weg zur Arbeit und
Kleidung und Schulsachen für die Kinder hinzu, dazu noch körperliche Kraft für die täglich zu verrichtenden Aufgaben und alles
sonstige Lebensnotwendige.

Interessanterweise hatten die meisten christlichen Gebete, die
ich im Laufe der Jahre gehört habe, dieses Bittgesuch zum Vorbild.
Mit anderen Worten, die Menschen bitten Gott um die absolut lebensnotwendigen Dinge, die sie brauchen, um über die Runden
zu kommen. So zu beten erscheint ihnen vernünftig. »Gott, ich
brauche etwas Geld, um meine Miete zu zahlen; Gott, ich brauche dies, ich brauche jenes.« Viele Gebete klingen so. Man bittet
Gott um das Lebensnotwendige und bringt andere Leute dazu,

mit einem selbst im Glauben für den Erhalt dieser Notwendigkeiten einzustehen. Ich will nicht behaupten, alles davon sei falsch. Es gibt Zeiten, in denen unser Herz schwer ist, weil wir denken, etwas Bestimmtes sollte geschehen. Du solltest unbedingt mit dem Vater über alles sprechen, was dich ängstigt oder was du brauchst. Das gehört zu einer Beziehung. Doch was ich damit sagen will, ist, dass der neue Bund in Jesus dieses Bittgebet verändert hat, denn so ist es nicht die Bitte eines Gläubigen. Und ich will dir auch sagen, wieso.

Wenn du Gott um das tägliche Brot, um das Lebensnotwendige bittest, setzt du damit einen geschlossenen Himmel voraus. Du gehst davon aus, dass der Zugang zum Reich Gottes eingeschränkt ist. Und du siehst es als gegeben an, dass zwischen dir und Gott eine distanzierte Beziehung besteht, die es notwendig macht, ihn in einem Bittgebet um das von dir Benötigte zu bitten, damit er seine Hand öffnet und dir deine Bitte erfüllt. Wenn du Gott darum bittest dir zu geben, was du brauchst, unterstellst du damit, dass gegenwärtig seine Hand dir gegenüber geschlossen ist. Du bittest ihn, seine Hand zu öffnen. Du denkst, es gibt keine Nähe in eurer Beziehung und Gott sieht deshalb nicht, was in dir vorgeht. Du glaubst, dass etwas im Argen liegt, dass du eure Beziehung erst in Ordnung bringen musst, bevor du bekommst, was du brauchst. Mit solchen Umständen hatten die Menschen *vor* dem neuen Bund in Jesus zu kämpfen. »War ich gut genug, habe ich genug getan, habe ich die richtigen religiösen Schritte unternommen, um mich bei Gott beliebt zu machen und mir seine Versorgung zu sichern?« Das ist ganz und gar alter Bund.

Mit seinem Tod hat Jesus all das verändert. Er brachte die Beziehung zwischen dir und Gott in Ordnung, sodass du Gott nun »Vater« nennen kannst. Im selben Moment, in dem mit Jesu Tod der neue Bund in Kraft trat, veränderten sich die Dinge zwischen

Gott und den Menschen von Grund auf. Dir wurde der Geist gegeben, durch den du »Abba Vater« rufen kannst, was so viel heißt wie »*mein* lieber Papa«. Das müssen wir unbedingt verstehen.

Ich habe drei Kinder großgezogen. Als meine Kinder klein waren, war es als Elternteil meine Aufgabe, für ihre Bedürfnisse zu sorgen. Gute Eltern wissen, was ihre Kinder brauchen und sind auch entsprechend darauf vorbereitet. Wenn ich sah, dass sie neue Kleidung brauchten, stand ich nicht herum und wartete wochenlang darauf, dass sie von selbst auf mich zukämen und um Kleidung bäten, die ich ihnen dann stückweise zuteilen würde. Nein, ich besorgte ihnen Kleidung, bevor sie überhaupt danach fragten, weil ich sah, was sie benötigten. Wenn es Zeit fürs Abendessen war und sie seit dem Mittag nichts mehr gegessen hatten, wusste ich, dass sie hungrig waren. Wie krank wäre es von mir gewesen, erst einmal abzuwarten, bis sie mich darum bitten würden, ihnen eine Mahlzeit zuzubereiten? Diese Art von elterlicher Fürsorge ist armselig, aber die Menschen denken, dass Gott so seine Kinder erzieht. So sieht Gottes Fürsorge unter dem neuen Bund in Jesus nicht aus.

Jesus gab das Leitbild des neuen Bundes nur wenige Verse später in seiner Bergpredigt vor, und es unterscheidet sich deutlich von der Art des Betens unter dem alten Bund, wo wir Gott um Notwendiges bitten. Sieh dir Vers 31 an: »*Darum sollt ihr nicht sorgen und sagen: Was werden wir essen? oder: Was werden wir trinken? oder: Womit werden wir uns kleiden?*« Dies sagte Jesus im Zusammenhang mit der Beziehung zu Gott. Oder anders gesagt: So klingen Gebete von Menschen, die nicht wissen, wie sehr die Dinge sich verändert haben. »Gott, was soll ich bloß essen? Oh Gott, was werde ich anziehen? Wie sollen bloß meine Bedürfnisse gestillt werden?« Viele Gläubige beten auf diese Weise. Warum? Weil sie nicht glauben, dass sie einen liebevollen Papa haben.

Lies weiter in Vers 32: »Denn nach allen diesen Dingen trachten die Heiden, aber euer himmlischer Vater weiß, dass ihr das alles benötigt.« (Er ist ein guter Vater; er kennt deine Bedürfnisse und ist auf sie vorbereitet.) Wie werden deine Bedürfnisse erfüllt? In Vers 33 findest du die Antwort: *»Trachtet vielmehr zuerst nach dem Reich Gottes und nach seiner Gerechtigkeit, so wird euch dies alles hinzugefügt werden!«*

Was steht als Erstes auf dem Programm? Das Reich Gottes (gleichbedeutend mit der Herrschaft, Regentschaft und Kraft Gottes, die in dir entfesselt wird) – sein Einfluss, seine Herrschaft – ist beschlossene Sache und wurde in dir freigesetzt. Trachte danach, zuerst das zu wissen, und trachte »nach seiner Gerechtigkeit«. Wessen Gerechtigkeit? Seine Gerechtigkeit – nicht deine. Und so wird das von vielen Menschen interpretiert: »Ich muss gerechte Dinge tun. Ich muss mir seine Gerechtigkeit erarbeiten, und dann bekomme ich, was ich brauche.« Nein. Du kannst die Gerechtigkeit Gottes nicht erwerben. Wenn Jesus das damit gemeint hätte, könntest du es *niemals* schaffen und du würdest von Gott nie bekommen, was du brauchst. Es geht hier um seine Gerechtigkeit, die Gerechtigkeit, die, wie Paulus es sagt, außerhalb des Gesetzes (der Werke) offenbar gemacht wurde (siehe Röm 3,21). Es geht um das Geschenk der Gerechtigkeit, das Gott dir gibt und das dir nicht mehr genommen werden kann.

Paulus sagt: »Ihr seid zur Gerechtigkeit Gottes in Christus geworden.« Es ist ein Geschenk. Du kannst das nicht ruinieren. Die Bibel sagt, du bist für immer vollkommen gemacht! Nicht nur bis zum nächsten Mal, wenn du sündigst. Hebräer 10 sagt, dass Jesus ein einmaliges und ewiggültiges Opfer für alle Sünden erbracht hat (das schließt alle deine Sünden mit ein – vergangene, gegenwärtige und zukünftige Sünden) und für alles bezahlt hat. Dein Sündenproblem ist erledigt. Nichts kann dich nun noch von Gott und seiner Liebe trennen. Deine Sünde wird dich niemals wieder von Gott trennen.

Jesus sagte, wenn du die Kraft des Königreichs, die in dir freigesetzt wurde, verstehst und auch begreifst, dass seine Gerechtigkeit dir als ein Geschenk gegeben wurde, dann kannst du *absolut sicher sein*, dass dein Papa-Gott sich um alle deine Bedürfnisse kümmern wird. Du kannst dann die Tatsache, dass dir »*dies alles hinzugefügt wird*«, voller Zuversicht glauben. Warum? Weil du eine Beziehung mit einem guten Papa hast. Er ist so überaus gut. Wenn du das glaubst, ist der Himmel für dich nicht verschlossen.

Unter dem alten Bund war er das. Der Himmel war verschlossen und du musstest bestimmte Dinge tun, um ihn zu öffnen. »Wenn du das Gesetz einhältst, wirst du Segen empfangen.« Der Prophet Jesaja sehnte sich nach dieser zukünftigen Zeit, in der es nicht mehr so sein würde. Und so sprach er folgende prophetische Worte in Jesaja 64,1: »*Ach, dass du die Himmel zerrissest und herabführest!*« Wörtlich: »Oh Gott, reiße doch den Himmel auf.« Es war die Sehnsucht, dass den Menschen der Segen, die Kraft und die Offenbarung des Himmels nicht länger verschlossen blieben. Darum geht es in dieser Prophetie.

Die Erfüllung dieser Prophetie finden wir in Markus 1,10, wo es um die Taufe Jesu geht: »*Und sogleich, als er aus dem Wasser stieg, sah er den Himmel zerrissen und den Geist wie eine Taube auf ihn herabsteigen.*« Wörtlich: »Er sah den Himmel in zwei reißen, und den Geist auf ihn herabsteigen.« Jesajas Prophetie erfüllte sich am Tag von Jesu Taufe. Der Himmel wurde zerrissen und der Geist kam herab. »*Ach, dass du die Himmel zerrissest und herabführest!*« Und genau so geschah es – der Himmel riss auf und der Geist kam herab. Und so begann eine neue Ära, eine neue Art des Lebens: Wir müssen uns nicht länger einen Zugang zu den Reichtümern des Himmels suchen, denn in Jesus bleibt der Himmel für uns immer offen. Für dich als Gläubigen gibt es einen offenen Himmel. Du lebst unter einem offenen Himmel. Die ersten Worte, die zu Beginn seines Dienstes aus dem Munde Jesu kamen, waren diese Kundgebung: »Das Himmelreich ist nahe. Es ist genau hier. Du kannst dich einfach danach ausstrecken und daran teilhaben. Es ist zugänglich für dich.«

Wenn du glaubst, das Gott dich mit seiner Gerechtigkeit beschenkt hat und dich, gerecht wie du nun bist, nichts (niemals wieder) von seiner Fürsorge und Liebe trennt, du unter einem offenen Himmel lebst und Gott dein achtsamer, stets auf dich bedachter Papa ist, dann kannst du sicher wissen, dass für alles, was du brauchst, gesorgt ist – immer. Du musst dir nicht dein tägliches Brot erbitten, du besitzt mehr als du brauchst. Alles wurde dir hinzugefügt.

Weil der Heilige Geist so sanft und ein so geduldiger Lehrer ist, lernen wir alle, wie man betet. Heute jedoch führt der Heilige Geist dich an eine Offenbarung heran, die du für dich annehmen musst. Der Großteil dessen, was sich als christliches Gebet ausgibt, ist nichts weiter als eine Bitte an Gott um Dinge, die du bereits hast. Die meisten Christen leben in Unwissenheit darüber, was sie schon besitzen, und so kommt es, dass sie Gebete sprechen, auf die Gott nicht antworten kann. Wenn es zum Beispiel – und bitte fasse das richtig auf – darum geht, Menschen unsere Liebe und unser Mitgefühl zu zeigen, weil wir uns um sie sorgen, beten wir für gewöhnlich: »Oh Gott, bitte sei mit Soundso.« Nun, unter dem neuen Bund lebt der Geist dauerhaft in uns und Jesus hat versprochen, uns nie zu verlassen oder aufzugeben. Wenn du also »Oh Gott, bitte sei mit Soundso« betest, kann Gott auf dieses Gebet nicht antworten. Warum? Weil das, worum du bittest, schon längst der Fall ist.

Jesus sagte, wenn du Gottes Reich und sein Geschenk der Gerechtigkeit verstehst, wird dir alles weitere hinzugefügt. Es gehört dir bereits. Was sonst könnte damit gemeint sein, dass wir mit jeglichem geistlichen Segen in den himmlischen Regionen gesegnet sind (Eph 1,3)? Alles, was der Himmel dir zu bieten hat, gehört dir in Jesus bereits. Wir müssen zu einer neuen Art des Gebets finden, und dieses Gebet ist nicht das Vaterunser. Statt das Muster zu übernehmen, das Jesus Menschen gab, die unter dem alten Bund lebten, müssen wir dem Beispiel von Jesus und seiner Art zu beten folgen, denn er hatte die Vater-Sohn-Beziehung, die nun auch die Bündnisbeziehung zwischen dir und Gott ist. So wie Jesus betete, sollten auch wir beten.

Lass mich dir diese Beobachtung vor Augen führen: Mit keinem seiner überlieferten Worte bat Jesus den Vater jemals um Brot. Er bat den Vater niemals darum, für seine Bedürfnisse zu sorgen (nicht einmal dann, wenn ein akuter Bedarf vorhanden war). Was tat er in solchen Fällen? Wie betete er für gewöhnlich? Er betete, als sei das Bedürfnis bereits erfüllt und dankte Gott, statt ihn zu bitten.

Denk nur an die Speisung der Viertausend. Bittet Jesus den Vater etwa: »Bitte speise diese Menschen, die hungrig sind und etwas zu essen brauchen«? Versuchte Jesus, den Vater von der Schwierigkeit der Lage zu überzeugen? Versuchte er, ihm etwas klarzumachen, was er zuvor nicht gesehen hatte, sodass Gott oben im Himmel ausrief: »Oh Mann, echt jetzt? Die haben alle Hunger? Das ist mir gar nicht aufgefallen; danke, dass du mir Bescheid gegeben hast.« Jesus wusste, dass Papa den Bedarf sah. Tatsächlich (und darüber denk mal nach) war es Papa-Gott, der Jesus den Gedanken eingab, diese ganzen Menschen mit Speise zu versorgen. Jesus sagte: »Ich tue nur, was ich den Vater tun sehe. Ich sage nur, was ich den Vater sagen höre.«

Es war Papa, der zu Jesus sagte: »Sohn, diese Leute sind hungrig, und ich will ihnen etwas zu essen geben, bevor sie sich auf den Heimweg machen.« Und Jesus sagte: »Ich bin dabei.« Wie also betete Jesus? *»Er nahm die sieben Brote und die Fische und dankte Gott dafür. Dann zerteilte er die Brote und die Fische und gab sie den Jüngern, und die Jünger verteilten sie an die Menge«* (Mt 15,36 NGÜ). Er dankte. Er dankte Gott im Voraus für das, was dieser im Begriff war zu tun. Du kannst Gott allerdings nicht aufrichtig für etwas danken, das noch nicht geschehen ist, es sei denn, du weißt in deinem Herzen, dass die Sache unter Dach und Fach ist. Das ist Glaube, richtig?

Wenn du weißt, dass Gott dein Papa und er achtsam, liebevoll und fürsorglich ist und ihr beide in einer vollkommenen, unbeeinträchtigten Beziehung steht, die Jesus für dich erworben hat, *dann* kannst du ihm bei einem aufkommenden Bedürfnis für die Versorgung danken, noch ehe sie sichtbar wird. Das ist ein Riesenschritt weg von: »Bitte Gott, gib uns unser tägliches Brot, bitte erfülle unser Bedürfnis.« Wenn es um Bedürfnisse geht, sollen Gläubige des neuen Bundes auf diese neue Art beten, denn der Himmel ist offen, Gott ist aufmerksam und er ist ein Papa, der uns liebt. Danke ihm für die Antwort, die im Entstehen ist.

Einer meiner Freunde, der eine eigene Firma besitzt, stand am Jahresanfang mit 80.000 US-Dollar im Minus. Gemeinsam mit anderen trafen wir uns regelmäßig zum Bibelstudium und für gewöhnlich fragten wir ihn auch danach, wie die Dinge standen. Was er zu berichten hatte, war aus fleischlicher Sicht (gemessen an dem, was er sehen konnte) jedes Mal katastrophal. Doch er fügte immer hinzu: »Hey, Gott ist mein Vater; er kümmert sich um mich. Ich habe zwar keine Ahnung, wie er es tun wird, aber ich bin sein Sohn, und er schenkt mir Erfolg.« Am Ende unserer Bibelstunden nahmen wir uns immer die Zeit, uns gegenseitig zu segnen und füreinander zu beten. Mein Freund ließ dabei nie zu, dass wir für eine Wende beteten. Sein Gebetsanliegen war jede Woche dasselbe: »Ich werde Gott einfach für das, was er tun wird, danken.« Er meinte es ernst. Das ist auf unsere Bedürfnisse angewandter Glaube. Und was liegt dem zu Grunde? Eine Beziehung mit Papa-Gott. Eine Beziehung, in der du dir deiner Sohnschaft so sicher bist, dass du einfach weißt, dass du auf die Hilfe deines Papas zählen kannst! Zack! Aufträge über Aufträge! Jetzt ist er nicht nur raus aus den Schulden, Gott hat ihn auch noch erfolgreich gemacht.

Gott lehrt mich, auf diese Weise zu beten und dabei völlig neue Wege zu beschreiten. Vor einiger Zeit benötigte ich ein neues Auto. Mein altes Auto hatte über 400.000 Kilometer auf dem Tacho. Daran bin ich selber schuld. Als ich das Auto seinerzeit bekam, segnete ich es und sagte Gott, dass ich es fahren würde, bis es eine halbe Million Kilometer auf dem Tacho hätte, wenn er es so lange am Laufen hielte. Es ist schon lustig, weil das Auto nämlich großartig läuft und es nicht ein einziges Mal in die Werkstatt musste. Alles daran funktionierte. Aber es sah etwas zerbeult aus. Einmal fuhr mein Sohn damit und jemand rammte ihn beim Zurücksetzen. Dann fuhr Sherry damit und jemand fuhr ihr in die Seite. Und kürzlich fuhr ich in meiner Nachbarschaft in einer Fahrzeugkolonne, die zum Stillstand kam. Der Fahrer vor mir legte den Rückwärtsgang ein und zerbeulte mir mit seinem riesigen SUV die Front und drückte mir dabei auch noch einen Scheinwerfer ein.

Ich kam nach Hause und nahm ein Stemmeisen, um damit die Haube wieder herunter zu hämmern! Und während ich so hämmerte, redete ich mit Gott: »Gott, sieh dir nur dieses Ding an. Das ist kein gutes Zeugnis. Würde es dir viel ausmachen, wenn wir nicht ganz bis zu der halben Million gehen?« Ich spürte, dass er sich über mich freute. Einige Monate später sagte ich nochmals dasselbe und begann, ihm für ein neues Auto zu danken. Gott sagte zu mir: »Dankst du mir, weil du denkst, mich so dazu bewegen zu können, dir ein neues Auto zu geben, oder dankst du mir, weil du glaubst, dass ich eines für dich habe?« Denn weißt du, manchmal sind unsere »Ich danke dir« nichts weiter als verkleidete Bittgebete. Der Glaube an Gottes Güte und sein Geschenk der Gerechtigkeit helfen dir, »Danke für deine Antwort« zu beten und auch wirklich aus tiefstem Herzen zu glauben, dass Gott für die Sache, die du benötigst, bereits gesorgt *hat*. So etwas entsteht aus Beziehung. Übrigens, ich fahre nun ein wirklich tolles neues Auto. Und jedes Mal, wenn ich einsteige, freut mein Herz sich vor dem Herrn!

Aus den meisten Gemeinden würde ich für diese Worte hinausgeworfen werden. Aber du weißt, dass es so richtig ist. Hör auf, *»Gib uns unser tägliches Brot«* zu beten. Hör auf zu beten, als wäre der Himmel verschlossen und du müsstest einen Weg finden, ihn zu öffnen. Hör auf zu beten, als sähe Gott deine Bedürfnisse nicht und du müsstest ihn an sie erinnern. Hör auf, zu ihm in einer Weise zu beten, als wärest du in einer dysfunktionalen Familie mit Eltern, die nichts wahrnehmen, denen alles egal ist und die du erst dazu überreden musst, deine Bedürfnisse zu stillen. Vater weiß, dass du alle diese Dinge brauchst. Trachte nur danach, das Königreich – die in dir entfesselte Herrschaft, Regentschaft und Kraft Gottes –, deine Sohnschaft und deine vollkommene Gerechtigkeit zu verstehen. Dann wirst du auch verstehen, dass alle diese Dinge dir bereits gehören.

Matthäus 16 – Teil 1

Während der Entstehung dieses Buches erschien die Forbes-Liste der 100 mächtigsten Menschen auf dem Planeten im Jahr 2012. Die ersten fünf Plätze, von oben nach unten gezählt, belegten (1) US-Präsident Barack Obama, (2) Bundeskanzlerin Angela Merkel, (3) Russlands Präsident Wladimir Putin, (4) Microsoft-Gründer Bill Gates und (5) Papst Benedict XVI. Gemäß der Doktrin über die päpstliche Vorherrschaft genießt der Papst »oberste, vollständige, unmittelbare und allumfassende Macht« über die Seelen von 1,2 Milliarden Katholiken auf der ganzen Welt. Für Katholiken leitet sich die päpstliche Macht von den Worten Jesu in Matthäus 16,18 (lut) ab: »... *auf diesen Felsen will ich meine Gemeinde bauen* ...« (wobei Petrus als erster Papst verstanden wird). Das ist Autorität. »... *und die Pforten der Hölle sollen sie nicht überwältigen.*« Das ist Macht. Der Papst besitzt nach diesem Verständnis die Schlüssel zum Himmelreich, sodass alles, was er auf Erden löst, auch im Himmel gelöst ist – das ist Macht.

Dies ist eine wichtige Schriftstelle; es kommt darauf an, wie du sie auslegst. In derselben Schriftstelle sagt Jesus, dass der Schlüssel zum Binden und Lösen, der Schlüssel zum ewigen Leben und der Nachfolge hierin liegt: »*Wer von euch mir nachfolgen will, muss sich selbst verleugnen und sein Kreuz auf sich nehmen und mir nachfolgen*« (Vers 24 nlb). Und wir alle wissen, wie das interpretiert wurde – du musst dich selbst verleugnen, dich selbst kreuzigen. Du musst den Sünder in dir töten und das schwierige Leben der Selbstverleugnung führen, um Jesus nachfolgen zu können und Zugang zu seiner Kraft zu haben.

Ich möchte nun beginnen, diese Stellen in Matthäus 16 genau zu betrachten und dir dabei zu helfen, sie in einem neuen Licht zu sehen. Ich glaube, wenn du diese Botschaft annehmen kannst, wird das die Art und Weise, wie du dich selbst siehst, wirklich verändern, weil es bei dem, was Jesus hier sagt, um das Thema Identität geht. Gestehe dir bei diesen Versen einen neuen Anfang zu. Tu so, als hätte man dir diese Verse nicht seit deinem zehnten Lebensjahr eingedrillt. Geben wir Jesus und diesem Bibelabschnitt die Gelegenheit, für sich selbst zu sprechen, und lass uns so gut wir nur können diese Verse mit neuen Augen betrachten. Ich garantiere dir, in ihnen liegt Kraft – weitaus mehr Kraft, als ich es jemals gelehrt wurde.

Kapitel 16 ist in 27 Verse aufgeteilt, die einen großen Bogen schlagen, der mit der Konfrontation zwischen Jesus und den Pharisäern beginnt, dann weiterführt zu »Für wen halten die Leute mich?« (der Dialog mit Petrus) und schließlich mit »Nimm dein Kreuz auf dich und folge mir nach« endet. Doch bei all dem dreht sich dieses Kapitel nur um ein Thema. Ein einziger zentraler Gedanke bestimmt diesen Abschnitt: Jesus stellt den Vergleich zwischen Fleisch und Geist an. Dabei geht es um den Weg zu Gott durch das Fleisch gegenüber dem Weg zu Gott durch den Geist. Es geht um deine menschliche Identität im Gegensatz zu deiner geistlichen Identität, um die Bekämpfung des Bösen aus der Kraft des Fleisches oder aus der Kraft des Geistes. Wenn du das erkennst, wirst du das gesamte Kapitel verstehen.

Gleich zu Anfang des ersten Kapitels gerät Jesus mit den Pharisäern in eine Auseinandersetzung, die damit endet, dass er sie ins Gesicht Heuchler nennt. Sieh dir Vers 3 an: »*Ihr Heuchler, das Aussehen des Himmels versteht ihr zu beurteilen, die Zeichen der Zeit aber nicht!*« Mit den Zeichen der Zeit waren die Dinge gemeint, die zeigten, dass Gott direkt vor ihren Augen etwas Neues tat, und die sie nicht erkannten. Jesus vollbrachte Wunder. Diese Wunder waren Zeichen der Zeit und hätten den Pharisäern einen Hinweis geben müssen, denn keines dieser Wunder war jemals von einem der Pharisäer (den Befolgern des Gesetzes) vollbracht worden, doch Jesus tat sie. Jesus war auf der Forbes-Liste der mächtigsten Menschen, weil er die Pforten der Hölle eintrat und diese Zeichen sehen ließ. Diese Zeichen zeigten jedem, dass Gott in seinem Handeln einen neuen Weg beschritt.

Dieser neue Weg hieß Sünder ins Königreich willkommen. Der alte Weg machte Sünder zu Verbannten, die keine Chance hatten. Nach dem neuen Weg wurden Kranke geheilt und die Dämonen verbannt. Der neue Weg machte Kraft verfügbar. Der neue Weg gab heidnischen Gläubigen den gleichen Zugang zu Gott wie auch den jüdischen Gläubigen. Der neue Weg ließ Tote auferstehen, Taube hörend und Blinde sehend werden. Gelähmte konnten laufen, hungrige Menschen wurden gespeist und sündigen Menschen wurde vergeben, bevor sie überhaupt darum baten. Die Frau, die man beim Ehebruch ertappte, bat nicht um Vergebung. Auch der Gelähmte, der vom Hausdach aus zu Jesus hinuntergelassen wurde, bat nicht darum. Doch Jesus wusste, was diese Menschen brauchten, und er gab es ihnen, bevor sie ihn darum bitten konnten. Das ist der neue Weg, der in Kraft mündet.

Doch die Pharisäer wollten nicht gelten lassen, dass Gott einen neuen Weg bahnte. Sie mochten den alten Weg, denn den verstanden sie. Sie waren Experten auf dem Gebiet des alten Weges. Auf dem alten Weg musste man nach außen hin Gottes Gesetz bis ins Kleinste einhalten (ein Leben aus eigener Kraft, aus der Anstrengung des Fleisches), das ließ einen heilig erscheinen, und die Menschen waren von dieser Heiligkeit überaus beeindruckt. Sie waren von Ehrfurcht erfüllt und wünschten sich, sie könnten genauso heilig und wohlgefällig vor Gott sein wie sie, die Pharisäer. Religiöse Menschen lieben diese Methode – auch heute noch –, bei der man heilig *erscheint*, bei der man versucht, sich mit Gott gut zu stellen, indem man gute Leistung im Hinblick auf die eigene Heiligkeit erbringt. Die Pharisäer waren führend in dieser Vorgehensweise; sie standen auf einem Podest und wurden für ihre Heiligkeit bewundert.

Und dann kommt Jesus daher und sagt: *»Wenn eure Gerechtigkeit die der Schriftgelehrten und Pharisäer nicht weit übertrifft, so werdet ihr gar nicht in das Reich der Himmel eingehen!«* (Mt 5,20). Das haut die Leute um. Sie haben in ihrem Fleisch keine Kraft, um heiliger zu sein als die Pharisäer. Einige Verse später, im selben Kapitel, versetzt Jesus der Methode, sich Gottes Gunst und den Weg in den Himmel durch eigene Anstrengung erarbeiten zu wollen, einen vernichtenden Schlag: *»Darum sollt ihr vollkommen sein, gleichwie euer Vater im Himmel vollkommen ist!«* (Vers 48). Jetzt schlagen alle die Hände über dem Kopf zusammen und sagen: »Das ist viel zu schwer, das schafft keiner.« Ja, genau darum geht es! Den Menschen, im Fleisch, ist es unmöglich, aber bei Gott sind alle Dinge möglich.

Gut, lass uns nun zurück zu unserem Bibelabschnitt in Matthäus 16 gehen. Jesus nennt die Pharisäer Heuchler und wendet sich dann an seine Jünger und sagt: *»Habt acht und hütet euch vor dem Sauerteig der Pharisäer und Sadduzäer!«* (Vers 6) Die Jünger verstehen diese Warnung nicht, also muss Jesus sie ihnen erklären. Dann, in Vers 12, verstehen sie endlich. Sieh dir Vers 12 an, er ist wichtig, denn genau darum geht es: *»Da sahen sie ein, dass er nicht gesagt hatte, sie sollten sich hüten vor dem Sauerteig des Brotes, sondern vor der Lehre der Pharisäer und Sadduzäer.«* Welche war die Lehre, die Jesus als Sauerteig bezeichnete? Es war die Lehre, dass deine eigenen Bemühungen um Gerechtigkeit dich vor Gott gut dastehen lassen. Jesus sagt: »Das ist falsch.« Das ist

Sauerteig. Deine menschlichen Bemühungen um Heiligkeit sind Sauerteig.

Wenn du dich auf deine eigenen Anstrengungen verlässt, um dich mit Gott gut zu stellen, um zwischen dir und Gott alles in Ordnung zu bringen, um Gott dazu zu bringen, dich zu mögen, deine Gebete zu beantworten, dich zu segnen oder Dinge geschehen zu lassen (Gott dazu zu bewegen, dass er sich für dich einsetzt), dann hast du damit deiner Beziehung zu ihm Sauerteig hinzugefügt. Unsere Gerechtigkeit bewegt Gott nicht zum Handeln. Täte sie das, hätten die Pharisäer große Wunder gesehen. Doch es gab für sie keine Wunder, weil, wie die Bibel sagt, unsere eigene Gerechtigkeit für Gott wie schmutzige Lumpen ist. Beachte, dass es nicht heißt, unsere Sünden seien wie schmutzige Lumpen. Es ist unsere Gerechtigkeit; wir können also bestenfalls schmutzige Lumpen hinzufügen. Doch Gott hat für eine Gerechtigkeit gesorgt, die zwischen ihm und uns wahrhaftig alles wieder in Ordnung gebracht hat, und das ist Jesu Gerechtigkeit! Wenn wir seiner Gerechtigkeit unsere eigenen Bemühungen um Gerechtigkeit hinzufügen, weil wir meinen, durch gute Leistung unsere Gerechtigkeit verbessern oder sie durch Sünde verringern zu können, fügen wir damit Sauerteig hinzu. Hüte dich vor dem Sauerteig der Pharisäer.

Wenn du Brot backst, musst du dem Teig nur eine geringe Menge Sauerteig hinzufügen, um den gesamten Brotlaib zu durchsäuern. Ein wenig Sauerteig durchsäuert den gesamten Teig. Wenn du das Rezept für deine Rettung veränderst, indem du deine eigene Gerechtigkeit hinzufügst, sodass Gott böse auf dich ist, wenn du Fehler machst und dich segnet, wenn du etwas richtig machst, ruinierst du damit alles – selbst wenn es nur eine klitzekleine Menge ist. Es ruiniert deinen Glauben, weil dein Glaube nun von deiner Leistung abhängig ist.

Angelo Mitropoulus hatte zu Lebzeiten einen großartigen Heilungsdienst. Er wählte aus der Reihe von Menschen, die sich vor dem Podium aufgestellt hatten, jemanden aus, der noch neu im Glauben und eben erst geheilt worden war. Dann bat er diese Person, für jemanden zu beten, der noch Heilung brauchte. Oft war es so, dass diese zweite Person geheilt wurde, und das, nachdem andere Gläubige bereits erfolglos für sie gebetet hatten! Wie war das möglich? Weil neue Christen wissen, dass es *allein* Gott ist. Sie wissen, dass ihre eigenen Werke der Gerechtigkeit keine Rolle gespielt haben können, weil sie noch keine Zeit und Gelegenheit hatten, irgendwelche Werke zu tun. Sie sind noch nicht von einer Gemeinde verkorkst worden, die ihnen sagt: »Du musst dies und jenes tun, bevor du für eine Person beten kannst.« Die organisierte Religion hilft den Menschen dabei, den Sauerteig hinzuzufügen. Nein! Stopp!

Meine Großmutter sagte immer: »Zu viele Köche verderben den Brei!« Damit meinte sie: »Mach, dass du aus meiner Küche kommst.« Zu viele Köche verderben den Brei. Du brauchst nur einen Koch – Jesus. Du brauchst nur eine Zutat, und die besteht nicht aus den Werken des Fleisches. Du musst »achtgeben und dich hüten« vor der Lehre der Pharisäer, die bedeutet: Arbeit, Arbeit und noch mehr Arbeit, um mit Gott im Reinen zu bleiben. Dies war die einzige Lehre, die sie anzubieten hatten.

Diese Lehre wird dich ruinieren. Sie bewirkt, dass du dich verurteilt und kraftlos fühlst. Deiner eigenen Gerechtigkeit zu vertrauen macht dich kraftlos. Die Lehre der Pharisäer enthält nicht die Kraft, die dich von Sünde befreit. Sie enthält nicht die Kraft, um die Tore der Hölle einzutreten. Sie enthält nicht die Kraft, die dich geistliche Wunder binden und lösen lässt. Wie viele Menschen haben die Pharisäer auf wundersame Weise geheilt? Nicht einen einzigen. Wie viele schuldbeladene Herzen haben sie von der Last befreit? Nicht ein einziges. Es war keine Kraft vorhanden.

Wie er es schon mit seinen Jüngern getan hat, ruft Jesus dich dazu auf, den Sauerteig aufzugeben. Füge deiner Beziehung zu Jesus nicht das kleinste bisschen Sauerteig hinzu, sonst wird der gesamte Laib ruiniert. Es wird Gottes Plan ruinieren, seine Kraft in dir und durch dich zu offenbaren. Entweder ist es allein das vollbrachte Werk Jesu *oder* es ist deine Bemühung, gut genug zu sein, die jedoch nie zu etwas führen wird. Es ist entweder die Gnade, die in dem für dich vollbrachten Werk Jesu zu finden ist, *oder* ein Leben unter dem Gesetz. Römer 11,6 findet dafür deutliche Worte: *»Wenn aber aus Gnade, so ist es nicht mehr um der Werke willen; sonst ist die Gnade nicht mehr Gnade; wenn aber um der Werke willen, so ist es nicht mehr Gnade, sonst ist das Werk nicht mehr Werk.«*

Hast du das verstanden? Die Bibel sagt: Es gibt keinen Mittelweg. Du wirst entweder auf Grundlage der Gnade – der unverdienten Gunst, die Jesus für dich erworben hat – gerecht gemacht und erhältst damit deinen Anspruch auf die Liebe und den Segen Gottes, oder du wirst durch deine Werke der Gerechtigkeit unter dem Gesetz gerecht gemacht. Die Menschen wollen diese beiden Wege gerne miteinander vermengen, aber Gott lässt das nicht zu. Wie ein Freund von mir zu sagen pflegt: »Sei kein geistlicher Barkeeper, der einen Cocktail aus Gesetz und Gnade zusammenmixt. Ein solches Gebräu schmeckt nicht.« Hüte dich vor dem Sauerteig der Gesetzestreuen. Mische nichts davon in deine Überlegungen, wie Gott dich segnen wird. Du musst *wissen*, dass du gesegnet und in Gottes Augen vollkommen bist. Er hat dich in deinem Geist vollkommen gemacht. Dort ist die Kraft für dein Leben zu finden, die Macht zu binden und zu lösen, und die Macht, um die Pforten der Hölle einzutreten!!

Kraft fließt aus dem Geist, nicht aus dem Fleisch. Genau das sagt uns Jesus in Kapitel 16. »*Als aber Jesus in die Gegend von Cäsarea Philippi gekommen war, fragte er seine Jünger und sprach: Für wen halten die Leute mich, den Sohn des Menschen? Sie sprachen: Etliche für Johannes den Täufer; andere aber für Elia; noch andere für Jeremia oder einen der Propheten. Da spricht er zu ihnen: Ihr aber, für wen haltet ihr mich? Da antwortete Simon Petrus und sprach: Du bist der Christus, der Sohn des lebendigen Gottes! Und Jesus antwortete und sprach zu ihm: Glückselig bist du, Simon, Sohn des Jona; denn Fleisch und Blut hat dir das nicht geoffenbart, sondern mein Vater im Himmel! Und ich sage dir auch: Du bist Petrus, und auf diesen Felsen will ich meine Gemeinde bauen, und die Pforten des Totenreiches sollen sie nicht überwältigen. Und ich will dir die Schlüssel des Reiches der Himmel geben; und was du auf Erden binden wirst, das wird im Himmel gebunden sein; und was du auf Erden lösen wirst, das wird im Himmel gelöst sein*« (Mt 16,13–19).

Erinnere dich, dass Jesus zwei verschiedene Denkweisen miteinander vergleicht, zwei unterschiedliche Herangehensweisen in Bezug auf das Leben: die, die auf das Fleisch und menschlichen Einsatz baut, und die, die ganz auf Gottes Einsatz vertraut – den neuen und lebendigen Weg. Jesus beginnt mit dem Fleisch (Vers 13): »*Für wen halten die Leute mich, den Sohn des Menschen?*« »Sohn des Menschen« ist die *irdische* Bezeichnung für Jesus. Jesus ist der Sohn des Menschen und er ist der Sohn Gottes – vollständig menschlich und vollständig göttlich. Er lenkt ihre Aufmerksamkeit auf seine irdische Bezeichnung, Sohn des Menschen. Was er sie damit in Wirklichkeit fragt, ist dies: »Für wen halten die Leute mich (die Leute, die mich mit den Augen des Fleisches sehen)?« Daraus ergibt sich die logische Antwort: »Nun ja, Jesus, sie sehen deine Werke, die in etwa den Wunderwerken Elias entsprechen, von denen sie gelesen haben, und sie sagen, du seist der von den Toten auferstandene Elia. Manche hören, wie kühn du predigst, und das erinnert sie an Johannes den Täufer oder an einen der anderen Propheten.«

Wenn du also über Jesus nur das wüsstest, was du im Fleisch gehört und gesehen hast, und deine Informationen über ihn durch deinen natürlichen Verstand beziehen würdest, könntest auch du sagen, er sei der von den Toten auferstandene Täufer Johannes oder der auf die Erde zurückgekehrte Elia oder sonst ein guter Prophet. Auch heute bekommt man das noch zu hören – »Jesus war ein guter Prophet«. Das sind die Informationen, die das Fleisch dir geben würde, wenn du den Sohn des Menschen ansiehst. *Und damit würdest du falschliegen.* Auch diese Menschen liegen falsch. Die Ansichten des Fleisches in Bezug auf Jesus sind falsch.

Jesus fährt fort: »Ihr aber, für wen haltet ihr mich?« Und Petrus antwortet: »Du bist der Christus (der Messias), der Sohn des lebendigen Gottes!« Ja, Petrus. Gut! Bravo! Du siehst nicht mit den Augen des Fleisches, du siehst mit geistlichen Augen. »Fleisch und Blut hat dir das nicht geoffenbart«, sagt Jesus ihm, »es gibt nur einen Weg, wie du das wissen kannst: der Vater hat es dir gezeigt. Großartig!« Das ist der Unterschied zwischen jemanden dem Fleisch nach zu kennen oder ihn im Geist zu kennen. Es ist der Unterschied zwischen der menschlichen Sicht und dem Sehen aus der Perspektive des Vaters.

Anders ausgedrückt sagte Jesus: »In Ordnung, Petrus, du verstehst, wie Menschen mich im Fleisch sehen, und du weißt, wie du mich im Geist siehst; lass uns jetzt dasselbe Prinzip auf dich anwenden.« Wir beginnen im Fleisch. »Glückselig bist du, Simon, Sohn des Jona.« Das war Petrus' *irdischer* Name – Simon, Sohn des Jona. Petrus, der Jünger, wurde von seiner Mutter nie Petrus genannt. Niemand kannte ihn als Petrus. Sie kannten ihn *aus-*

schließlich als Simon, Sohn des Jona. Simon, Sohn des Jona war der Name, den seine Mutter ihm gegeben hatte. Wenn ich als Kind in Schwierigkeiten geriet, wusste ich immer, was mir blühte, wenn meine Mutter meinen offiziellen vollen Namen benutzte: »Gregory Thomas Riether, komm sofort hierher!« Das war der Code für: »Dreh dich um und lauf, als hinge dein Leben davon ab.«

Simon, Sohn des Jona, war Petrus' offizieller voller Name. Es war der Name, den seine Mutter benutzte, wenn er etwas verbrochen hatte. Er stand auf seiner Geburtsurkunde. Unter diesem Namen war er – wie? – *dem Fleisch nach* bekannt. Jesus sagt hier: »Unter diesem Namen kennen dich *alle anderen*.« Wärst du zur Zeit von Petrus nach Galiläa gereist und hättest dort den Namen »Simon, Sohn des Jona« genannt, hätte jeder sofort gewusst: »Ach ja, das ist dieser hitzköpfige Fischer, der störrische Kerl, der einen Riesenwirbel macht, wenn er einen schlechten Fang hatte.« Das ist Simon dem Fleisch nach. Was tut Jesus nun? Er ist im Begriff, ihm eine neue Identität zu geben.

*»Und ich sage dir auch: Du bist **Petros**«* (griechisch für Petrus – Vers 18). Petros bedeutet in der griechischen Sprache »Fels«; du bist der Felsenmann. Jesus vergleicht die beiden Sichtweisen miteinander, die zwei Identitäten seines Jüngers. Die fleischliche Identität ist die Identität, die jeder kennt, der mit Petrus aufgewachsen ist. Doch Jesus benennt eine neue Identität, seine *geistliche* Identität. »Du bist der Felsenmann. Ich sehe, wer du im Geist bist, und der Unterschied zu dem, der du im Fleisch bist, ist so groß, dass du einen neuen Namen brauchst.« Dem Fleisch nach ist er Simon, Sohn des Jona, der wüst schimpfende Fischer. Im Geist, so wie Gott ihn sieht, ist er der Felsenmann.

An dieser Stelle wendet Jesus ein kleines Wortspiel an. Er sagt: »Du bist Petros (mit der Endung -ros), und auf diesen Fels (»Petra« mit der Endung -ra) …« Wie du siehst, ist es nicht dasselbe.

Jesus sagt hier nicht, Petrus sei der Fels, auf den wir die Gemeinde bauen. Er änderte das verwendete Wort ab, damit wir diesen Fehler nicht machen würden. Jesus sagt, die Gemeinde würde auf *diesem Konzept* gebaut werden – dem Konzept, deine geistliche Identität wahrzunehmen statt deiner fleischlichen. Die geistliche Identität, die der Vater offenbart, ist die wahre Identität. Hier ein Beispiel: Es heißt nicht nur Jesus, Sohn des Menschen, sondern auch Jesus Christus, Sohn des lebendigen Gottes. Ein weiteres Beispiel: Es heißt nicht nur Simon, Sohn des Jona, sondern auch Felsenmann – unverrückbar, zuverlässig, ganz der Vater. Das ist die Sicht des Vaters, die geistliche Realität einer Person, ihre wahre Identität.

Wie sieht dieses Konzept aus, auf dem die Gemeinde gebaut wird? So sieht es aus: *Du musst darauf achten, was der Vater über dich sagt, darüber, wer du bist, wie gesegnet du bist und was du in diesem Leben tun oder nicht tun kannst.* Und Jesus sagt, wenn du die Identität akzeptierst, die der Vater für dich hat, deine wahre Identität, deine geistliche (nicht deine fleischliche) Identität, wirst du nicht mehr aufzuhalten sein. Du kannst dann direkt auf die Pforten der Hölle, die Festungen des Feindes, zumarschieren und die Türen eintreten. Niemand dort wird der Macht in dir standhalten können. Du wirst binden und lösen, du kannst heilen und die Toten auferwecken. Nichts wird dir unmöglich sein. Doch du musst akzeptieren, wie der Vater dich unter der Gnade beurteilt. Du musst anerkennen, dass du in diesem Moment in deinem Geist ein vollendetes Werk bist.

Du musst den Sauerteig zurückweisen, den Denkansatz des Fleisches, der dich in dem Gefühl festhält, verurteilt zu sein, nicht gesegnet zu sein, der dich kraftlos macht und Angst vor Gott haben lässt. Du musst in das vollbrachte Werk Jesu, das in dir ist, eintauchen und dich darin ertüchtigen. Es gründet nicht darauf, wie du dich in Gerechtigkeit übst; es gründet darauf, wie Jesus sich in Gerechtigkeit übt. Verlass dich allein darauf. Gott hat einen neuen Namen für dich, der seinen Ursprung darin hat, was er im Geist sieht, der auf dem vollbrachten Werk Christi fußt, auf Papas Meinung von dir.

Wie sieht Papa dich? Wie sieht die geistliche Realität aus? Gott sagt, dir ist vollständig vergeben. Es spielt keine Rolle, was du getan hast oder welche dummen Dinge du heute tust, du bist trotzdem gerechtfertigt. Du wirst durch und durch geliebt, das liebende Herz deines Vaters schlägt ganz und gar für dich. Er empfindet nichts als Liebe für dich. Er hält nur Segen für dich bereit. Glaube daran auf der Basis seiner Liebe, basierend darauf, wie er dich sieht, und nicht auf der Grundlage des Fleisches.

Du hast einen neuen Namen; es ist nicht der Name, den jeder kennt. Der Name, den jeder kennt, gibt dir keine Zuversicht. Wird dieser Name ausgesprochen, werden zugleich alle Erinnerungen aus deinem Leben im Fleisch geweckt, alle deine Misserfolge, deine Unanständigkeiten, deine Fehltritte. Jesus hat einen neuen Namen für dich, der auf seinem vollbrachten Werk beruht. Er ist frei von Sünde und er enthält das volle Potenzial, das er in dir sah, als er dich im Leib deiner Mutter formte. Und gerade jetzt ruft er dich bei diesem Namen!

In Offenbarung 2,17 heißt es: *»Wer ein Ohr hat, der höre, was der Geist den Gemeinden sagt! Wer überwindet, dem werde ich von dem verborgenen Manna zu essen geben; und ich werde ihm einen weißen Stein geben und auf dem Stein geschrieben einen neuen Namen, den niemand kennt außer dem, der ihn empfängt«.* Jesus kennt deinen Namen, dein geistliches Ich, dein wahres Ich. Und dieser Name ist so ganz »du selbst«, dass du, wenn du ihn hörst, genau weißt, dass nur deine Person gemeint sein kann. Niemand sonst könnte ihn »kennen« außer dir, dem er gegeben wurde. Unter diesem Namen und mit diesen Charakteristika kennt Jesus dich jetzt – wunderschön und gerecht und vollkommen und heilig und voller Kraft und furchtlos und ehrenhaft und gut und redlich.

Ich weiß nicht, wie dieser Name klingt. Ich kenne ihn nicht, aber du musst nach Hause gehen, in den Spiegel schauen und dich mit deinem wahren »Ich« bekannt machen, dem Ich, für das dieser Name steht. Es ist ein Name, der zeigt, wie der Vater dich beschreibt, wie er dich beurteilt. Du solltest zumindest dir selbst ins Auge blicken und sagen: »Hallo, mein Name ist Greg Riether (füge stattdessen deinen eigenen Namen ein) und ich bin der gerechte Sohn des allmächtigen Gottes.«

Denkst du nicht auch, die Dämonen der Hölle würden vor jemandem erzittern, der weiß, dass dies die Wahrheit ist? Hör auf, dich zu ducken, als hätten Krankheit, Misserfolg, Unglück und Enttäuschung alle Macht oder als hätte dieser Krebs oder deine Sucht alle Macht. Sie haben nicht alle Macht. Gott hat die Macht, und er hat sie dir gegeben. Glaube gemeinsam mit mir, dass Gott einen guten Plan für dich hat und dass dieser Plan nicht beinhaltet, ständig vom Teufel herumgestoßen zu werden. Vielmehr beinhaltet er, dass du die Pforten der Hölle eintrittst und von dort nicht nur Menschen herausziehst, sondern auch das Territorium, das einst Satan gehörte, zum Eigentum Jesu erklärst. Wir weiten die Regentschaft und Herrschaft Jesu in dieser Welt aus.

Wir rufen die Scheinheiligkeit aus der Gemeinde heraus, die unser fleischliches Ich mit unserem geistlichen Ich vermengt. Das einzige, was zählt, ist die neue Schöpfung, die du in Jesus wirklich bist. Und wenn du einen großen Fehler machst und in Sünde verfällst, mein Freund, werden wir dich an deine wahre Identität erinnern, an dein gerechtes Ich, zu dem Jesus dich bereits gemacht hat. Ich möchte dir einfach nur helfen, die gerechte Person zu sehen und zum Vorschein zu bringen, die du in Gottes Augen bereits bist, weil der Vater eine Erklärung über dich abgegeben hat. Und wenn der Vater sagt, eine Sache sei so – dann ist sie auch so!

Du bist nicht Simon, Sohn des Jona. Gott kennt dich nicht dem Fleisch nach. Du bist Petrus. Du bist der Felsenmann! Wer ist dein wahres Ich? Es ist nicht das fleischliche Ich mit all seinen Fehlern. Es ist das Ich der neuen Schöpfung. Hallo, mein Name ist _____, und ich bin der gerechte Sohn des allmächtigen Gottes!

Matthäus 16 – Teil 2

*Und Jesus antwortete und sprach zu ihm: Selig bist du,
Simon, Jonas Sohn; denn Fleisch und Blut haben dir das nicht
offenbart, sondern mein Vater im Himmel. Und ich sage dir
auch: Du bist Petrus, und auf diesen Felsen will ich meine
Gemeinde bauen, und die Pforten der Hölle sollen sie nicht
überwältigen. Ich will dir die Schlüssel des Himmelreichs
geben: Was du auf Erden binden wirst, soll auch im Himmel
gebunden sein, und was du auf Erden lösen wirst, soll auch
im Himmel gelöst sein. – Matthäus 16,17–19 LUT*

Der ganze Sinn dieses Abschnitts besteht darin, dass Jesus das
Konzept von Fleisch kontra Geist verständlich machen möchte. Die fleischliche Identität (wer, sagen die Menschen, bin ich, der
Sohn des Menschen – Jesu fleischliche Identität, die Identität, die
Menschen ihm in ihrer fleischlichen Interpretation verleihen): »Du
bist Elia; du bist der von den Toten auferstandene Täufer Johannes; du bist ein großer Prophet.« So sehen Ungläubige Jesus auch
heute noch – als einen guten Mann, einen großen Propheten. Die
fleischliche Identität steht seiner geistlichen Identität gegenüber,
die da ist: »Du bist der Christus, *der* Sohn des lebendigen Gottes.«
Und Jesus antwortet darauf: »Sehr gut, Petrus, denn Fleisch hat
dir das nicht offenbart, sondern mein Vater im Himmel.«

Dann wendet Jesus die Lektion auf Petrus an. Er sagt zu ihm:
»Du bist Simon, Jonas Sohn« – das ist deine fleischliche Identität,
so nennt dich jeder – Simon, der fluchende Fischer. Es steht nirgendwo, dass er ein fluchender Fischer war, aber als er von Jesus

dazu aufgefordert wurde, ihm zu folgen, sagte Simon selbst: »Geh weg von mir, Herr, denn ich bin ein sündiger Mensch.« So empfand Simon seine eigene Identität vor Gott; Simon, Jonas Sohn, »ein sündiger Mensch vor dir, Herr«. Und nun sagt Jesus: »Du bist Simon, Jonas Sohn (fleischliche Identität), aber ich sage dir, dass du Petrus bist (was Fels bedeutet). Ich sage dir, du bist der Felsenmann.« Es ist eine neue Identität. Im Fleisch war er das nicht. Jesus sieht etwas, das Petrus nicht sehen kann, und er gibt ihm einen Namen, der zu dem passt, was er sieht. So sieht Gott ihn. So ist er im Geist. Er ist nicht Simon, Sohn des Jona; vor dem Herrn ist er der Felsenmann.

Beachte, dass Petrus sich diese neue Identität nicht selbst verleiht, Jesus gibt sie ihm. Wie du siehst, musst du dir deine Identität, die du vor Gott hast, nicht verdienen. Jesus gibt dir deine neue geistliche Identität. Sie zeigt, wer du in Wahrheit vor Gott bist. Sie zeigt Gottes Einstellung zu dir und sie wird dir als Geschenk gegeben, nicht als Titel, den du verdienen oder auf den du hinarbeiten musst. Sie ist das, was Papa genau jetzt in dir sieht, und sie ist sofort gültig.

Petrus musste nicht darauf warten, dass dieser Name (diese neue Identität) zur Wirklichkeit wird. Es war nicht so, als würde er irgendwann in der Zukunft zu einer Realität für Petrus werden, als wäre er ein Name, den Petrus erst sehr viel später annahm, damit die Leute voller Bewunderung an ihn zurückdenken und Kathedralen nach ihm benennen würden. Nein, Jesus formuliert es in der Gegenwartsform: »Ich sage dir, du bist der Felsenmann, in diesem Moment; das ist es, was du wirklich bist.«

Kannst du erkennen, wie mächtig das ist? Siehst du, dass deine neue geistliche Identität in genau dieser Minute in Kraft ist? Du verdienst sie dir nicht, du wächst nicht in sie hinein, und du wartest nicht darauf, dass sie sich materialisiert. Du magst dich (in der

Wirklichkeit) nicht fühlen wie diese Person, die Jesus als wunderschön, beständig, kraftvoll, geliebt und vollendet beschreibt. Doch es ist wahr, ganz gleich wie du dich fühlst. Tatsächlich kannst du nur zwei Dinge tun: Du nimmst es an oder du lehnst es ab. Du nimmst deine geistliche Identität an, die Jesus dir als Geschenk gibt und empfängst sie als die Identität, aus der du lebst, oder du lehnst sie ab und siehst dich weiterhin als ein Niemand, als jemand, der alles falsch macht, der ein Sünder ist, als einer, der vor Gott richtig leben will, ihn aber nie zufriedenstellen kann.

Nein, du musst dich von dieser fleischlichen Identität distanzieren. Jesus sagte: »Wenn du mir nachfolgen willst, musst du diese Identität verleugnen, sie von dir weisen.« Du musst diese Identität als mit ihm gekreuzigt betrachten. Deine ist die geistliche Identität, die Jesus dir gegeben hat. Du bist gerecht, heilig, wertvoll, befähigt und hast ewige Vergebung. Dir ist heute, morgen, nächste Woche, nächsten Monat und für immer vergeben. Du befindest dich in einem dauerhaften Zustand der Vergebung, in einem dauerhaften Zustand der Gerechtigkeit. Du bist Gott angenehm, vollendet in deinem Geist, in Ewigkeit erlöst und der geliebte Sohn, an dem Papa bereits Freude hat. Jesus erklärt Folgendes: Ich sage dir, du hast in mir eine neue Identität (ich habe sie dir gegeben). Du bist die Person, die auf festem Grund steht; du heißt Felsenmann (weil du **auf mir** stehst)!«

Du hast also diese neue Identität, die im Widerspruch zu der fleischlichen Identität steht. Was tust du nun mit der fleischlichen Identität? Jesus sagte, du sollst sie ganz und gar von dir weisen; du verweigerst ihr den Platz in deinem Denken, du kreuzigst sie in deinem Sinn. »Wenn jemand mir nachkommen will, so verleugne er sich selbst und nehme sein Kreuz auf sich und folge mir nach« (Vers 24). Du verleugnest diese Identität und kreuzigst sie in deinem Sinn. Die fleischliche Identität ist nicht deine wahre Identität. Und wenn du das richtig verstehst, ist die Macht des Himmels für dich verfügbar, die Pforten der Hölle können nicht gegen dich standhalten und du wirst den Feind ausplündern. Du trittst die Tore der Hölle ein und erbeutest die Menschen zurück, die sie umklammert hält (indem du ihre Freiheit ausrufst), du holst sie aus dem Hades heraus (also aus dem Totenreich). Du bringst Menschen vom Tod ins Leben.

Außerdem gibt dir Jesus nach diesem Prinzip der geistlichen Identität die Schlüssel zum Himmelreich, wie er selbst sagt (Vers 19): *»Ich will dir die Schlüssel des Himmelreichs geben: Was du auf Erden binden wirst, soll auch im Himmel gebunden sein, und was du auf Erden lösen wirst, soll auch im Himmel gelöst sein.«* Die Schlüssel zum Himmelreich bedeuten Zutritt zum Himmel. Wir müssen dieses Konzept begreifen, das Jesus uns hier deutlich macht. Es ist deine geistliche Identität, die mit Gott verbunden ist – *nicht deine fleischliche Identität.*

Wenn du auf der Basis dessen, wer du im Fleisch bist, zu Gott kommst, wirst du nicht an der Güte und Kraft Gottes teilhaben. Die typische Gemeinde hat uns dazu erzogen, auf der Basis unserer fleischlichen Identität zu Gott zu kommen, unserer »Simon, Sohn des Jona«-Identität. Ich habe früher durch Lobpreis und durch Lehren über Gebet Menschen dazu angeleitet, ihren Zustand als Sünder einzugestehen und ihre Sünde Gott gegenüber zu bekennen und sie unter das Blut zu bringen. So kommen wir in unsere »Simon, Sohn des Jona«-Identität, unsere »Geh weg von mir, Herr, denn ich bin ein Sünder«-Identität. Jesus lehrt hier eine radikale neue Denkweise. Das ist nicht, wer du bist. Deine Beziehung mit Gott führst du durch deinen Geist.

Dies war lange Zeit ein Rätsel für mich. Erinnerst du dich an die Geschichte, in der Jesus mit der samaritischen am Brunnen spricht? Und sie sagt: *»Unsere Väter haben auf diesem Berg ange-*

betet, und ihr sagt, in Jerusalem sei der Ort, wo man anbeten soll.« Jesus antwortet ihr: »Frau, glaube mir, es kommt die Stunde, wo ihr weder auf diesem Berg noch in Jerusalem den Vater anbeten werdet. Ihr betet an, was ihr nicht kennt; wir beten an, was wir kennen, denn das Heil kommt aus den Juden. Aber die Stunde kommt und ist schon da, wo die wahren Anbeter den Vater im Geist und in der Wahrheit anbeten werden; denn der Vater sucht solche Anbeter. Gott ist Geist, und die ihn anbeten, müssen ihn im Geist und in der Wahrheit anbeten« (Joh 4,20–24). Dies hat eine Menge Leute verwirrt. Wie betet man Gott im Geist an?

Du weißt, dass Anbetung eine Form des Gebets ist. Anbetung ist Kommunikation mit Gott, Gemeinschaft mit Gott, Verehrung von Gott, von Gott geliebt werden und Gott zurücklieben. Es bedeutet, sich mit dem lebendigen Gott zu verbinden. Wie tust du das? Du tust es in deinem Geist. Gott ist Geist, sagt Jesus, und die, die ihn anbeten, müssen ihn im Geist und in der Wahrheit anbeten (Wahrheit spricht das Denken an – Geist und Wahrheit). Das bedeutet, dass du auf der Basis deiner geistlichen Identität zu ihm kommen musst. Jesus sagte: »Das ist, was du bist.« Das ist die Wahrheit dessen, wer du vor Gott bist. Du bist der Felsenmann, gerechtfertigt und frei, geliebter Sohn des Vaters. Im Geist anzubeten heißt, den Vater aus dieser Realität heraus anzubeten. Es bedeutet, mutig zum Thron der Gnade zu kommen, weil dir vergeben ist und du geliebt bist. Es bedeutet nicht, um Gnade winselnd zu Gott zu kriechen wie ein gefallener Mensch, auf den er zornig ist. Gott ist nicht zornig auf dich. Er ist dir niemals böse. Das ist einer der Kernpunkte des neuen Bundes (Jes 54,9).

Ich glaube wirklich, dass dies der Schlüssel zu einem freudigen, siegreichen Leben in Christus ist. Es geht darum, deine neue Identität zu empfangen; und die ist eine geistliche Identität. Deine neue Identität, in der du gerecht, angenehm und würdig bist, ist nichts, was du sehen, schmecken, berühren oder fühlen kannst; sie ist keine Sache des Fleisches. Tatsächlich versucht dein Fleisch (in seiner Sünde und seinem Versagen), deine geistliche Realität zu widerlegen und es verurteilt dich. Um anzuerkennen, wer du im Geist bist, musst du wissen, was Gott über dich sagt und in Übereinstimmung damit kommen. Die geistliche Identität fußt auf dem, was Gott als Wahrheit über dich sagt. Du musst glauben, dass das, was Gott über dich sagt, wahr ist. Du bist der Felsenmann. Du bist nicht Simon, Jonas Sohn. (Ich denke, es wäre leichter, wenn wir einfach alle einen neuen Namen bekämen!) Irgendwie müssen wir die Identität, die Jesus uns gab, zu unserer vorrangigen Identität machen. Und *diese* ist eine Identität des Geistes.

Das Problem auf diesem Planeten ist, dass unser Leben sich ständig ums Fleisch dreht. Der gesamte Horizont unserer Existenz besteht aus: »Was sollen wir essen, was sollen wir trinken, was sollen wir anziehen, sieh nur, was ich *getan* habe, sieh nur, was ich *nicht* getan habe.« Wir sind im Fleisch verankert. Wir treffen alle unsere Vorkehrungen fürs Fleisch. Doch die fleischliche Realität gibt dir keinen Zugang zum Himmel. Gott stellt die Beziehung im Geist her, weil er selbst Geist ist. Wir müssen die Art und Weise, wie wir uns sehen, ändern. Und dabei geht es nicht nur darum, die Wahrheit darüber, was Jesus für uns am Kreuz getan hat, anzunehmen. Für immer gerechtfertigt – das ist eine fantastische Wahrheit, doch die, die eine Beziehung mit Gott haben wollen, müssen im Geist und in der Wahrheit kommen.

Du musst im Geist kommen. Du musst dich als ein Geist-Wesen sehen. Du bist kein Wesen aus Fleisch und Blut. Du bist ein Geist-Wesen, das ein Transportmittel aus Fleisch und Blut nutzt. Dieses Fleisch und dieses Blut bin nicht ich. Falls dieser Körper mein Ich ist, habe ich ein Problem, denn er wird verschleißen und sterben. Doch Jesus sagte, dass das nicht mein Ich ist. Wenn ich predige, sind die Körper, die ich vor mir auf den Stühlen sitzen sehe, nicht der wahre Kern dieser Leute. Ich kann das wahre Ich meiner Zuhörer nicht sehen. Deshalb konnte Jesus zu Maria und Marta sagen: »Wer lebt und an mich glaubt, wird niemals sterben.« Das ist eine wahre Aussage, die auf jeden Gläubigen zutrifft. Du wirst niemals sterben. Doch es ist nicht die Wahrheit, wenn deine Identität aus deinem Fleisch besteht. Dann wirst du antworten: »Doch, ich werde sterben, weil wir schließlich alle sterben.« Ich nicht! Du kannst diesen Körper töten, aber du kannst mich nicht töten.

Du bist nicht dieser Körper, den ich sehen kann. Auch ich bin nicht der Körper, den ich sehen kann. Ich bin ein Geist-Wesen, das einen Körper bewohnt. Dieser Körper ist eingeschränkt, er ist endlich, er kann den Giften dieser Welt nicht standhalten, er kann krank werden, er verschleißt und er ist vergänglich und flüchtig. Paulus sagt in 1. Korinther 15, dass am letzten Tag das Verwesliche die Unverweslichkeit anziehen wird und das Sterbliche die Unsterblichkeit. Das ist die Realität des Fleisches; es ist verweslich und sterblich. Doch mein Geist ist nicht wie mein Fleisch. Mein Geist ist vollkommen und unvergänglich. *»Denn mit einem einzigen Opfer hat er die für immer vollendet, welche geheiligt werden«* (Hebr 10,14).

In deinem Geist bist du für immer vollendet und von dieser Plattform des vollendeten Geistes aus hast du Gemeinschaft mit Gott. Dein Geist ist in keiner Weise eingeschränkt. Tatsächlich ist dein Geist deine direkte Verbindung zum Unendlichen. Dein Körper berührt den Himmel nicht, aber dein Geist sitzt in diesem Moment mit Christus in der Himmelswelt. Dies ist eine großartige Wahrheit über deinen Geist. Dein Geist wurde mit Jesu Geist vereint, und in deinem Geist hast du eine direkte, untrennbare Verbindung zu Gott – eine Verbindung zu unendlicher Kraft, unendlicher Weisheit; zu dem Unendlichen selbst! Eine Sache, die Gott mich gelehrt hat, ist, mein Leben aus meiner geistlichen Identität heraus zu leben, meinem geistlichen Ich, anstatt aus meiner fleischlichen Identität, meinem fleischlichen Ich. Es ist eine Frage der Umprogrammierung unseres Denkens. Es geht nicht darum, etwas zu tun. Es geht darum, etwas zu erkennen.

Adam und Eva waren Geist-Wesen, die einen Körper bewohnten. Sie waren keine Körper mit einem Eigenleben, so wie die anderen Geschöpfe auf der Erde. Stattdessen hauchte Gott seinen eigenen Geist in Adam und Eva hinein, und sein Geist machte den Menschen zu einem lebendigen Wesen. Und während sie ihr Leben lebten, standen sie auf eine sehr vertraute Weise in Beziehung mit Gott (der Geist war). Sie gingen mit ihm in der Kühle des Abends spazieren und redeten mit ihm. Sie führten ihre Beziehung mit Gott durch ihre geistliche Identität – etwas anderes kannten sie nicht.

Erst durch den Sündenfall, jenem Moment, in dem die Menschen in Sünde fielen, nahmen sie ihre Körper zum ersten Mal wahr und sahen dabei, dass sie nackt waren. Zuvor war die Herrlichkeit des Herrn ihre Bedeckung gewesen. Die Herrlichkeit des Herrn ist sein eigenes geistliches Ich, das an ihnen sichtbar wurde. Sie kannten nichts anderes, als mit Gott durch ihr geistliches Ich, ihr wahres Ich, eine Beziehung zu haben. Und als sie in Sünde fielen, nahmen sie plötzlich die weniger bedeutende Realität wahr – ihr Ich aus Fleisch und Blut – und bemerkten so ihre Nacktheit. Von da an bildete unsere fleischliche Identität den Schwerpunkt unserer Lebensführung. Doch darin liegt keine Kraft. Dort entspringt nicht die Kraft Gottes. Deine geistliche Identität ist deine Verbindung zu Gott und sie ist auch deine Verbindung zu jeglichem geistlichen Segen des Himmelreichs.

Epheser 1,3 (LUT) sagt, dass Gott »uns gesegnet hat mit allem geistlichen Segen im Himmel durch Christus«. Jeder Segen, den Gott für dich hat, kommt in geistlicher Form zu dir. Heilung ist ein geistlicher Segen. Wohlergehen ist ein geistlicher Segen. Und genau das ist es, was Jesus meinte, als er sagte, du könnest nach diesem Konzept deiner geistlichen Identität die Pforten der Hölle eintreten. Außerdem sagte er: »Ich werde dir die Schlüssel des Himmelreichs geben; was du auf der Erde bindest, das wird im Himmel gebunden sein, und was du auf der Erde löst, das wird im Himmel gelöst sein« (Vers 19 NGÜ).

Ich werde dir genau sagen, was das bedeutet. Mach dir eine Notiz und lies später selbst in deiner Bibel nach, um zu sehen, ob ich damit richtig liege. Jesus spricht davon, wie du, ein Geist-Wesen, die übernatürliche Kraft des Himmels in die physische Realität dieser Erde bringen kannst. Die Lehre Jesu über das Binden und Lösen wurde so sehr durcheinandergebracht und fehlinterpretiert, dass es zu einigen äußerst eigenartigen Glaubenslehren kam. Der Grund sind Übersetzungsfehler. Young's Literal Translation ist, soweit ich herausgefunden habe, die einzige (englischsprachige) Übersetzung, die diesen Vers wirklich wortgetreu aus dem Griechischen übersetzt. Jesus fügt zwei Verben zusammen, doch nur eines davon scheint jemals übersetzt zu werden, denn übersetzt man beide Verben zusammen, klingt es unbeholfen. Und die Übersetzer wussten nicht, wie sie damit umgehen sollten.

Doch lass es mich dir verständlich machen. Jesus sagte: »Was du auf Erden bindest«, dann folgt »sein« im Futur. Es müsste also heißen: »Was du auf Erden bindest, wird sein«. Dann fügt Jesus ein weiteres Verb hinzu, jedoch in einer völlig anderen Zeitform – dem Perfekt im Passiv, also in der vollendeten Vergangenheit. Young's Literal Translation hat dies richtig erfasst und das Ergebnis liest sich so: »Was du auf Erden bindest, wird sein, wie es auch *im Himmel gebunden ist; und was du auf Erden löst, wird sein, wie es auch im Himmel gelöst ist.«*

Wovon Jesus hier spricht, ist, dass du auf sein vollbrachtes Werk im Himmel – auf alles, was im Himmel bereits gebunden und gelöst ist – zugreifst und es in physischer Form (Fleisch) auf die Erde bringst. *»Was du auf Erden bindest, wird sein* (kommt hier in Existenz), *wie es auch im Himmel gebunden ist. Und was du auf Erden löst, wird sein* (kommt hier in Existenz), *wie es auch im Himmel gelöst ist.«* Im Himmel ist Heilung bereits erworben und bezahlt. Sie ist eine geistliche Realität. Wenn du im Geist und in der Wahrheit (in deiner geistlichen Identität, deiner Felsenmann-Identität) zu Gott kommst, hast du Zugriff auf jeden geistlichen Segen. Du greifst auf das Unendliche zu, du greifst auf das Geistliche zu. Und das lehrt uns, was zu tun ist, nämlich diesen geistlichen Segen auf der Erde in Existenz zu sprechen, ihn in diese physische Welt hinein zu sprechen. »Ich setze Heilung in dir frei, im Namen Jesu. Ich setze Wohlergehen auf dich frei, im Namen Jesu.« Du sprichst aus deiner geistlichen Identität heraus, aus der Identität, die Zugriff auf die Dinge des Himmels hat – die Segnungen, die Jesus am Kreuz zur Vollendung gebracht hat.

»Was du auf Erden bindest, wird sein.« Interessanterweise könnte das Matthäusevangelium ursprünglich tatsächlich sowohl in der griechischen als auch in der hebräischen Sprache geschrieben worden sein. Es gibt sehr alte hebräische Manuskripte des Matthäusevangeliums. Und im Hebräischen steht in diesem Vers nicht: *»Ich werde dir die Schlüssel des Himmelreichs geben; und was du bindest ...«* Vielmehr steht dort: *»Ich werde dir Äußerungen geben, und was du auf Erden bindest, wird sein.«* Dieses Binden und Lösen geschieht durch die Zunge. Du sprichst die Realität des Himmels aus, greifst mittels deiner geistlichen Iden-

tität auf den Himmel zu, und was du aussprichst, wird sein, weil es von Jesus bereits erworben und bezahlt worden ist.

Genau das ist damit gemeint. Es erfordert jedoch eine völlig veränderte Denkweise darüber, wie du dich selbst siehst, denn dir wurde große Autorität und der Zugriff durch deine geistliche Identität gegeben. Ich kann schon hören, wie Leute zu mir sagen: »Nun ja, Pastor, wir sind Wesen aus Fleisch und Blut. Wir sind beides, Fleisch und Blut *und* Geist-Wesen.« Und da stimme ich dir zu. Wenn es deinem Körper schlecht geht, geht es auch dir schlecht. Das Problem dabei ist, sobald du dem Fleisch und dem Geist den gleichen Stellenwert zumisst, wird die geistliche Identität verlieren, weil alles um dich herum das fleischliche Ich bestärkt, die Bedürfnisse des Fleisches, die Schwächen des Fleisches. Was sollen wir essen, was sollen wir trinken? Mir ist kalt, mir ist heiß, sieh nur, wie ich mich verhalte, und immer so weiter. Die ganze Welt instruiert dich über deine fleischliche Identität. Nur Jesus sagt: »*Trachte zuerst nach dem Reich Gottes und seiner Gerechtigkeit* (Gerechtigkeit als ein Geschenk; Gerechtigkeit als eine Identität) *und alle diese Dinge werden dir hinzugefügt.*«

Lass mich dir helfen, das zu begreifen. Sage laut: »Ich bin ein Geist-Wesen. Ich habe einen Körper aus Fleisch. Meine geistliche Identität ist meine wahre Identität. Mein Geist ist mit Jesus verbunden. Ich bin in ihm. Er ist in mir. Mein Geist ist vollkommen und ich besitze Gottes Gerechtigkeit. Er gab sie mir als Geschenk. Ich sitze mit Christus im Himmelreich. Ich bin in diesem Moment mit dem Himmel verbunden. Ich berühre das Unendliche. Ich habe Zugriff auf jeden geistlichen Segen. Alle diese Segnungen gehören mir. Mein Geist berührt sie. Ich kann diese Segnungen lösen und in mein Leben freisetzen. Gott will, dass ich sie löse. Jesus sagte mir, ich solle sie lösen, denn er liebt mich und sie gehören mir. Ich setze Heilung in meinen Körper frei. Ich löse meine

Heilung. Ich setze Heilung in mein Herz frei. Ich setze Heilung in meine Muskeln frei. Ich setze Heilung in meine Knochen frei und in meine Haut. Ich betrete den Himmel, Jesus gab mir die Schlüssel. Sie gehören mir.«

Und weiter: »Ich setze Wohlergehen in mein Zuhause frei. Ich setze finanzielle Unabhängigkeit in mein Zuhause frei. Ich setze mehr, als ich brauche, in meinen Haushalt frei, damit ich ein Segen sein kann und weil Papa mich liebt. Ich setze Wohlergehen in meine Kinder frei und in die Kinder meiner Kinder bis in die tausendste Generation. Meine Kinder werden gedeihen. Ich setze Heilung in meine Psyche frei. Ich setze Heilung in mein Denken frei. Ich bin in Papas Liebe gebadet. Er sieht mich in diesem Moment und er liebt mich. Ich bin frei von meinen Fehlern der Vergangenheit. Mir ist für immer vergeben. Meine Seele ist ruhig. Mein Herz ist voll. Meine Freude fließt über. Er sättigt mich mit guten Dingen. Ich setze auf mein Leben gute Dinge und große Zufriedenheit frei. Jesus sagte, ich könne das tun, also tue ich es. Und was ich heute gelöst habe, wird sein, weil es im Himmel von Jesus bereits gelöst wurde.«

Mit Sündern essen

Als Jesus weiterging, sah er einen Mann namens Matthäus am Zoll sitzen und sagte zu ihm: Folge mir nach! Da stand Matthäus auf und folgte ihm. Und als Jesus in seinem Haus beim Essen war, kamen viele Zöllner und Sünder und aßen zusammen mit ihm und seinen Jüngern. Als die Pharisäer das sahen, sagten sie zu seinen Jüngern: Wie kann euer Meister zusammen mit Zöllnern und Sündern essen? Er hörte es und sagte: Nicht die Gesunden brauchen den Arzt, sondern die Kranken. – Matthäus 9,9–12 EÜ

Diese Schriftstelle ist dein Leitfaden und hilft dir dabei, einige heilige Kühe aufzuspüren und sie zu schlachten. In Matthäus 9 wurde der gelähmte Mann zu Jesus gebracht, und Jesus vergab ihm alle seine Sünden, ohne dass dieser Mann seine Zustimmung gegeben hätte. Der Mann sagte zu keinem Zeitpunkt, dass es ihm leid tue, er bat Jesus nicht um Vergebung, bekannte nicht seine Sünden und arbeitete sich auch nicht in Tränen aufgelöst bis zu einem Altar vor. Er kam einfach in die Gegenwart Jesu und Jesus sagte zu ihm: »Deine Sünden sind dir vergeben.« Die religiösen Menschen fühlten sich zutiefst beleidigt. Warum? Weil Jesus das religiöse System umging, bei dem man durch eigenes Zutun rein wurde, ein System, dem sie ihr ganzes Leben gewidmet hatten und das ihre Beziehung zu Gott definierte. Jesus machte Vergebung viel zu einfach. Er machte sie zu einem Akt der Gnade.

Gott vergibt Menschen ohne deren Zustimmung. Er vergab dir ohne deine Zustimmung. Tatsächlich hat Gott bereits der ganzen

Welt vergeben und beschäftigt sich nicht länger mit dem Thema Vergebung. Er vergab dir einmal, und er wird dir nicht erneut vergeben. Er tat es vor über 2000 Jahren, als Jesus die Sünde der ganzen Welt auf sich nahm. Der Hebräerbrief sagt in Kapitel 10, dass er sich setzte, nachdem er dieses Opfer gebracht hatte. Das Werk der Vergebung ist getan. Unsere Aufgabe ist es, sie anderen Menschen gegenüber auszusprechen, damit diese an Jesus glauben und ewiges Leben haben können.

Jesus verärgert religiöse Menschen, indem er Gnade austeilt; unverdiente, nicht erarbeitete, viel zu einfache Vergebung. Die religiösen Menschen macht das wütend. Aber halt – Jesus ist noch nicht damit fertig, sie zu verärgern. Er verlässt jenen Ort, geht ein Stück weiter, und die Menschen folgen ihm, um zu sehen, was er als Nächstes tun wird. Er schaut umher, um die widerwärtigste, hinterhältigste, am meisten verachtete und verhasste sündige Person zu finden, die es gibt. Er erblickt Matthäus, den Zöllner, in dessen Zollhaus. Perfekt. Absolut perfekt. Tiefer als ein Zöllner konnte man im Ansehen nicht mehr sinken. Die Tatsache, dass Matthäus sich in einem Zollhaus befand, sagt uns deutlich, welche *Art* von Zöllner er war. Er war ein *Mokhes*; er zog Wegezölle und Handelsabgaben ein – für jede Art von Handel. Wurde etwas auf Rädern bewegt, konnte er es besteuern. Dabei konnte er den Steuersatz praktisch selbst festlegen. Es war ein einträgliches Geschäft. Wolltest du die Straße befahren, ließ Matthäus dich dafür bezahlen. Ein Teil der Einnahmen ging an die Römer, den Rest behielt er für sich. Es war reiner Profit. Wenn jemand sich weigerte zu zahlen oder wenn er Schwierigkeiten machte, standen Matthäus römische Soldaten zur Verfügung, die solche Leute in die Mangel nahmen, sie verprügelten und durch Einschüchterung zur Zahlung zwangen.

Wenn etwas mit der Mafia der heutigen Zeit vergleichbar ist, dann dieses System. Zöllner waren verhasst, und das aus gutem Grund. Sie waren religiös unrein, sie durften den Tempel nicht betreten, sie waren Ausgestoßene und wurden allgemein verachtet. Jesus, mit der Menschenmenge im Schlepptau, sieht Matthäus, diesem kleinen Betrüger, diesem zwielichtigen, Witwen betrügenden, verachtenswerten Mann in die Augen und sagt zu ihm: »Folge mir. Lass uns gemeinsam gehen. Lass uns Zeit miteinander verbringen.« Wir wissen nichts über die Unterhaltung, weil sie nicht festgehalten wurde, doch an irgendeinem Punkt sagt Matthäus zu Jesus: »Komm doch zu mir in mein Haus zum Abendessen.« Und Jesus nimmt diese Einladung an.

Den Leuten verschlägt es den Atem. Allen Leuten verschlägt es den Atem. Normalen Leuten. Religiösen Leuten. Jedem bleibt die Luft weg. Auch dir wäre es so ergangen. Ich kann dir diese Situation gar nicht so beschreiben, dass du erfassen könntest, wie empörend und anstößig es war, als Jesus sich mit Matthäus und seinen betrügerischen, zwielichtigen Mafiafreunden zum gemeinsamen Abendessen niedersetzte. Wenn man zu der Zeit Jesu gemeinsam mit einer Person aß, sagte man damit: »Du und ich, wir sind befreundet.«

Die Menschen, insbesondere die religiösen Menschen, hätten sich an ihrem Essen verschluckt. Hätten sie Jesus als den Sohn des lebendigen Gottes anerkannt, hätten sie sich erst recht verschluckt. Jeder weiß schließlich, dass Gott sich nicht in der Gesellschaft von Sündern aufhalten kann. Er kann es nicht tun. Seine Natur lässt es nicht zu. Gott hat keine Gemeinschaft mit unheiligen Gefäßen. »Gott ist ein heiliger Gott.« Er kann keine Gemeinschaft mit sündigen Menschen haben. Er kann nicht mit unwürdigen, unbußfertigen Menschen zusammen sein. Warum? Weil er heilig ist.

Wenn du religiöse Menschen bittest, Gottes Natur in einem Wort zu beschreiben, werden die meisten kurz nachdenken und sagen, dass Gott heilig ist. Er offenbart sich selbst als ein heiliger Gott. Die Engel umkreisen auf Gott blickend den Thron und sagen unaufhörlich: »Heilig, heilig, heilig.« Ich stimme dir zu, dass Gott ein heiliger Gott ist. Doch die meisten Menschen, die sagen, Gott sei heilig, meinen damit, dass er blitzsauber ist. Die Heiligkeit der westlichen Welt ist gleichbedeutend mit Moralität; sie bedeutet Sündlosigkeit. Wenn du eine Kirche besuchst, die das Wort »Heiligkeit« in ihrem Namen trägt, wie zum Beispiel die »Pfingstliche Heiligkeitsgemeinde«, wirst du eine Gemeinde vorfinden, die Heiligkeit als moralische Reinheit definiert. Die amerikanisierte Version moralischer Reinheit besteht aus Frauen, die ihr Haar nicht abschneiden lassen, keinen Schmuck und kein Make-up tragen, die Röcke tragen müssen, aber keine, die zu kurz sind, aus Männern, die Kleidung mit langen Ärmeln tragen, und aus dem Verbot von Kino, Tanzveranstaltungen, Trinken und Rauchen. Warum? Weil wir heilig sind, so wie Gott heilig ist.

Nein, das ist keine Heiligkeit. Gott ist heilig. Doch Heiligkeit hat nichts mit Tugendhaftigkeit zu tun. Ich mag Jeff Turners Definition von Heiligkeit: »Heiligkeit bedeutet Eigenartigkeit. Wörtlich bedeutet es ›Andersartigkeit‹.« Gott ist anders. Er ist so anders, dass die Engel ständig eine neue Andersartigkeit sehen, und das haut sie einfach um. Sagen wir es so: Gott existiert und pflegt Umgang in einer Art und Weise, wie es nicht-wiedergeborene Menschen nicht tun würden. Gott liebt seine Feinde. Das ergibt für Engel keinen Sinn. Gott liebt sündige Menschen. Das ergibt für Engel ebenfalls keinen Sinn. Gott behandelt Menschen nicht entsprechend ihrer Ungerechtigkeiten. Auch das ergibt für Engel keinen Sinn. Und es ergibt auch für nicht-wiedergeborene Menschen keinen Sinn. Menschen, die nicht von neuem geboren sind (und sogar Gläubige, deren Sinn nicht erneuert ist), denken, dass Gott Menschen abhängig von ihrer Schlechtigkeit »drankriegen« wird. Doch so ist Gott nicht. Er ist eigenartig. Weißt du, was ihn so eigenartig macht? Es ist die Liebe.

Die neutestamentliche Enthüllung Gottes beschreibt ihn mit einem anderen Wort. Das Hauptmerkmal Gottes ist nicht seine Heiligkeit; *das Hauptmerkmal Gottes ist, dass er Liebe ist.* Die Bibel sagt, Gott zu kennen bedeutet, Liebe zu kennen. 1. Johannes 4,8: *»Wer nicht liebt, der hat Gott nicht erkannt; denn Gott ist Liebe.«* Gott zu erkennen, Gott zu verstehen, bedeutet zu wissen, dass sich bei ihm alles um Liebe dreht. Jede seiner Handlungen wird von Liebe bestimmt. Er tut nichts ohne Liebe. Er empfindet vollkommene Liebe für dich. Und deine Sünden beeinträchtigen seine Liebe in keiner Weise.

Eine der heiligen Kühe der Christenheit ist die Ansicht, dass deine Sünde Gottes Fähigkeit, mit dir zusammen zu sein, beeinträchtigt und sich sogar auf *seinen Wunsch*, mit dir zusammen sein zu wollen, auswirkt. Das ist ganz und gar falsch. Geh zurück zu Adam und Eva. Fälschlicherweise wird die Geschichte häufig so aufgefasst, dass Adam und Eva sündigten, indem sie die verbotene Frucht aßen. Gott sah, dass sie gesündigt hatten und wurde wütend auf sie. Er warf sie zur Strafe aus dem Garten Eden hinaus und war fortan nicht mehr in der Lage, Gemeinschaft mit ihnen zu haben, denn *nun* befanden sie sich in einem gefallenen Zustand. Falsch!

Adam und Eva sündigten, das ist richtig. Und gleich nachdem sie gesündigt hatten, kam Gott zu ihnen, wie er es immer tat, und rief: »Adam, wo bist du?« Vor ihrem Fall hatten Adam und Eva eine vertraute Liebesbeziehung gehabt; sie waren nackt vor Gott und auch Gott war ihnen gegenüber unverhüllt; es gab keine Scham – nur uneingeschränkte Liebe. Für gewöhnlich kam er in den Garten und sie liefen zu ihm, um an seiner Liebe teilzuhaben, um zu lieben und geliebt zu sein. Die Menschheit, geschaffen nach seinem Bild, war eine Erweiterung seiner Familie. Gott als Vater, Sohn und Heiliger Geist liebten einander in vollkommener Harmonie, und diese Dreieinigkeit schuf dich und mich, um an der Liebe der Gottheit teilzuhaben.

Als Adam sündigte, wurde Gottes Liebe dadurch nicht gestört. Gott wusste, dass Adam gesündigt hatte. Und wie war seine Reaktion? Er reagierte so, dass er zum Garten kam, wie er es immer tat, um Gemeinschaft mit seinen Kindern zu haben. Die Sünde war kein Hindernis, das Gott die Fähigkeit nahm, uns zu lieben. Die Sünde beeinträchtigte nicht Gottes Wunsch oder Fähigkeit, zu lieben. Doch sie zerstörte etwas in unserem Denken. Sie impfte unsere Psyche mit Schuld und Scham, und diese Schuld und Scham ließen uns vor Gott weglaufen. Gott lief nicht vor uns weg. Wir liefen vor Gott weg. Wir versteckten uns vor ihm, doch Gottes Liebe war ungebrochen. Er hörte nie auf, uns zu lieben, trotz unserer Sünde.

Er fertigte Kleidung für sie an, und ja, er entfernte sie aus dem Garten Eden, aber warum? Er tat es, damit sie nicht vom Baum des Lebens essen und für alle Zeit in einem gefallenen Zustand leben würden. Gottes Liebe schwankte zu keiner Zeit. Gott wollte noch immer, dass wir seine Liebe empfangen, doch unsere Schuld und Scham ließen uns im Versteck verharren. Wir dachten, Gott sei zornig, und wir denken, dass Gott immer noch zornig ist. Die gute Nachricht ist: Gott ist nicht zornig auf dich. Er liebt dich. Empfange seine Liebe. Das ist sein Ziel für dich – dich an einen Punkt zu bringen, wo du an der Liebe seiner Gottheitsfamilie teilhaben kannst, wo du seine Liebe empfangen und, angeschlossen an den Kreislauf der Liebe, ihn zurücklieben kannst.

Wenn du denkst, dass Sünde Gottes Meinung über dich ändern kann, dass sie die Art und Weise, in der Gott mit dir eine Beziehung haben kann oder haben *will*, verändert, dann kennst du Gott nicht. Hör auf, Sünde zu einem Abgott zu machen. Hör auf zu glauben, dass du durch Sünde nicht länger liebenswert für ihn bist. Sünde ist für Gott nicht wie Kryptonit, das »Mineral«, in dessen Nähe Superman sich nicht aufhalten konnte. Gott kommt nicht ins Zimmer und sagt: »Ich … halte … es … nicht … aus; einfach … zu … viel … Sünde …, ich … muss … hier … weg. Sie … könnte … mich … befallen.« So ist es nicht. Das ist eine falsche Vorstellung von der Sünde und auch eine falsche Vorstellung von Gott.

Gott liebt Menschen – alle Menschen. Und Jesus zeigte uns, wie Gott mit sündigen Menschen umgeht. Er hält sich von ihnen nicht fern; er kommt zu ihnen und hat Gemeinschaft mit ihnen. Er suchte Matthäus und dessen schmarotzerhafte, widerliche, betrügerische Freunde auf und verbrachte Zeit mit ihnen. Er lachte mit ihnen. Er offenbarte ihnen das Königreich. Er sagte und zeigte ihnen, wie Gott wirklich ist. Hieß Gott ihre Sünde gut? Nein. Aber das Mittel gegen Sünde ist nicht eine Liste von Regeln, die zu befolgen sind. Matthäus und seinen Freunden war diese Liste (in Form des Gesetzes) gegeben worden, sie kannten diese Liste und sie half ihnen nicht. Das Mittel gegen Sünde ist Gemeinschaft mit Gott. Wenn du in Gottes Nähe kommst, fängst du an, an seiner Liebe teilzuhaben, und das wird dazu führen, dass du allmählich deinem himmlischen Papa gleichst. Du wirst anfangen, wie Gott zu lieben, wenn du seine Liebe zur dir erfährst. Die Sache ist die: Du musst eine ungefähre Vorstellung davon bekommen, wie wertvoll du für deinen himmlischen Papa bist. Die meisten von uns kennen ihren Wert nicht besonders gut.

Jesus beschrieb dich einmal als eine kostbare Münze, die verloren gegangen war (siehe Lk 15,8). Er sagte, eine Frau hatte zehn Münzen und eine davon ging verloren. Der Moment, in dem Adam und Eva sündigten, war der Moment, in dem Gott die Münze verlor. Und sieh dir an, wie Gott hierüber im Herzen empfindet. Der Frau reichte es nicht zu sagen: »Nun ja, ich habe ja noch neun weitere Münzen.« Nein, sie macht sich auf eine umfassende Suche, die sie erst beenden wird, wenn sie findet, was sie verloren hat. Warum? Warum tut sie das? Weil die Münze wertvoll ist. Sie hat einen Wert. Sie ist kostbar. Und die Tatsache, dass sie in den Schmutz gefallen ist, macht sie nicht weniger wertvoll. Nur weil die Münze in den Schmutz fällt, macht der Schmutz sie nicht ebenfalls zu Schmutz. Sie ist im Schmutz genauso wertvoll wie sie es war, als sie noch nicht im Schmutz lag. Sie besitzt immer denselben Nenn- und Eigenwert, ob sie nun schmutzig ist oder nicht.

Jesus sagt in diesem Gleichnis, dass die Frau ein Licht anzündet und dass sie das Haus kehrt. Die Häuser zu der Zeit Jesu hatten einen Lehmboden. Diese Frau geht also auf ihre Hände und Knie und durchsucht den Schmutz. Der Schmutz macht ihr überhaupt nichts aus. Ihre Hände kommen damit in Berührung, ihre Knie auch; die Frau lässt sich hinunter zu dem Ort, wo die Münze ist, so wie auch der Sohn Gottes an den Ort hinuntergeht, an dem wir sind. Er kam auf die Erde, um was zu tun? Um zu suchen und zu retten, was ihm verloren gegangen war. Das bist du. Und als er dich fand, freute er sich. Warum? Weil du wertvoll für ihn warst. Du bist so wertvoll.

Ich bin nicht der Wurm, als den mein konfessionelles Erbe mich bezeichnet. Du bist nicht der Wurm, als den deine Glaubensgemeinschaft dich bezeichnet. Gott bestimmt dich nicht nach dem Schmutz. Du wurdest nicht von einer kostbaren Münze zu einem Wurm, als du in Sünde fielst. Du bist immer noch kostbar. Gott ist von deiner Sünde kein bisschen eingeschüchtert, auch nicht von deiner Schuld, nicht von deiner Scham und nicht von deinem Schmutz. Er sieht dich an, selbst dann, wenn du mitten in deiner Sünde steckst, und liebt dich frei von Verurteilung oder Verdammnis. Das ist die Kraft seiner Liebe zu dir. Das ist die Kraft dessen, was Jesus für dich getan hat.

Wir verstehen das nicht, also halten wir uns weiter versteckt vor Gott und seiner Liebe. Wir sagen in unseren Gebeten dumme Dinge wie: »Oh Gott, wir sind deiner Liebe nicht würdig, wir sind deiner Segnungen nicht würdig.« Nein. Falsch. Die Gottheit ist nicht dumm. Was wir meinen, wenn wir sagen, »wir sind nicht würdig«, ist: »wir sind es nicht wert.« Wir sind das Kommen und Sterben Jesu nicht wert. Dies ist eine fette, hässliche religiöse Kuh, die dich davon abhält, die Liebe von Papa-Gott auszukosten. Und diese Kuh muss sterben. Jesus dachte, dass du es wert bist. Wie kannst du also sagen, dass er damit falsch lag? Tatsächlich präsentierte der Apostel Paulus die gute Nachricht von Jesus einmal einer jüdischen Zuhörerschaft, doch diese konnte seine Botschaft nicht annehmen. Und er sagte zu den Juden: »*Euch musste das Wort Gottes zuerst verkündigt werden; da ihr es aber von euch stoßt und euch selbst des ewigen Lebens nicht würdig achtet, siehe, so wenden wir uns zu den Heiden*« (Apg 13,46).

Die religiöse Denkweise ist darauf programmiert zu glauben, dass wir nicht würdig sind. Doch Gott dachte, dass du selbst dann seiner Liebe würdig warst, als du ihn nicht zurückliebtest. Der Schmutz macht dich nicht zu Schmutz. Der Schmutz beeinträchtigt deinen Wert nicht. Das zweite Mitglied der Dreieinigkeit, Jesus selbst, ging auf Frauen zu, die ihren Körper für Sex verkauften, und auf Betrüger wie Matthäus und Zachäus, die kleine alte Damen um ihr letztes Geld betrogen, und verbrachte Zeit mit ihnen.

Warum? Weil sie alle Würmer waren? Nein, er tat es, weil sie alle Münzen sind. Sie sind wertvoll. Du bist wertvoll. Und selbst in deiner Sünde liebt Jesus dich. Jesus verbringt gerne Zeit mit dir. Er möchte, dass du weißt, wie sehr du von der gesamten Dreieinigkeit geliebt wirst – von Papa, Sohn und Heiliger Geist. Sie wollen ihre Liebe in dich ausgießen, damit du aufhörst, dich hinter Eigenanstrengung und religiösen Fassaden zu verstecken, damit du deinen Wert kennenlernst und dich in den Kreis der Liebe einreihst, der aus der Gottheit besteht.

Jesus findet also Matthäus; den betrügerischen, durchtriebenen Matthäus. Und der Sohn Gottes, Gott selbst, setzte sich mit Matthäus und seinen sündigen Freunden zum gemeinsamen Abendessen hin. Er schenkte Matthäus Liebe und erzählte ihm, wie Gott wirklich ist. Und Matthäus, der Betrüger und Berechnende, war danach nie mehr derselbe.

Die religiösen Menschen schauten zu und sagten: »Warum isst er mit Zöllnern und Sündern?« Und Jesus sagte (Mt 9,11): *»Nicht die Starken brauchen den Arzt, sondern die Kranken. Geht aber hin und lernt, was das heißt: ›Ich will Barmherzigkeit und nicht Opfer‹. Denn ich bin nicht gekommen, Gerechte zu berufen, sondern Sünder zur Buße«* (um ihre Denkweise über Gott zu ändern) – um dein verseuchtes Denken zunichte zu machen, das dich glauben lässt, Gott sei zornig und du seist seiner Liebe nicht würdig.

»Die Kranken brauchen einen Arzt.« Frage einen religiösen Menschen, um welche Krankheit es sich handelt, und er wird dir als Antwort Sünde nennen. Sünde ist die Krankheit. Nein, Sünde ist nicht die Krankheit. Sünde ist ein Symptom der Krankheit. Die Krankheit selbst ist der zerbrochene Teil unseres Ichs, der vor Gottes Liebe davonläuft und uns daran hindert, sie annehmen zu können.

Jesus sagt religiösen Menschen (Menschen, die hart arbeiten, um für Gott annehmbar zu bleiben, indem sie religiöse Dinge tun): »*Geht und lernt, was das heißt – ich will Barmherzigkeit und nicht Opfer.*« Jesus zitierte damit Hosea 6,6 aus dem Alten Testament. Das alttestamentliche Wort für Gnade ist *häsäd*. Oftmals wird es als »Güte« übersetzt. In Hosea 6,6 sagt Gott: »Ich will *häsäd* und nicht Opfer.« Ich will Gnade, keine Opfer. Opfer bringt man, um sich für Gott annehmbar zu machen. Es ist ein äußerlicher religiöser Brauch. Das ist nicht das, was Gott will. Er möchte nicht auf der Grundlage von äußerlichen religiösen Sitten und Gebräuchen eine Beziehung zu uns herstellen. Er möchte mit uns eine Beziehung haben, die auf Gnade, auf unverdienter Gunst basiert. Das Kernstück der Gnade ist die Liebe.

Papa sagt: »Lass mich dich einfach lieben. Der Wunsch meines Herzens ist *häsäd*. Ich möchte liebende Güte und Gnade in dich ausgießen. Ich möchte, dass du weißt, wie es ist, in dem Ozean meiner Liebe zu schwimmen. Du bist es wert. Du bist die kostbare Perle. Du bist eine wertvolle Münze, die ich vor 6000 Jahren verloren habe. Du bist verloren gegangen und konntest deinen Weg zu mir zurück nicht finden. Doch ich kam, um dich zu suchen. Ich habe mich auf Händen und Knien in den Schmutz hinabgelassen und dich gefunden. Und ich freute mich, als ich dich fand. Ich habe dich gereinigt und dich wieder an mich genommen. Ich werde dich nie wieder verlieren. Ich empfinde nichts als Liebe für dich. Ich liebe dich.«

Fasten – Matthäus 9

Da kamen die Jünger des Johannes zu ihm und sprachen:
Warum fasten wir und die Pharisäer so viel, deine Jünger
aber fasten nicht? Und Jesus sprach zu ihnen: Können die
Hochzeitsgäste trauern, solange der Bräutigam bei ihnen ist?
Es werden aber Tage kommen, da der Bräutigam von ihnen
genommen sein wird, und dann werden sie fasten. Niemand
aber setzt einen Lappen von neuem Tuch auf ein altes
Kleid, denn der Flicken reißt von dem Kleid, und der Riss
wird schlimmer. Man füllt auch nicht neuen Wein in alte
Schläuche, sonst zerreißen die Schläuche, und der Wein wird
verschüttet, und die Schläuche verderben; sondern man füllt
neuen Wein in neue Schläuche, so bleiben beide miteinander
erhalten. – Matthäus 9,14–17

Da kamen die Jünger des Johannes zu ihm und sprachen: Warum fasten wir und die Pharisäer so viel, deine Jünger aber fasten nicht?« (Vers 14). Es sind die Jünger von Johannes dem Täufer, die hier zu Jesus kommen, und sie wollen wissen, weshalb Jesus und seine Jünger nicht an dem religiösen Brauch des Fastens teilnehmen, sich also nicht der Nahrung enthalten. Das ist es, was religiöses Fasten bedeutet.

An einem Punkt in meinem Leben praktizierte ich religiöses Fasten. Ich nahm Fasten sehr ernst. Ich schrieb eine Broschüre über das Fasten (die niemand jemals lesen sollte, weil sie völlig falsch ist!). Ich fastete drei Tage, sieben Tage, einundzwanzig Tage lang. Ich fastete vierzig Tage lang. Es gab sogar Jahre, in denen ich als Lutheraner von Aschermittwoch (dem Beginn der Fastenzeit) bis Ostersonntag fastete. Das waren nicht nur vierzig Tage, sondern ganze vierundsechzig Tage. Ich wollte nämlich besser sein. Ich war ein Ehrgeizling. Ich trank nur Saft und nahm ansonsten nichts zu mir. Ich gab mich nicht mit kümmerlichem »Daniel-Fasten« ab. Zum Teil tat ich es, weil es mir das Recht gab, damit anzugeben, was man aber geschickt anstellen muss. Du darfst dich beim Prahlen nicht erwischen lassen, du kannst es aber in eine Unterhaltung einbauen. »Ich faste besser. Ich faste länger als du.«

Ich gewinne gern. Solltest du jemals Monopoly mit mir spielen, wirst du das herausfinden. Keine Gnade. Ich brachte meine Kinder zum Weinen, als sie klein waren, indem ich sie beim Monopolyspiel schlug. »Du bist auf der Parkstraße gelandet. Jetzt bist du draußen. Tut mir leid, ich gewinne, du verlierst.« Ich war ein Streber und ich fastete wie ein Streber. Fasten ist schauderhaft. Lange Fastenzeiten sind schauderhaft und gefährlich. Mir ging es also miserabel und ich fastete wie ein Verrückter. Ich fastete, um zu »gewinnen«. Ich regte mich über Leute auf, die nicht mit mir fasten wollten oder die nicht wenigstens eine kürzere Fastenzeit in Betracht zogen, denn ich dachte bei mir: »Ich arbeite hart, um Gott nahezukommen und fühle mich erbärmlich dabei. Und ich finde, jeder sollte sich so erbärmlich fühlen wie ich.«

Wir können uns alle gemeinsam erbärmlich fühlen bei dem Versuch, Gott nahe zu kommen, bei unseren Bemühungen, unser Leben unter Kontrolle zu bringen, Gott zum Handeln zu bewegen, heiliger zu werden, um ein besonderes Wort von Gott zu hören. Ich werde mich doppelt so sehr anstrengen, damit meine Motive den Menschen gegenüber rein sind; keine Gier, keine Missgunst, kein Ärger, keine Lust, einfach nur stilles Leiden. Wenn du alles richtig machst, sagt Jesaja 58,9: »*Dann wirst du rufen, und der Herr wird antworten; du wirst schreien, und er wird sagen: Hier bin ich!*«

Siehst du, das war das Ziel – mit Gott zusammenzutreffen. Gott würde dann sagen: »Hier bin ich.« Ich wollte, dass Gott sagt: »Hier bin ich!!« Ich fühlte mich ihm so fern. Es bedurfte meiner Anstrengung, um ihm nahezukommen. Es musste für ihn erkennbar sein, dass ich ihn ernsthaft wollte, denn nur diejenigen, die ihn von *ganzem* Herzen und mit *ganzer* Kraft suchen, werden ihn finden.

Okay, das ist alles falsch. Fasten ist Teil der Beziehung, die Israel mit Gott unter dem alten Bund hatte. Es gehört nicht zu der Beziehung, die du mit Papa unter dem neuen Bund hast. Mir ist klar, dass diese Aussage einige Leute wütend macht; doch lass mich dir die Argumente hierfür liefern, denn Jesus hat etwas für uns, das weitaus besser als Fasten dazu dient, dir selbst zu zeigen, dass dein Fleisch nicht die Herrschaft über dich hat.

Wir denken, dass sich bei den Menschen des Alten Testaments alles ums Fasten drehte. Alle taten es ständig. Gott verlangte es häufig und es war ein Weg, um Gott nahe zu kommen. Weißt du, dass Gott es in Wahrheit nur einmal im Jahr von seinem Volk verlangte? 3. Mose 16,29–30: »*Und das soll eine ewig gültige Ordnung für euch sein: Am zehnten Tag des siebten Monats sollt ihr eure Seelen demütigen und kein Werk tun, weder der Einheimische noch der Fremdling, der in eurer Mitte wohnt. Denn an diesem Tag wird für euch Sühnung erwirkt, um euch zu reinigen; von allen euren Sünden sollt ihr gereinigt werden vor dem Herrn.*« Die Redewendung »die Seele demütigen« ist eine Umschreibung für Fasten. Das hebräische Wort für »Seele« bedeutet an dieser Stelle auch »Appetit«. Du siehst also, wie sie auf Fasten kamen; du sollst deinen Appetit zügeln.

Dies ist die einzige Stelle im Gesetz Moses, in der von Gottes Volk ausdrücklich das Fasten verlangt wird. Und welchen Tag hatte der Herr für dieses Fasten bestimmt? Den Versöhnungstag, der

Tag, an dem die Sünden der gesamten Nation durch das von dem Priester dargebrachte Sündopfer gesühnt wurden. Die Menschen sagten mit ihrem Opfer: »Wir haben Mangel.« In uns fehlt etwas. Unsere Seelen hungern nach Gerechtigkeit, genauso wie unsere Körper gerade jetzt nach Nahrung hungern. Unsere Seelen sehnen sich danach, gesättigt zu werden.

Als ich kürzlich hierüber las und nachdachte, hatte ich ein wirklich großartiges Erlebnis. Ich bekam ein starkes Wort vom Heiligen Geist, in dem er zu mir sagte: »Greg, das Fasten im Alten Testament ist ein Bild für den Mangel der Menschen in jedem Bereich ihres Lebens.« Sie taten es, weil Gott sie dazu aufforderte, aber Gott ließ sie fasten, damit sie uns als bildliche Darstellung von Mangel dienen. Und dieses Bild endet nicht mit dem Fasten (dem Mangel). Am Versöhnungstag fasteten die Menschen. Was beendete das Fasten (den Mangel)? Nun, das Fasten hört auf, sobald die Sühnung erfolgt ist. Nachdem das Sündopfer erbracht ist, nachdem das Lamm geopfert ist, ist der Mangel verschwunden. Man hört auf zu fasten. Man beginnt mit dem Feiern. Es ist ein Bild. Wenn Jesus kommt, ist der Mangel verschwunden.

In Israel breitete sich der religiöse Brauch des Fastens schnell als etwas »Heiliges« aus, das man tun konnte. Die Menschen begannen zu fasten und fasteten immer länger. Sie zerrissen ihre Kleidung und streuten Asche über sich. Das Fasten wurde Teil der regelmäßig wiederkehrenden Verrichtungen ihres religiösen Lebens, sodass die Pharisäer zwei bis drei Tage pro Woche fasteten. Die Jünger des Johannes taten das Gleiche. Als Johannes' Jünger zu Jesus kamen, sagten sie: »Wie kommt es, dass wir und die Pharisäer so viel (ständig!!) fasten, aber deine Jungs fasten gar nicht?«

Während seines gesamten Dienstes fastete Jesus nur ein einziges Mal, und zwar, als er hinaus in die Wüste ging. Das war am Anfang seines Dienstes. Was passiert zu Beginn seines Dienstes?

Jesus wird im Jordan getauft. Braucht Jesus eine Taufe oder eine Reinigung von Sünden? Nein, er nimmt deinen Platz ein. Er tut Buße für deine Sünden und nimmt das Reinigungsbad für dich, an deiner Stelle. Was geschieht dann? Er geht hinaus in die Wüste, um dort vom Teufel versucht zu werden. Er wird auf jede erdenkliche Weise versucht, wobei er deine Versuchungen auf sich nimmt. Während er dort draußen ist, fastet er vierzig Tage lang. Die Zahl Vierzig steht für eine Prüfung, die mit Gnade endet. Vierzig Tage Regen enden für Noah mit einem neuen Bund und einem neuen Anfang. Vierzig Jahre in der Wüste enden für das Volk Israel im verheißenen Land. Jesus fastet vierzig Tage lang in der Wüste. Er erleidet unsere Zeit des Mangels, unser Leben der Bedürftigkeit. Und als die vierzig Tage verstrichen sind, ist diese Zeit des Mangels vorbei. Er hat deinen Mangel auf sich genommen.

Und dann kommt er aus der Wüste zurück und teilt, wohin er auch geht, seine Versorgung aus. Menschen, die hungrig sind – er speist auf auf wundersame Weise. Menschen, die krank sind – er heilt sie, indem er sie durch Wunder wiederherstellt. Menschen, die in Sünde gefangen sind – er vergibt ihnen mit übernatürlicher, völlig unverdienter Vergebung. Ihnen wird vergeben, ohne dass sie sich miserabel fühlen und ihren Beitrag leisten müssen, ohne Qual, ohne Fasten. Jesus hat das für dich bereits getan. Der Mangel ist beseitigt. Es ist Zeit für die Versorgung.

»Warum fastest du und deine Jünger nicht, und wir und die Pharisäer fasten ständig?« Weil das Bild des Mangels sich erledigt hat. Ein neues Bild ist jetzt da und es zeugt von Fülle. Für Jesaja lag der Sinn des Fastens hierin: »*Dann wirst du rufen, und der Herr wird antworten; du wirst schreien, und er wird sagen: Hier bin ich!*« Wenn du während deines Fastens den Punkt erreicht hattest, an dem Gott sagte: »Hier bin ich«, dann hattest du es geschafft. Du warst angekommen, denn wenn Gott kam und dir seine Aufmerksamkeit schenkte, war das die Antwort auf dein Fasten, die Antwort auf deinen Mangel. Ziel des Fastens war nicht einfach nur eine kleine Gebetserhörung. Das Ziel war, von Gott ein »Hier bin ich« zu hören.

Jesus sagt also: »Können die Hochzeitsgäste trauern, solange der Bräutigam bei ihnen ist?« Mit anderen Worten, warum solltest du fasten, wenn das Ziel deines Fastens direkt vor dir steht? »Hier bin ich.« Der Bräutigam ist hier. Die Jünger sind mit Jesus zusammen und sie haben alles, was sie brauchen. Niemand wird krank; jeder wird geheilt. Wir haben reichlich zu essen, sind mit allem versorgt und er sagt uns, dass wir rein sind und uns vergeben ist (dass Gott unsere Sünden bedeckt hat). Er überzeugt uns von unserer Gerechtigkeit. Wir erfahren die Liebe von Papa-Gott. »Der Herr ist mein Hirte, mir wird nichts mangeln.« Wenn ich keinen Mangel leide, weshalb sollte ich fasten? Gott sagt: »Hier bin ich.«

Das ist die gute Nachricht von Jesus. Du hast Gottes Aufmerksamkeit unabhängig von deinen religiösen Anstrengungen. Unabhängig von deinem religiösen Fasten oder deinen religiösen Kirchgängen. Ohne Gott anbetteln zu müssen oder irgendetwas – *irgendetwas* – tun zu müssen, damit Gott sich blicken lässt, erscheint er. Es ist sogar noch besser als das. Noch viel besser. Das Werk, das Jesus vollbracht hat, bewirkte etwas noch viel Besseres als Gottes Erscheinen immer nur dann, wenn du ihn brauchst. Es ist ganz anders als zur Zeit des Alten Testaments. Gott wird seine Beziehung zu Menschen nicht länger so führen, wie er es unter dem Gesetz des alten Bundes getan hat. Es wird eine kurze Unterbrechung von drei Tagen geben, und danach wird der ganze Himmel losbrechen.

Jesus sagt: »*Es werden aber Tage kommen, da der Bräutigam von ihnen genommen sein wird, und dann werden sie fasten*« (Vers 15). Die Tage werden kommen, da der Bräutigam von ihnen genommen wird. Ich bin mit einem Pastor befreundet, der auf diese Stelle verweist und sagt: »Nun, an diesem Punkt steht die Gemeinde heute. Jesus ist fort und deshalb fasten wir wieder. Jesus sagte, wir sollen wieder fasten, nachdem er weggegangen ist.« Nein. Die Tage, an denen der Bräutigam weggenommen wurde, waren Freitag, Samstag und Sonntagmorgen nach der Kreuzigung. Dies waren die Tage der Trauer, von denen Jesus spricht. Es waren Tage, in denen die Jünger wieder Mangel erlebten. Sie waren vermutlich so krank vor Kummer, dass keiner von ihnen aß. Es war echtes Fasten. Der Mangel war so spürbar, dass er sie einfach überwältigte. Sie waren krank vor Trauer, krank vor Zweifel, krank vor Verzweiflung, krank vor Furcht. Sie trauerten und waren voller Sehnsucht, sie weinten und zerrissen ihre Kleidung. Doch dann – *Auferstehung!* »Hier bin ich!!«

Jesus ist zurück. Er haucht seinen Atem auf sie und der Geist Gottes kommt in sie hinein; es ist etwas Neues. Es ist nicht so, als würde man einen Flicken auf ein zerrissenes Kleidungsstück nähen. Das ist eine äußerliche Lösung. Unsere Kleidung tragen wir, um unsere Blöße zu bedecken. Und Jesus sagt, dass unser Kleid der Gerechtigkeit zerrissen ist. Es hat ein Loch, wodurch unsere Blöße, unsere Scham sichtbar ist. Unter dem alten Bund, unter dem Gesetz, hätten wir erkannt, dass unser Kleid (unsere Gerechtigkeit) ein Problem hat. Dann hätten wir Gott darum gebeten, unsere Gerechtigkeit zu flicken. Doch auch ein geflicktes Gewand sieht schlecht aus.

Wir bringen uns ein bisschen in Ordnung und hoffen, dass wir nirgendwo entblößt sind, doch Jesus sagt, das Kleid ist alt. »*Niemand aber setzt einen Lappen von neuem Tuch auf ein altes Kleid*« (Vers 16). Das Kleid ist alt. Es ist voller Löcher. Es ist abgetragen, ausgefranst und zerschlissen. So sieht das Oberkleid deiner Gerechtigkeit aus. Deine Bemühungen, Gott zur Vergebung zu bewegen, und deine Versuche, die eigene Scham, die eigene Blöße zu bedecken, sind so, als würdest du abgenutzten Stoff flicken. Der Flicken mag die zerschlissene Stelle eine Zeit lang bedecken, doch der Stoff wird sich weiter auflösen. Es ist sogar noch viel schlimmer.

»Niemand aber setzt einen Lappen von neuem Tuch auf ein altes Kleid, denn der Flicken reißt von dem Kleid, und der Riss wird schlimmer.« Jesus vermittelt ihnen die Sichtweise des neuen Bundes. Er sagt: »So werden Menschen mit der Denkweise des alten Bundes versuchen, unter dem neuen Bund eine Beziehung mit mir zu führen.« Denn Jesus ist das neue Tuch. Er sagt damit, was nicht funktionieren wird – du wirst in deiner Beziehung zu mir nicht daran festhalten können, dich äußerlich mit Gerechtigkeit zu bedecken, denn damit versuchst du, lediglich ein Stück von mir zu nehmen und es für deine eigenen Zwecke zu verwenden. Jesus ist das neue Tuch. Wenn da steht, »niemand aber setzt einen Lappen von neuem Tuch auf ein altes Kleid«, bedeutet das wörtlich: »Niemand nimmt neuen Stoff, schneidet ein Stück davon heraus und benutzt dieses kleine Stück Stoff, um damit ein Loch in seiner Bekleidung zu bedecken.« Du kannst nicht einfach ein kleines Stück von Jesus nehmen und es auf dein altes, ausgefranstes Gewand der Gerechtigkeit nähen. Der Riss wird nur noch schlimmer werden.

Doch genau das hat ein großer Teil der Gemeinde getan. Genau das hat sie die Menschen zu tun gelehrt. Schritt eins: Finde die Löcher in deinem Gewand. Schau dir deine Sünde an. Sieh, wo deine Gerechtigkeit mangelhaft ist. Sieh in dich hinein. Prüfe dein Leben, prüfe dein Herz. Hast du das Loch gefunden? Gut! Schritt zwei: Bekenne es Jesus. »Jesus, ich habe ein Loch in meinem Gewand der Gerechtigkeit und ich brauche einen kleinen Flicken von deiner Gerechtigkeit, damit ich ihn aufnähen kann.« Und wenn du das tust, wenn du es sagst und es wirklich ernst meinst, dann wirst du ein kleines Stück von Jesus bekommen; du wirst ein kleines Stück Gerechtigkeit bekommen, um damit deinen Riss abzudecken – aber nur, wenn es dir wirklich ernst damit ist. Du solltest fasten – nur zur Sicherheit. Du solltest weinen und dir gegen die Brust schlagen und stöhnen und schluchzen und dich *erbärmlich* fühlen, nur damit du und er und alle um dich herum wissen, wie ernst du es meinst. Dann wird dieser kleine Flicken von Jesus fein säuberlich aufgenäht werden. Und eine Zeit lang wird Gott vielleicht sogar zu dir sagen: »Hier bin ich.« Aber dann wird er wieder fortgehen.

Und wir werden die Gegenwart Gottes verlassen (nachdem wir so hart dafür gearbeitet haben, um dorthin zu gelangen) und uns etwas besser fühlen, weil wir denken, das Loch sei bedeckt. Doch irgendwann wird der Jesus-Flicken wieder abreißen. Wir fallen wieder in Sünde und durchlaufen den gesamten Prozess des Fastens, Bittens und Bekennens erneut. »Jesus, es tut mir so leid. Ich brauche einen weiteren kleinen Flicken. Ich weiß, ich habe dich schon mal darum gebeten, bitte vergib mir, nur noch ein einziges Mal.« Und das tun wir immer und immer wieder, bis wir völlig ausgelaugt sind. Dann schauen wir auf unser altes, ausgefranstes Gewand unserer Religion und sagen: »Es ist hässlich und ich kann das nicht noch einmal tun. Je länger ich es ansehe, desto hässlicher wird es. Ich höre auf. Ich bin vom Flicken erschöpft. Ich bin müde; ich bin einfach so müde.«

Jesus sagte, dass der Riss schlimmer wird. Das ist nicht das Leben unter dem neuen Bund. Das ist nicht das Christentum. Das hat Gott für uns so nicht vorgesehen. Trotzdem ist es der Kehrreim, den so viele von uns erlebt haben. Und Freund, wenn das auf dich zutrifft und du denkst: »He, das klingt ein bisschen nach meinem Leben mit Jesus«, dann habe ich gute Neuigkeiten für dich.

Jesus sagt: »So ist es nicht. Hier ist eine Beschreibung des Lebens mit mir. Ich bin der neue Wein und du bist ein neuer Weinschlauch. Ich gebe dir nicht ein kleines Stück von mir, das du äußerlich auf dem Kleid deiner eigenen Gerechtigkeit tragen kannst; ich fülle dich bis zum Rand mit mir selbst auf.« Dazu sind zwei Dinge nötig: neuer Wein und neue Schläuche. Jesus ist der neue Wein – kräftig, zur Veredelung fermentierend, voller Freude, voller Leben, und der alte Weinschlauch, bestehend aus deinen Eigenbemühungen um Gerechtigkeit, kann ihn nicht halten. Um Jesus in dir tragen zu können, musste er dich erneuern.

Die Griechen hatten zwei verschiedene Begriffe für das Wort »neu«: *neos* und *kainos*. *Neos* wird in einem zeitlichen Rahmen verwendet. Ich hatte ein altes Paar Tennisschuhe. Nun habe ich ein neues (*neos*) Paar Tennisschuhe. Die neuen Tennisschuhe sehen genauso aus wie die alten, sie sind einfach der Zeit nach neuer und noch sauber und glänzend. Es ist das gleiche Modell, nur eben neu. Das ist *neos*. *Kainos* ist anders. *Kainos* bedeutet neu in Bezug auf Beschaffenheit. Es handelt sich dabei um etwas, das zuvor nicht existierte. Es ist etwas gänzlich und einmalig Neues. Die Bibel sagt in 2. Korinther 5,17 (LUT): »*Ist jemand in Christus, so ist er eine neue Kreatur (kainos Kreatur!); das Alte ist vergangen, siehe, Neues (kainos) ist geworden.*«

Als du an Jesus gläubig wurdest, bekamst du nicht einfach nur deine Gerechtigkeit zurück, so wie sie war, bevor Adam in Sünde fiel. Du wurdest nicht zu einer *neos* Kreatur, eine verbesserte Version des Alten, zwar frei von Schuld, aber – o weh – was passiert, wenn ich erneut sündige? Ich muss mir einen Flicken für mein Gewand der Gerechtigkeit besorgen, damit ich das Loch wieder abdecken kann.

Nein! Als du zum Gläubigen wurdest, machte Jesus dich zu einer *kainos* Kreatur, zu etwas völlig anderem, das nie zuvor existierte. Er machte dich zu etwas, das in seiner Beschaffenheit neu und perfekt und gerecht ist, zu etwas, das so vollkommen und stark ist, dass es der Gegenwart Jesu, die in dich hineingegossen wird und dich bis zum Rand füllt, standhalten kann. Jesus ist der neue Wein, und als du an ihn gläubig wurdest, machte er dich zu einem *kainos*-neugeschaffenen Weinschlauch, der nicht platzen kann. Der Schlauch ist so beschaffen, dass er ihn enthalten kann und du dabei geschützt bleibst, und er hat sich selbst in dich hineingegossen. Er hat dich gemacht. Er hat den Weinschlauch gemacht. Du hast dich nicht selbst zu einer neuen Kreatur gemacht – er tat es, und weil er es getan hat, wirst du als dieser neue Weinschlauch niemals auslaufen oder reißen. Du hast die Gegenwart der Gottheit in dir, die dich nicht verlässt.

Und darum geht es. Die ganze Dynamik zwischen dir und Gott hat sich verändert. Du kannst das alttestamentliche Verständnis hinsichtlich der Beziehung mit Gott nicht zum Teil der Realität dessen machen, was Jesus in dir bewirkt hat. Es gibt kein voneinander getrenntes Du und Gott mehr, wo du versuchst, in seine Gegenwart zu kommen und er dort oben ist und du hier unten. Wo deine Gebete es nicht schaffen, die Zimmerdecke zu durchdringen und du dich irgendwie noch mehr anstrengen und noch mehr fasten und beten und was sonst noch alles tun musst.

Du und Gott existieren nicht mehr getrennt voneinander. Du bist ein hervorragender *kainos* Weinschlauch und Gott hat dich mit sich selbst prall gefüllt, sein Geist ist mit deinem Geist verbunden und du kannst ihn nicht loswerden. Jesus hat dich gefüllt. Er hat dich völlig mit sich selbst gefüllt. Er füllt dich aus und fermentiert in dir. Er dehnt sich zu allen Seiten aus, sodass in dir nichts anderes mehr Platz hat.

Du bist Jesus, unter Druck – unter Druck stehender Jesus. Das ist ein Glaubensbekenntnis. Du kannst den ganzen Tag lang mit mir diskutieren: »Ja, aber ich habe doch diese sündige Natur und denke Böses, und ich tue schlechte Dinge und ich bin neidisch und werde zornig und empfinde Begierde und, und, und.« Hör doch, haben wir inzwischen nicht genug gelernt, um unsere Realität darauf zu gründen, was das Wort Gottes über uns sagt, und nicht auf die gegenwärtigen fleischlichen Gegebenheiten?

Wenn ich krank werde, bedeutet das nicht, dass Jesus mir keine göttliche Gesundheit erworben hat. Wenn ich krank werde, sage ich nicht: »Nun ja, ich vermute, es ist so, wie es eben sein muss.« Nein! Wir setzen uns mithilfe des Wortes Gottes zur Wehr: Jesus trug meine Krankheiten und hat meine Schmerzen auf sich geladen. Das Gleiche tun wir, wenn wir in Sünde fallen. Wir geben die Tatsache nicht preis, dass Jesus ein vollkommenes Werk in uns vollbracht hat, als wir zum Glauben an ihn fanden. Wir stellen uns auf das Wort Gottes: Ich bin für immer vollkommen gemacht. *Mein altes Ich wurde mit Jesus gekreuzigt und ist tot. Es stirbt nicht. Es ist tot.*

Du bist ein völlig neuer (*kainos*-neuer) Weinschlauch. Das ist deine Identität. Du bist randvoll mit Jesus. Für alles andere gibt es keinen Platz. Du bist mit dem Geist Jesu vereint worden. Es lässt sich nicht sagen, wo er aufhört und du anfängst. Du kannst das nicht bewirken. Warum fasten du und ich heute nicht? Weil Jesus niemals aufhört zu sagen: »Hier bin ich. Ich bin genau hier. Keine Mühe. Kein Fasten, keine Anstrengungen, um rein zu werden oder Gottes Aufmerksamkeit zu erlangen. Kein Mangel!« Tatsächlich gibt es für dich nun keinen Ort mehr, wo du hinlaufen könntest, um von Gott wegzukommen.

Schafe ohne einen Hirten –
Matthäus 9

Matthäus Kapitel 9 beinhaltet fünf Heilungswunder (fünf wunderbare, übernatürliche Heilungen), die uns das Mitgefühl, die Liebe und die Heilungskraft Jesu offenbaren. Begleitet werden sie von fünf Lehren Jesu, die die radikale, revolutionäre, umwerfende, provokative Botschaft des Evangeliums Jesu Christi offenbaren, das fast zu gut ist, um wahr zu sein. Diese Botschaft wurde von den religiösen Menschen gehasst und von den religiös Ausgegrenzten willkommen geheißen. Es war die Botschaft, dass Gott Menschen – alle Menschen – liebt und dass seine Vergebung ein unentgeltliches Geschenk ist, unabhängig davon, wie du dich in heiligem Leben übst. Gott legt nicht deinen Maßstab an, um zu bestimmen, ob du seiner Liebe und Vergebung würdig bist oder nicht. Dein Papa-Gott verwendet seinen eigenen Maßstab, den Maßstab der Gnade und der Liebe, und wenn du ein Mensch bist, dann bist du nach diesem Maßstab geeignet. Seine Gnade wird dir angeboten und seine Liebe wird in Jesus Christus auf dich ausgegossen. In genau diesem Moment sind dir alle deine Sünden vergeben. »*Weil nämlich Gott in Christus war und die Welt mit sich selbst versöhnte, indem er ihnen ihre Sünden nicht anrechnet*« (2Kor 5,19). Gott rechnet dir deine Sünde nicht an.

*Als sie aber weggingen, siehe, da brachten sie einen stummen
Menschen zu ihm, der besessen war. Und als der Dämon
ausgetrieben war, redete der Stumme. Und die Volksmengen
wunderten sich und sprachen: Niemals wurde so etwas
in Israel gesehen. Die Pharisäer aber sagten: Er treibt die*

Dämonen aus durch den Obersten der Dämonen. Und Jesus zog umher durch alle Städte und Dörfer und lehrte in ihren Synagogen und predigte das Evangelium des Reiches und heilte jede Krankheit und jedes Gebrechen. Als er aber die Volksmengen sah, wurde er innerlich bewegt über sie, weil sie erschöpft und verschmachtet waren wie Schafe, die keinen Hirten haben. Dann spricht er zu seinen Jüngern: Die Ernte zwar ist groß, die Arbeiter aber sind wenige. Bittet nun den Herrn der Ernte, dass er Arbeiter aussende in seine Ernte!
– Matthäus 9,32–38 ELB

Wenn du ein Fan des Matthäusevangeliums bist, weißt du, dass Vers 35 Teil eines Einschubs ist, der die Kapitel 5 bis 9 umfasst. Matthäus 4,23 (ELB) sagt: *»Und er zog in ganz Galiläa umher, lehrte in ihren Synagogen und predigte das Evangelium des Reiches und heilte jede Krankheit und jedes Gebrechen unter dem Volk.«* Die nachfolgenden Kapitel 5 bis 9 veranschaulichen das Gesagte. Kapitel 5 bis 7 beinhalten Jesu Lehren aus der Bergpredigt. Kapitel 8 und 9 beschreiben die von ihm vollführten Heilungen, ein Heilungswunder nach dem anderen. Der Einschub schließt mit Vers 35: *»Und Jesus zog umher durch alle Städte und Dörfer und lehrte in ihren Synagogen und predigte das Evangelium des Reiches und heilte jede Krankheit und jedes Gebrechen.«*

Das tat er überall. Und aus dieser Einstellung heraus (seiner Einstellung, überall in Israel zu lehren und zu heilen) kommt Jesus zu einem Schluss, der uns den geistlichen Zustand der Juden zeigt: *»Als er aber die Volksmengen sah, wurde er innerlich bewegt über sie, weil sie erschöpft und verschmachtet waren wie Schafe, die keinen Hirten haben«* (Vers 36). Ich will damit sagen, dass Jesus hier nicht auf eine einzelne Volksmenge an einem bestimmten Ort reagiert und dass diese einzelne Volksmenge an diesem bestimmten

Ort auch nicht einfach nur einen besonders schlechten Tag hat. Jesus sagte nicht: »Meine Güte, diese Volksmenge hier sieht aber erschöpft und verschmachtet aus, wie Schafe, die keinen Hirten haben.« Nein. Der Bibeltext sagt: »Als er aber die Volksmengen sah« (Mehrzahl!).

Mit anderen Worten, in allen Städten und Dörfern und in allen Synagogen, wo Massen von Menschen zusammenströmten und sich Tag für Tag versammelten, sah er auf und betrachtete eine Volksmenge nach der anderen. Und jedes Mal, wenn er eine Volksmenge betrachtete, war er innerlich bewegt, weil jede dieser Volksmengen (an jedem Tag in jedem Teil von Israel) erschöpft und verschmachtet war, wie Schafe, die keinen Hirten haben.

Wie wusste nun Matthäus, der Verfasser dieses Evangeliums, was Jesus dachte? Offensichtlich teilte sich Jesus seinen Jüngern hierüber mit und Matthäus notierte es sich. Jesus möchte, dass wir wissen, weshalb er voller Mitgefühl war. Er war innerlich bewegt, weil die Menschen erschöpft und verschmachtet waren. In den ältesten und besten Manuskripten wird für »erschöpft« statt des griechischen Wortes *skyllo* das viel brutalere Wort *eskulmenoi* verwendet, was so viel wie »gequält« oder »schikaniert« bedeutet. Die verwendete Zeitform im Passiv zeigt eine fortlaufende Handlung an, was bedeutet, dass es sich hier um eine andauernde Schikane durch irgendwelche Täter handelte. Die Volksmengen sind also ständige Opfer einer fortlaufenden Quälerei.

Sie waren gequält und sie waren verschmachtet. Manche Bibelübersetzungen verwenden statt »verschmachten« auch das Wort »zerstreut«. Ich möchte, dass du die Tragweite dieses Wortes »zerstreut« spürst. Es hat nichts damit zu tun, dass sie wirr waren und nichts auf die Reihe bekamen. Im Griechischen handelt es sich dabei um das Wort *erimenoi*, dessen Wurzelwort *ripto* ist, was »niedergeworfen« oder »am Boden liegend« bedeutet. Dieses Wort findet sich noch an einer weiteren Stelle, in Matthäus 27,5, wo von Judas berichtet wird, der, nachdem er Jesus für 30 Silberstücke verraten hat, zu den Hohenpriestern und den religiösen Führern zurückkehrt und das Geld im Tempel hinwirft. Für Judas war der Wert des Geldes bedeutungslos geworden. Er warf es weg, zerstreute es zu ihren Füßen.

Jesus wendet dieses Wort auf Menschen an. Jesus sagte in Matthäus 9, dass er beim Betrachten der Volksmengen Menschen sah, die weggeworfen worden waren, die unwichtig zur Seite geworfen, ohne Wert, in die Wüste geschickt und entbehrlich waren. Die verwendete Zeitform ist dieselbe wie bei dem Wort »erschöpft«. Auf sie wurde eingewirkt. Sie wurden gewaltsam bedrängt und hatten keine Möglichkeit, sich selbst zu verteidigen. Jesu Herz empfindet für jeden einzelnen in diesen Mengen von Menschen tiefes Mitgefühl, denn es sind alles Menschen, die unablässig gequält und weggeworfen werden, immer und immer wieder.

Doch was quält sie? Welche Macht steht hinter dieser Boshaftigkeit? Du findest es gleich heraus, denn Jesus sagte es seinen Jüngern und dann schrieb Matthäus (der ständig Verbindungen zum Alten Testament herstellt) es für dich auf. Es ist die prophetisch bedeutendste Zeile dieses Abschnitts und wenn du Ohren hast, die hören, ist sie wie eine Atomexplosion. Jesus lässt hier eine prophetische Bombe fallen. Gottes Volk, die Israeliten, waren wie Schafe, die keinen Hirten hatten. So sagt er es. Das klingt nach einer ziemlich harmlosen Zeile, außer dass Jesus hier nicht einfach irgendeine Parabel erdenkt. Vielmehr zitiert er damit eine Schriftstelle.

Eine halbwegs gute Bibelübersetzung wird an dieser Stelle einen Verweis auf 4. Mose 27,17 haben (meine hat ihn jedenfalls). Dort betet Mose zum Herrn: »*Und Mose redete mit dem Herrn und sprach: Der Herr, der Gott, der allem Fleisch den Lebenso-*

dem gibt, wolle einen Mann über die Gemeinde einsetzen, der vor ihnen aus- und einzieht und sie aus- und einführt, damit die Gemeinde des Herrn nicht sei wie Schafe, die keinen Hirten haben!« (4Mo 27,15–17). Dies ist die einzige Stelle in der gesamten Bibel, wo genau diese Formulierung verwendet wird, um Gottes Volk Israel zu beschreiben. Jesus stellt eine direkte Verbindung für dich her, damit du den Zusammenhang erkennen kannst.

Worauf weist Jesus hin? Ich gebe dir den Kontext. Mose führte das Volk. Sie waren zusammen 40 Jahre lang in der Wüste gewesen und standen nun am Rande des verheißenen Landes. Doch Mose ist es nicht erlaubt, das Volk ins verheißene Land hineinzuführen. Warum? Hier spricht Gott in Vers 14 (ELB): »*Weil ihr euch in der Wüste Zin, beim Streit der Gemeinde, meinem Befehl widersetzt habt, mich durch das Wasser vor ihren Augen als heilig zu erweisen.*« Gott erinnert Mose an den Vorfall in Zin. Die Menschen murrten und brauchten Wasser. Gott wies Mose an, den Stab Aarons zu nehmen, vor den Felsen hinzutreten und mit dem Felsen zu sprechen, woraufhin Wasser für die Menschen aus dem Felsen quellen sollte. Doch Mose ging zu dem Felsen und was dann geschah, lesen wir in 4. Mose 20,10–11: »*Und Mose und Aaron versammelten die Gemeinde vor dem Felsen; und er sprach zu ihnen: Hört doch, ihr Widerspenstigen: Werden wir euch wohl aus diesem Felsen Wasser verschaffen? Und Mose hob seine Hand auf und schlug den Felsen zweimal mit seinem Stab. Da floss viel Wasser heraus; und die Gemeinde trank und auch ihr Vieh.*«

Gott war darüber sehr verärgert und sagte zu Mose, er könne das verheißene Land nicht betreten (Vers 12): »*Weil ihr mir nicht geglaubt habt, um mich vor den Kindern Israels zu heiligen, sollt ihr diese Gemeinde nicht in das Land bringen, das ich ihnen gegeben habe!*« Früher habe ich das gelesen und gesagt: »Was!? Komm schon, Gott. Mose hat dein Volk 40 Jahre lang durch die Wüste geführt, er hat sein ganzes Leben dafür geopfert, um die Menschen ins verheißene Land zu bringen, und jetzt nimmst du ihm dieses verheißene Land weg, nur weil er ein einziges Mal den Felsen schlägt, statt mit ihm zu sprechen?!« Klingt das fair für dich? Reagiert Gott hier nicht ein kleines bisschen zu heftig? Hast du das jemals gedacht?

Nein, Gott schießt hier nicht übers Ziel hinaus. Folgendes geschah wirklich. Gott war dabei, ein Bild (ein Meisterwerk) der Rettung in Jesus (durch Typologie) zu malen und Mose stahl ihm den Pinsel. Tatsächlich gab es zwei Vorkommnisse, bei denen Wasser aus einem Felsen hervorgebracht wurde. Das erste Mal geschah dies zu Beginn der Wüstenwanderung, als das Volk Gottes, so wie auch in diesem Fall, kein Wasser hatte. Gott sagt zu Mose in 2. Mose 17,5–6: »*Tritt hin vor das Volk und nimm etliche **Älteste von Israel** mit dir und nimm den Stab in deine Hand, **mit dem du den Nil geschlagen hast**, und geh hin. Siehe, ich will dort vor dir auf dem Felsen am Horeb stehen; und du sollst den Felsen schlagen, und es wird Wasser herauslaufen, damit das Volk zu trinken hat.‹ Und Mose tat dies vor den Augen der Ältesten Israels.*« Mose schlug den Felsen und Wasser strömte hervor. Ein schönes Wunder. Aber es ist nicht nur ein Wunder. Es ist ein Bild. Die Bibel sagt in 1. Korinther 10,4 in Bezug auf dieses Wunder: »*denn sie (die Israeliten) tranken aus einem geistlichen Felsen, der ihnen folgte. Der Fels aber war Christus.*«

Was geht vor in diesem Wunder oder Bild, das Papa-Gott malt? Jesus wird *vor den Augen der Ältesten* niedergeschlagen. Der Stab des Gerichts trifft ihn. Mose trägt den Stab des Gerichts, »*den Stab …, mit dem du den Nil geschlagen hast*« (Vers 5). Dies ist der Stab des Gerichts, der das Wasser des Nils in Blut verwandelt hatte. Wasser wurde zu Blut. Wasser wurde zu Gericht. Dies war die Plage, die Ägypten überkam. (Interessanterweise besteht Jesu erstes Wunder darin, Wasser in Wein zu verwandeln, Wasser in das Zeichen des neuen Bundes, in Segen zu verwandeln. Jesus setzt den Fluch des Gerichts außer Kraft.)

Doch bei dem ersten Wasserwunder wird Mose angewiesen, den Felsen mit dem Stab des Gerichts zu schlagen. Wer ist anwesend? Die Ältesten Israels. Wer ist verantwortlich dafür, dass Jesus niedergeschlagen wird? Die Ältesten Israels. Es ist ein Bild! Jesus nimmt den Stab des Gerichts auf sich. Und sobald er den Stab des Gerichts auf sich nimmt, verändern sich die Dinge. Es gibt eine neue Weise, Segen zu empfangen. Das ist Teil eins des Bildes.

Vierzig Jahre später kommen sie also in die Wüste Zin. Die Menschen sind durstig und Gott wird das Bild nun zu Ende malen. Die Menschen murren, *aber Gott wird nicht böse auf sie.* Man sollte meinen, Gott wäre zornig. Aber er ist nicht zornig. Sie sündigen; er wird nicht zornig. Gott möchte sich um ihr Bedürfnis kümmern. Er möchte sie segnen. Er reagiert nicht so, wie man es erwartet. Das ist irgendwie eigenartig, was, wie du vielleicht noch weißt, die eigentliche Bedeutung von »heilig« ist. Heilig bedeutet »andersartig«, heilig bedeutet »eigenartig«. Gott ist heilig, weil er nicht so handelt und reagiert, wie wir es von ihm erwarten.

Gott sagt zu Mose: »Geh zu dem Felsen.« Wer ist der Felsen? Es ist Jesus. »Doch dieses Mal nimm nicht deinen Stab des Gerichts. Nimm Aarons Stab, den Stab, der innerhalb einer Nacht auf wundersame Weise erblühte.« Du kannst dies in Kapitel 17 nachlesen, wo dieser Stab zuerst Knospen bildet, dann blüht und schließlich Mandeln hervorbringt. Es war ein Hinweis auf die Wiederauferstehung. Nimm den Stab der Wiederauferstehung und geh zu dem Felsen und sprich mit dem Felsen. Dann wird Wasser aus ihm hervorquellen. Das war die neue Weise, von Gott zu empfangen. Mit der Auferstehungskraft in der Hand sprichst du dein Bedürfnis aus. Du sprichst zu Jesus. *»Mose, sprich zu dem Felsen.«*

Aber Mose sprach nicht zu dem Felsen. Er dachte, es mache keinen Unterschied und es habe sich nichts geändert. Er ging zu dem Felsen und schleuderte Gottes Volk Beschimpfungen und Verurteilung entgegen, und dann schlug er den Felsen mit dem Stab der Auferstehung; er benutzte ihn wie einen Stab des Gerichts. Er behandelte den Felsen (Jesus) so, als habe er das Gericht nicht auf sich genommen, als habe sich nichts verändert. (Das klingt wie einige Prediger, die ich persönlich kenne und die Gericht und Gnade vermengen.) Das ist es, was Gott zornig machte! Wir dürfen das nicht tun. Mose verstand das Gemälde nicht. Mose dachte, Segnungen sollten gemeinsam mit Verurteilungen fließen. (»Menschen müssen gedemütigt werden. Menschen müssen ihre Sünde erkennen.«)

Gott sagte: »Nein! Mose! Du hast mich falsch dargestellt. *Du hast dich meinem Befehl widersetzt* (Mose ist der Rebell – nicht das Volk!), *mich durch das Wasser vor ihren Augen als heilig zu erweisen* (siehe 4Mo 27,14). Du hast mich den Menschen nicht als andersartig gezeigt. Du hast mich als den Gott erscheinen lassen, der zornig ist, weil du denkst, ich sollte zornig auf sie sein. Aber das bin ich nicht. Ich will sie einfach nur segnen! Ich trage ihnen ihr Murren nicht nach. Und ich werde dir nicht erlauben, sie ins verheißene Land zu führen, weil ich es nicht zulasse, dass mein Volk denkt, dein Bild sei das richtige Bild. Ich werde nicht erlauben, dass dein Bild vorgezeigt wird, das aussagt: ›Du wirst nur gesegnet, indem du deine Sünden bekennst. Du bekommst Segen nur gemeinsam mit Verurteilung. Du empfängst Segen nur dann, wenn du die Verurteilung des Gesetzes mit der Gnade vermengst.‹ Nein, so bin ich nicht.«

Es ist eine Zurechtweisung. Gott weist Mose zurecht. Doch diese Zurechtweisung geschah um deinetwillen, damit du keine falsche Vorstellung bekommen würdest. Gott liebte Mose. Papa legt diese prophetischen Worte in Form eines Gebets in Moses Mund: »*Der Herr, der Gott, der allem Fleisch den Lebensodem gibt, wolle einen Mann über die Gemeinde einsetzen, der vor ihnen aus- und einzieht und sie aus- und einführt, damit die Gemeinde des Herrn nicht sei wie Schafe, die keinen Hirten haben!*« (Vers 16–17). Wer ist der Mann, den Gott über sein Volk setzen wird, damit sie einen Hirten haben *werden*? Es ist Jesus!

Mose, der Überbringer des Gesetzes, Mose, der Worte der Verurteilung sprach, konnte das Volk Gottes nicht ins verheißene Land führen. Für den Gläubigen ist das verheißene Land ein Symbol. Lies darüber in Hebräer 4. Das verheißene Land repräsentiert für dich alle Segnungen, die Gott für dich, als Teil seines Volkes, hat. Es steht für alles, womit er uns versorgt – Errettung, Schutz, Gerechtigkeit, Friede, Liebe, Trost, Heilung, Nahrung, Bekleidung, Arbeit, Sicherheit. Gott gibt uns all das.

Doch die Sache ist die: *Das Gesetz kann dich nicht ins verheißene Land führen.* Du bekommst keine durch Wunder gewirkte Rettung, Hilfe, Gerechtigkeit und Trost, indem du brav bist und versuchst, Gott zu besänftigen. Das Gesetz und dessen Urteil können dich nur drangsalieren. Das Gesetz und die daraus folgende Verurteilung gibt dir nur das Gefühl, bedeutungslos zu sein, jemand zu sein, der es nicht wert ist, gerettet und erlöst zu werden. Deine Schuld, die du unter dem Gesetz empfindest, gibt dir das Gefühl, wertlos zu sein, jemand zu sein, der nur dazu taugt, weggeworfen zu werden. Nein! Jesus schaute auf die Volksmengen und er sah, wie gequält und entwürdigt die Menschen waren. Weshalb? Weil sie ohne einen Hirten lebten, einen Hirten, der sie vor der quälenden und herabwürdigenden Kraft des Gesetzes schützte. Sie brauchten Jesus als diesen Hirten.

Was würde dieser Hirte laut Mose tun? »*... der vor ihnen aus- und einzieht und sie aus- und einführt ...*« (Vers 17). Was bedeutet dieses »aus- und einziehen«? Denk darüber nach – wo befinden sich Mose und das Volk zum Zeitpunkt dieser Begebenheit? Sie sind in der Wüste. Dieser Hirte bahnt zuallererst den Weg, der aus der Wüste hinaus und hinein ins verheißene Land führt. Er wird »*vor ihnen ausziehen* (aus der Wüste hinaus) *und er wird vor ihnen einziehen* (ins verheißene Land hinein).« Genau das tat Jesus mit seinem Tod und seiner Wiederauferstehung. Er ging von uns weg und zog an den Ort des Segens und der Fülle, zur rechten Hand seines Vaters. Und dann, nachdem er den Weg gebahnt hatte, kam er zu uns zurück. Und er *führt sie hinaus und führt sie hinein.*

Hör gut zu, Bruder. Hör gut zu, Schwester. *Er lässt dich nicht in der Wüste. Er ist zu dir zurückgekehrt.* Jesus hat den Stab des Gerichts auf sich genommen. Gott ist nicht böse auf dich, niemals. Er will dich einfach nur segnen. Jesus, der neue Hirte, bahnte den Weg aus der Wüste hinaus ins verheißene Land hinein. Und er ist ins Lager zurückgekehrt; er ist zurückgekommen, damit du nicht in der Wüste festsitzen musst. Eine Menge Leute sitzen in der Wüste fest, und sie denken, dass das Gesetz (und das Richtige zu tun) sie dort herausholen wird.

Er führt dich hinaus und bringt dich an einen neuen Ort. Er führt dich ins verheißene Land, wo Gott sich um dich kümmert, wo du seine Liebe erkennst und wo du endlich, endlich unter seiner Fürsorge ruhen und entspannen kannst. Du bist nicht wie ein Schaf ohne einen Hirten.

Die Taufe Jesu

Es gibt viel Verwirrung darüber, was Taufe ist und was sie nicht ist, warum wir sie praktizieren und ob wir sie praktizieren sollten oder müssen und auch, wie sie zu praktizieren ist. Da gibt es: »Dein Besprengen zählt nicht« und »Dein Untertauchen gilt nicht, weil es nicht in unserer Kirche ausgeführt wurde, du kommst also immer noch in die Hölle«. Oder: »Die Taufe gilt nur für Babys; wenn sie älter werden und versagen, wird ihre Taufe wirkungslos« und »Nein, die Taufe ist niemals für Babys gedacht, weil sie keine bewusste Entscheidung treffen können«. Das ist unter Pharisäern ein Dauerkonflikt, ich bin mir also sicher, dass ich auf eine Menge Zehen trete. Doch wenn du es annehmen kannst und mich dir einen Einblick in die Schrift geben lässt, wirst du die Freude und Schönheit der Taufe entdecken.

Die Taufe ist keine Voraussetzung für die Errettung; sie ist ein Geschenk von Jesus, um dich zu bevollmächtigen. Der Dieb am Kreuz war nicht getauft, trotzdem ging er zusammen mit Jesus ins Paradies. Die bekehrten Heiden, die Petrus besuchte, wurden mit dem Heiligen Geist erfüllt, als sie das Evangelium hörten. Mit anderen Worten, sie wurden ohne Taufe errettet. Doch gleich als Nächstes nahm Petrus wegen der diesem Geschenk innewohnenden Kraft die Wassertaufe vor. Jesus wies seine Jünger an, das Evangelium zu predigen, die Vollmacht des Königreichs durch Wunder zu demonstrieren und im Namen des Vaters, des Sohnes und des Heiligen Geistes zu taufen.

Zwei Geschenke hat Jesus seiner Braut gemacht: das Abendmahl und die Taufe. Zu sagen: »Oh, ich brauche nicht getauft zu werden«, ist, als würde man sagen: »Ich benötige kein Abendmahl«. Das ist wahr. Du kannst jedes wundervolle Geschenk, das Jesus dir machen möchte, ablehnen und wirst trotzdem mit ihm im Himmel sein, wenn du an ihn glaubst. Du wirst dir einfach nur die Mittel entgehen lassen, durch die du gesegnet wirst, denn das Abendmahl und die Taufe sind Christi Geschenke an dich, um deinen Glauben zu stärken und dir eine sichtbare, greifbare Anlaufstelle für deinen Glauben zu geben. Beide sind einmalig auf der Welt und können durch nichts ersetzt werden. Jesus war es wichtig, dass du dieses Geschenk der Taufe hast. Und wenn du es verstehst, wirst du dessen Kraft in deinem Leben erfahren.

Jesu Taufe war eine Taufe des Übergangs. Er brachte die Menschheit von der Taufe des Johannes zu der Taufe des Heiligen Geistes. »*Da kommt Jesus aus Galiläa an den Jordan zu Johannes, um sich von ihm taufen zu lassen. Johannes aber wehrte ihm und sprach: Ich habe es nötig, von dir getauft zu werden, und du kommst zu mir? Jesus aber antwortete und sprach zu ihm: Lass es jetzt so geschehen; denn so gebührt es uns, alle Gerechtigkeit zu erfüllen! Da gab er ihm nach. Und als Jesus getauft war, stieg er sogleich aus dem Wasser; und siehe, da öffnete sich ihm der Himmel, und er sah den Geist Gottes wie eine Taube herabsteigen und auf ihn kommen. Und siehe, eine Stimme [kam] vom Himmel, die sprach: Dies ist mein geliebter Sohn, an dem ich Wohlgefallen habe!*« (Mt 3,13–17).

Jesus kam zu Johannes dem Täufer, um sich taufen zu lassen. Denk darüber nach. Jesus wurde in Johannes' Taufe hineingetauft. Johannes war der letzte Prophet des Alten Testaments. Die Aufgabe eines Propheten des Alten Testaments war es, die Menschen zurück zum Gesetz zu rufen. Seine Aufgabe war es, dich auf alle deine Fehler und Sünden hinzuweisen und dich bezüglich deines Verhaltens zu größerer Anstrengung anzuspornen. Der Apostel Paulus sagt im Neuen Testament, dass dieser alte Bund des Gesetzes gegeben wurde, damit jeder Mund zum Schweigen gebracht würde (siehe Röm 3,19). Dieses System wurde eingeführt, um aufzuzeigen, dass wir einen Retter brauchen, der uns von unserer Sünde retten wird, denn die Juden waren in diesem ständigen Kreislauf gefangen: Sie übertraten das Gesetz, fielen in Sünde, ließen sich von der Sünde reinigen und kamen mit Gott wieder ins Reine. Dann aber brachen sie wieder das Gesetz, fielen in Sünde, und alles begann wieder von vorn, wieder und wieder.

Innerhalb dieses Systems gab es ständige Erinnerungen daran, dass du die Erwartungen nicht erfüllst. Eine dieser Erinnerungen waren die Waschungen, die die Juden im Laufe des Tages verrichteten, um Unreinheit loszuwerden. Man wusch sich dreimal vor der Mahlzeit, nicht um Schmutz loszuwerden, sondern um sich der Sünde, der geistlichen Unreinheit zu entledigen. Priester wuschen sich, bevor sie Opfer darbrachten. Der Hohepriester wusch sich vor dem Sühneopfer. Ein Schriftgelehrter musste sich waschen, bevor er den Namen Gottes aufschreiben durfte. Gewöhnliche Tempelbesucher wuschen sich. Konvertiten zum Judentum wuschen sich.

Es gab viele Anlässe, um sich zu waschen. Männer und Frauen wuschen sich, bevor sie den Tempel betraten. Tatsächlich haben Archäologen 47 Bäder (große Becken, die jedes rund 900 Liter Wasser fassten und *mikwa* genannt wurden) rund um den Tempel herum gefunden, die den Männern und Frauen zu Waschungen dienten. Warum? Weil sie geistlich schmutzig waren. Es war ein Eingeständnis der Sünde, ein Bekennen der eigenen Unreinheit. Die *mikwa* war der Ort für Waschungen, an dem man eine öffentliche Erklärung abgab, mit der man bekannte: »Ich bin ein Sünder, ich muss gereinigt werden. Ich brauche die Gnade Gottes, bevor ich annehmbar bin.« Und während man aus dem Wasser stieg, folgte das Bekenntnis der Treue gegenüber der Thora, dem Gesetz Gottes, indem man sagte: »Ich werde tun und ich werde hören.«

Ich werde mich bessern und ich stelle mich zurück unter das Gesetz, und der Kreislauf von Sünde, Buße, Bekenntnis und Reinigung beginnt aufs Neue.

Dies war die Taufe des Johannes. Die Taufe des Johannes war das öffentliche Bekenntnis, dass du ein Sünder und unrein bist, und indem du dich taufen ließest, sagtest du: »Gott, reinige mich und ich verspreche dir, dass ich mich bessern werde. Ich wende mich ab von meiner Sünde; ich tue Buße für meine Sünde.« Sieh dir Matthäus 3,5–6 (NGÜ) an: »*Die Einwohner Jerusalems sowie die Bevölkerung von ganz Judäa und von der gesamten Jordangegend gingen zu ihm in die Wüste; sie bekannten ihre Sünden und ließen sich im Jordan von ihm taufen.*« Dies ist die Taufe, in die Jesus hineingetauft wurde – die Taufe der Buße, bei der du deine Sünde einsiehst und bekennst und gestehst, dass du Vergebung brauchst. Jesus wurde in das hineingetauft.

Deshalb protestierte Johannes, als Jesus, der Messias, zu ihm kam, um getauft zu werden. Johannes erkannte, dass es nicht richtig war, dass der sündlose Jesus, der Messias, Sünde bekennen, Buße tun und inständig um Barmherzigkeit bitten sollte. Es war einfach nicht nachvollziehbar. Warum sollte er so etwas tun? Jesus sagte: »*Lass es jetzt so geschehen; denn so gebührt es uns, alle Gerechtigkeit zu erfüllen!*« (Vers 15). Wir tun das, Johannes, um die Gerechtigkeit zu erfüllen. Mit anderen Worten, es fehlt an Gerechtigkeit und dies ist Teil dessen, was getan werden muss, um die Gerechtigkeit zu erfüllen. Nun, die Gerechtigkeit war in Jesus bereits in vollem Umfang vorhanden. Jesus war gerecht. Wessen Gerechtigkeit fehlt also und muss erfüllt werden? Deine! Deine Gerechtigkeit fehlt und muss erfüllt werden. Was tut Jesus? Er nimmt deinen Platz ein, indem er sich für dich in die Taufe des Bekenntnisses deiner Sünden und der Buße für deine Sünden taufen lässt. Und er ist der Einzige, der aus dem Wasser stieg und sagte: »Ich werde tun, ich werde hören« und dabei auch fähig war, diese Buße zu erfüllen.

Jesus nahm bei seiner Taufe deine Sünden auf sich und trug sie 3 Jahre lang! Welch ein wunderschöner Gedanke. Deshalb konnte er zu dem gelähmten Mann sagen: »Deine Sünden *sind* dir vergeben«, und nicht: »Deine Sünden *werden* dir vergeben«. Halleluja!

So wie Jesus deinen Platz bei der Bezahlung deiner Sünden einnahm, damit du niemals für irgendeine deiner Sünden bezahlen musst, nahm Jesus deinen Platz auch beim Bekennen deiner Sünden und bei der Buße für deine Sünden ein, damit du beides nie wieder tun musst. Als du unter dem Gesetz warst und ständig deine Sünden bekanntest, hast du dich da nicht immer gefragt: »Habe ich wirklich gründlich genug Buße getan? Habe ich auch tatsächlich alle meine Sünden bekannt? Habe ich tief genug in meine Psyche hineingegraben, um die Wurzel meiner Sünden zu finden? Hätte ich vielleicht auf bessere Weise Buße tun können?« Ja, selbstverständlich hättest du das tun können. Jesus hat dich davon befreit. Freiheit! Das war Schritt eins bei der Erfüllung aller Gerechtigkeit für dich. Und in dem Moment, als Jesus aus dem Wasser des Bekenntnisses und der Buße stieg, fand die Taufe des Johannes ihren geistlichen Tod. Sie war nicht länger notwendig. Jesus führte eine neue Taufe ein.

Johannes der Täufer wusste, dass dies geschehen würde. Er sagt: *»Ich taufe euch mit Wasser zur Buße; der aber nach mir kommt, ist stärker als ich, so dass ich nicht würdig bin, ihm die Schuhe zu tragen; der wird euch mit Heiligem Geist und Feuer taufen«* (Vers 11). Jesus wird eine neue Taufe einführen. Es wird keine Taufe des Bekenntnisses der Sünde und der Buße für die Sünde sein. Es wird eine Taufe mit dem Heiligen Geist und mit Feuer sein. Ich denke, dies ist eine der am häufigsten missverstandenen Formulierungen des Neuen Testaments. Die Taufe, in die du als Gläubiger hineingetauft wirst, ist eine Taufe mit dem Heiligen Geist (also Gottes dauerhafte Gegenwart auf und in dir) und mit Feuer. Das »Feuer« an dieser Stelle bringt die Menschen aus dem Konzept. Aber es führt kein Weg daran vorbei.

Das Feuer ist das Gericht Gottes auf dir. Gott richtet dich in der Taufe. Weißt du, wir sind dazu erzogen worden, Gottes Urteil zu fürchten. Wenn wir vom Gericht Gottes hören, sind wir durch traditionelle Ansichten in Kirchen und Gemeinden so konditioniert, dass wir automatisch an »die *Verurteilung* durch Gott« denken. Doch ein Urteil ist nichts weiter als die Bekanntgabe einer Entscheidung. Gott ist der Richter und er spricht Urteile aus, sowohl positive als auch negative. Welches ist das Urteil Gottes, das Jesus dir mit deiner Taufe bringt? Ich zeige es dir. Ich zeige es dir im Neuen Testament, aber ich möchte, dass du auch im Alten Testament die Schönheit Jesu erkennst. Der gute Lehrer deckt sowohl alte als auch neue Offenbarungen auf. Das Alte Testament dreht sich ganz und gar um Jesus. Jemand sagte einmal: »Nimm eine Nadel und stich sie in einen beliebigen Vers eines beliebigen Kapitels eines beliebigen Buches des Alten Testaments und das Blut Christi wird heraustropfen.«

Aber es gibt »Höhepunkte« im Alten Testament, wo Jesus überaus deutlich zu erkennen ist. Dazu gehört auch die Schriftstelle, in der die Anweisungen für den Bau des Tempels gegeben werden, insbesondere der Abschnitt, der die Gestaltung des hohepriesterlichen Gewands beschreibt. Jesus ist unser Hoherpriester und er ist in diesem Gewand deutlich erkennbar. In 2. Mose, Kapitel 28 wird die Brusttasche des Hohenpriesters erwähnt, sie wird dort »die Brusttasche für den Rechtsspruch« genannt. Das heißt also, der Hohepriester trägt diese Brusttasche über seinem Herzen, dem Ort des Glaubens, und sie steht für das Urteil Gottes. Es gibt viele besondere Dinge an dieser Brusttasche des Rechtsspruchs, die alle auf Jesus hinweisen, doch das großartigste von allen wird in Vers 30 aufgeführt: »*In die Brusttasche für den Rechtsspruch aber lege die Urim und die Tummim, damit sie auf dem Herzen Aarons sind, wenn er vor den HERRN hineingeht! So soll Aaron den Rechtsspruch für die Söhne Israel beständig vor dem HERRN auf seinem Herzen tragen.*«

Tatsächlich weiß niemand so recht, was diese Urim und Tummim sind, die in die Brusttasche hineingelegt wurden. Wie sahen sie aus? Keiner weiß es mit Sicherheit. Ich denke, Gott wollte es so. Denn die Kraft und Gegenwart Jesu sind auch ohne eine genaue Vorstellung von diesen beiden Gegenständen deutlich sichtbar. Es ist ein Bild Jesu. Die »im«-Endung bildet in der hebräischen Sprache den Plural, wie zum Beispiel bei Seraph (ein Engel) und Seraphim (mehr als ein Engel). Urim und Tummim stehen zwar im Plural, sind aber beide nicht mehrfach vorhanden. Der Kontext im Hebräischen legt nahe, dass es sich hier um einen Fall des *pluralis excellentiae* handelt – also Wörter im Singular, die in den Plural gesetzt werden, um ihre Erhabenheit zu betonen. Oder anders gesagt: Hier geht etwas Göttliches vor.

Wenn du deine hebräische Bibel aufschlägst (oder das von mir zusammengestellte *The Aleph-Tav Old Testament*, sofern vorhanden), findest du in diesem Vers auch *Aleph Taw*, die Signatur Jesu, der Alpha und Omega ist. Tatsächlich liest der Vers sich so: »*In die Brusttasche für den Rechtsspruch aber lege die* [Aleph Taw] *Urim und die Tummim, damit sie auf dem Herzen Aarons sind*«. Was wird auf Aarons Herz gelegt? Welches ist das Urteil Gottes, das Aaron stets tragen soll? Das Urteil, das Jesus über ihn fällt. Worum handelt es sich dabei? *Urim* bedeutet »Licht« oder »Flamme«. Im Alten Testament wird es oftmals mit »Feuer« übersetzt. *Tummim* bedeutet »Unschuld«. Welches Gericht bringt Jesus? *Jesus bringt das Gericht – das Feuer – der Unschuld über uns.*

Oh ja, du als Gläubiger *willst* den Urteilsspruch Gottes über dein Leben, denn er ist die Bekanntgabe deiner Unschuld in Jesus. Wenn du krank bist, solltest du nach Gottes Urteilsspruch rufen. »Richte mich, oh Herr, denn die feurige Unschuld deines Sohnes ist auf mir. Erkläre diese Krankheit auf mir für ungerechtfertigt. Urteile über mich, o Herr.« Das ist Teil der neuen Taufe, die Jesus bringt. Es ist eine Taufe mit Feuer. Und es ist ein allesverzehrendes Feuer, Brüder und Schwestern. Es verbrennt alles, was nicht aus dem Glauben an Christus kommt. Es verbrennt alles in deinem Leben, was aus deinen eigenen Bemühungen um eine Beziehung mit Gott unter dem Gesetz stammt, wobei du dich anstrengst, ihm zu gefallen und die Beziehung mit ihm aufrechtzuerhalten, weil du meinst, du müsstest dich selbst reinigen und rein halten. Nein, du musst das alles vom Feuer aufzehren lassen.

Johannes der Täufer sagte von Jesu (Vers 11–12 ELB): »*Er wird euch mit Heiligem Geist und Feuer taufen.*« Nun sieh dir den Teil über das Feuer an: »*Eine Worfschaufel ist in seiner Hand, und er wird seine Tenne durch und durch reinigen und seinen Weizen in die Scheune sammeln, die Spreu aber wird er mit unauslöschlichem Feuer verbrennen.*« Das Feuer ist das Urteil Jesu – über was? Über die Spreu.

Ich bin gewiss kein Landwirt, aber eines weiß ich: Wenn du Weizen anbaust, ist das erste, was der Stängel hervorbringt, die Spreu. Es ist die Hülle, die sich formt, bevor sich in dieser Hülle das Weizenkorn bildet. Die Weizenkörner sind das, was man haben will. An dem »Stängel« Israels erschien als Erstes das Gesetz (ein System, bei dem sich die Beziehung zu Gott auf deinem Tun gründete und du die Beziehung aufrechterhalten musstest – und wenn du heilig genug lebtest, wurdest du gesegnet und wenn es dir nicht gelang, heilig zu leben, wurdest du verflucht). Doch was entstand da gerade vor den Augen von Johannes dem Täufer? Der

Weizen formte sich, der Weizen der guten Nachricht von Jesus. Es war die gute Nachricht von der Gnade, davon, dass Jesus einen neuen Bund aufrichtet, der sich auf seine Güte und auf seine Gerechtigkeit und auf seine Bezahlung der Sünde gründet, damit du unabhängig von deiner Bemühung um Heiligkeit gesegnet wirst.

Du hast daran teil, indem du glaubst. Du glaubst daran, dass Jesus dies alles für dich getan hat. Du glaubst, dass du in Christus gesegnet bist. Du glaubst, dass Urim und Tummim auf deiner Brust liegen und das feurige Gericht der Unschuld Jesu sich rund um die Uhr auf dir zeigt. Es ist dein Abzeichen und deine Belohnung. Gott spricht dich frei von Schuld. Gott sagt zu dir, so wie er es auch über seinen Sohn sagt: »Du bist mein geliebter Sohn, an dem ich Freude habe.« Das ist wahr, und sobald du es glaubst, wird es auch für dich zur Wahrheit.

Alles andere, alles, was nicht zu Christi Werk gehört, wird als Spreu verbrannt. Jeder Bereich deines Lebens, in dem sich deine Beziehung zu Gott auf deine eigenen Werke gründet, ist wertlos und wird verbrannt. Beim Leben als Christ geht es nicht um deine Werke. Es geht um den Heiligen Geist und um Feuer. Es geht darum, aus Gott heraus zu leben, der in dir lebendig ist, und Jesus alles andere verbrennen zu lassen; alles, was aus dem Gesetz kommt und was du tust, um Gott zu gefallen.

Deshalb taufen wir nicht in die Taufe des Johannes hinein. Was bedeutet deine Taufe in Christus hinein? In was wirst du hineingetauft? Apostel Paulus sagt in Römer 6,3–4: »*Oder wisst ihr nicht, dass wir alle, die wir in Christus Jesus hinein getauft sind, in seinen Tod getauft sind? Wir sind also mit ihm begraben worden durch die Taufe in den Tod, damit, gleichwie Christus durch die Herrlichkeit des Vaters aus den Toten auferweckt worden ist, so auch wir in einem neuen Leben wandeln.*« Begraben mit Jesus und auferweckt mit Jesus. Die Wassertaufe des Gläubigen ist eine persönliche und öffentliche Erklärung, dass er ausschließlich auf das vollendete Werk der Erlösung vertraut, das Jesus für ihn vollbracht hat.

Ich starb mit Jesus und wurde zusammen mit Jesus zu einer neuen Art des Lebens auferweckt. Und das alles hat nichts mit meinen Bemühungen zu tun, nichts mit dem Bekennen von Sünde, dem Buße tun für Sünde oder dem Aufrechterhalten meiner Beziehung zu Gott durch meine verstärkten Anstrengungen, ein reines Leben zu führen. Nein. Darauf spucken wir. Wir distanzieren uns von allem, das aus unserer eigenen Stärke kommt. Das sind schmutzige Lumpen. Meine Beziehung zu Gott gründet sich nicht länger auf meine Werke. Sie gründet sich darauf, dass ich aus Gott heraus lebe, der in mir lebt. Ich frage Gott, was er möchte. Er sagt es mir. Er legt seine Wünsche in mein Herz. Ich denke noch nicht einmal in solchen Begriffen wie richtig oder falsch oder wie Sünde oder Gerechtigkeit. Der Geist ist in mir und leitet mich, und ich lebe ein Leben der Wunder, voller Segen und Freude.

Wenn wir in den Tod und die Wiederauferstehung Christi hineingetauft werden, sagen wir damit: »Ich bin gar nicht mehr derjenige, der lebt, sondern Christus ist es, der in mir lebt. Ich lebe aus Gott heraus. Ich versuche nicht, Gott zu erfreuen. Ich bin bereits eine Freude für ihn. Ich versuche nicht, gerecht zu werden. Ich bin die Gerechtigkeit Gottes in Christus.« Und der einzige Tagesordnungspunkt auf meiner Lebensliste ist dieser: Aus dem Gott heraus zu leben, der mich bewohnt.

Das ist das genaue Gegenteil hiervon: »Ich gehe hinunter zum Fluss, um Gott zu zeigen, dass ich mein Leben geändert habe. Und da ich Jesus nun kenne, werde ich meine Anstrengungen, heilig zu leben, verdoppeln. Ich werde meine Sünden bekennen und Buße tun und mich richtig anstrengen, um mich zu bessern und meinen Vater im Himmel zufriedenzustellen.« Nein!! Das ist die Taufe des Johannes, dieses ganze: »Ich besorge mir neue Kleidung für meine Taufe und ich will sie nicht durch Sünde beschmutzen. Ich will meine neue Kleidung würdigen.« Spreu! Stoppeln. Lass das alles vom Feuer des Werkes Jesu verbrennen.

Hier ist meine Ansicht: Völlig egal, welche Worte bei ihrer Taufe gesprochen wurden, die meisten Gläubigen wurden in die Taufe des Johannes hinein getauft, in die Taufe des Bekenntnisses der Sünde und der Buße für Sünde. Und dann kamen sie am anderen Ende wieder aus dem Wasser, ohne Kraft für ein gerechtes und siegreiches Leben zu haben, denn die Taufe des Johannes dreht sich um deine Anstrengungen. Wenn du in Christus hineingetauft wurdest, solltest du so etwas ablehnen. Du solltest es als das sehen, was es ist: eine Verhöhnung. Schmutzige Lumpen.

Einmal traf der Apostel Paulus auf einige an Jesus Glaubende, die keine Kraft für ihr Leben hatten. Sofort nannte er die Ursache für ihr Problem, nachzulesen in Apostelgeschichte 19,3–6: *Und er sprach zu ihnen: »Worauf seid ihr denn getauft worden? Sie aber erwiderten: Auf die Taufe des Johannes. Da sprach Paulus: Johannes hat mit einer Taufe der Buße getauft und dem Volk gesagt, dass sie an den glauben sollten, der nach ihm kommt, das heißt an den Christus Jesus. Als sie das hörten, ließen sie sich taufen auf den Namen des Herrn Jesus. Und als Paulus ihnen die Hände auflegte, kam der Heilige Geist auf sie, und sie redeten in Sprachen und weissagten.«*

Die Taufe des Johannes war eine Taufe der menschlichen Anstrengung. Wir sind in die Taufe Jesu hineingetauft. Denk darüber nach: Jesu Taufe war nicht die Taufe im Jordan, die Johannes an jenem Tag vollzog. Jesu Taufe waren sein Tod und seine Wiederauferstehung, die das feurige Gericht Gottes bringen würden. Er sagt in Lukas 12,49–50 (NGÜ): *»Ich bin gekommen, um auf der Erde ein Feuer anzuzünden* (welches Feuer? das Feuer, das die Spreu menschlicher Anstrengung verbrennt und deine Schuldfreiheit ausruft); *ich wünschte, es würde schon brennen! Aber vor mir steht eine Taufe, mit der ich noch getauft werden muss, und wie schwer ist mir das Herz, bis sie vollzogen ist!«* Hiermit ist sein Tod gemeint. Wenn du in Christus hinein getauft wirst, wirst du in seine eigene Taufe hineingetauft, die der Tod deines Ichs ist, wie es als Sünder vor Gott war, gefolgt von der Auferstehung zu einer neuen Schöpfung in Christus, die niemals wieder von Gott als Sünder verurteilt werden wird. Und deine Taufe wird zu diesem bedeutenden Moment des Glaubens, auf den du hinweisen kannst und der sagt: »Das bin ich.«

Unter dem alten Bund konntest du nicht ohne einen anwesenden Zeugen getauft werden. Im Falle von Streitigkeiten konnte der Zeuge einschreiten und sagen: »He, ich war da. So hat es sich wirklich zugetragen. Ich bürge für diese Person.« Gelehrte glauben, dass hieraus die Formulierung »ich taufe dich *im Namen von*« entstand. Wenn wir eine Person in Christus hinein taufen, taufen wir sie, wie der Herr sagt, »im Namen des Vaters, des Sohnes und des Heiligen Geistes«. Die gesamte Gottheit wird zu deinem Zeugen. Sie bürgt für dich. »Diese Person gehört für immer zu mir.« Gott nimmt als dein Zeuge und Taufpate an deiner Taufe teil.

Das feurige Gericht Jesu ist in der Geschichte von Sadrach, Mesach und Abednego zu erkennen. Wenn du es annehmen kannst, findest du hier eine Geschichte über die Taufe mit Feuer. Die drei Hebräer werden in den Feuerofen geworfen, weil sie das Gesetz gebrochen haben. Das Feuer wird sieben Mal heißer als gewöhnlich angefacht. Doch Jesus zeigt sich und das Feuer wird zu seinem Feuer und zu einem Bild der Errettung durch ihn. Und das einzige, was dabei an den hebräischen Söhnen verbrennt, sind die Fesseln an ihren Beinen und Händen. Finde dein Zuhause in der feurigen Schuldfreiheit Jesu.

Die Stimme des Hirten – Johannes 10

Wahrlich, wahrlich, ich sage euch: Wer nicht durch die Tür in die Schafhürde hineingeht, sondern anderswo hineinsteigt, der ist ein Dieb und ein Räuber. Wer aber durch die Tür hineingeht, ist der Hirte der Schafe. Diesem öffnet der Türhüter, und die Schafe hören auf seine Stimme, und er ruft seine eigenen Schafe beim Namen und führt sie heraus. Und wenn er seine Schafe herausgelassen hat, geht er vor ihnen her; und die Schafe folgen ihm nach, denn sie kennen seine Stimme. Einem Fremden aber folgen sie nicht nach, sondern fliehen vor ihm; denn sie kennen die Stimme der Fremden nicht. – Johannes 10,1–5

Jesus erzählte dieses Gleichnis von den Schafen und davon, wie die Schafe die Stimme des Hirten hörten und ihm folgten. Diese Geschichte enthält sehr viel Ermutigendes. Beachte, dass Jesus mit diesen Worten beginnt: »Wahrlich, wahrlich«. Dies ist Jesu Art, »Hört gut zu!« zu sagen. Tatsächlich bedeutet es im Griechischen: »Amen, amen«. Und »Amen« ist noch nicht einmal ein griechisches Wort; es ist ein hebräisches Wort und bedeutet »Gewissheit« oder »sicher«. Jesus sagt also: »Absolut wahr, absolut wahr!« So, als wollte er sagen: »Holt eure Hefte und Stifte heraus, ihr möchtet das sicher mitschreiben.«

Im vorangehenden Vers hat Jesus eine Auseinandersetzung mit den Pharisäern über die Heilung des Mannes, der von Geburt an blind war. Eine große Menge von Menschen hatte sich um Jesus gesammelt und nicht alle von ihnen folgten ihm nach. Dann hörten einige der Pharisäer, die bei ihm waren (die mit ihm reisten), diese Worte und sagten zu ihm: »*Sind denn auch wir blind? Jesus sprach zu ihnen: Wenn ihr blind wärt, so hättet ihr keine Sünde; nun sagt ihr aber: Wir sind sehend! - deshalb bleibt eure Sünde*« (Joh 9,40–41).

Hier werden die zwei Methoden, die zwei Bunde, die zwei Systeme der Lebensführung miteinander verglichen. Die Methode der Pharisäer ist das Gesetz, nach dem wir für Gott aus eigener Anstrengung heraus gut genug werden. Sie lieben diese Methode. Sie lehren diese Methode. Sie sagen: »Wir sehen den Weg, der zu Gott führt, und der besteht in einem rigoros heiligen Leben.« Und Jesus sagt ihnen, dass ihre Sünde bleibt, weil sie sagen: »Wir sehen«. Euch ist nicht vergeben und blind seid ihr trotzdem. Die andere Methode besteht darin, Gottes Vergebung, Liebe und Annahme in Jesus frei zu empfangen.

Soeben hatte Jesus diese Auseinandersetzung mit den Pharisäern, und nun sagt er: »*Wahrlich, wahrlich,* (schreibt das auf, schreibt das auf; es ist gewiss und sicher; passt jetzt gut auf) *ich sage euch: Wer nicht durch die Tür in die Schafhürde hineingeht, sondern anderswo hineinsteigt, der ist ein Dieb und ein Räuber.*« Über wen spricht er hier? Über die Pharisäer in ihrer Eigenschaft als Lehrer, über die, die den Zugang zu den Schafen suchen. Wo sind die Schafe? Sie sind eingepfercht – in einem umschlossenen Raum. Sie sind von allen Seiten ummauert. Kannst du hier den Bund des Gesetzes erkennen? Die Pharisäer möchten den Schafen Lehrer sein. Sie wollen theologischen Zugang zu den Schafen. Sie versuchen aus eigener Kraft über die Mauer zu klettern, um die Schafe zu stehlen, die dort eingepfercht sind. Sie verschmähen die Tür, weil diese Tür Jesus ist. Etwas später sagt Jesus: »Ich bin die Tür.«

Jesus selbst hat die Öffnung in diesen Schafpferch (in das System des Gesetzes, das uns eingepfercht hat) eingefügt. Er wurde zur Tür. Und dann sagt er: »Ich bin der Hirte. Ich bin die Tür und ich bin der Hirte.« Und als der Hirte geht er in den Schafpferch und führt die Schafe von dort hinaus. Beachte, dass er nicht hineingeht, um bei den Schafen in ihrem Gehege zu sein (um sich im Pferch häuslich bei ihnen einzurichten). Er geht hinein, um sie herauszuholen. *»Er ruft seine eigenen Schafe beim Namen und führt sie heraus. Und wenn er seine Schafe herausgelassen hat, geht er vor ihnen her; und die Schafe folgen ihm nach, denn sie kennen seine Stimme«* (Vers 3–4).

Er holt also die Schafe aus ihrem Gehege. Was dann? Wie führen die Schafe ihr Leben? Sie leben ihr Leben geführt von der persönlichen Stimme des Hirten (dem sie folgen), und nicht gemäß der unpersönlichen Begrenzungen und Rahmenbedingungen des Gesetzes. Wir haben die unpersönlichen Steintafeln des Gesetzes gegen die persönliche Stimme Jesu eingetauscht. Und an dieser Stelle wird die Gnadenbotschaft wirklich spannend, weil die Gnadenbotschaft Jesu nicht einfach eine Lehre unter vielen ist. Sie ist nicht einfach eine Theologie oder Lebensphilosophie, etwas, das ein wenig leichter zu befolgen ist als das Gesetz. Nein, die Evangeliumsbotschaft bedeutet Gemeinschaft mit Gott zu haben und die Stimme Jesu zu hören.

Wenn Gnade nur eine Lehre ist, wenn sie für dich nichts weiter als gutes Einvernehmen zwischen dir und Gott bedeutet, lässt du dir etwas entgehen. Gnade ist nicht einfach nur: »Gott ist nicht böse auf mich, wenn ich etwas falsch mache.« Gnade ist so viel mehr als nur Gottes Vergebung. Gnade ist der Zugang zu unmittelbarer Gemeinschaft mit Gott. In Jesus bist du von Gott wiedergeboren, von neuem geboren im Geist. Aber wir wurden nicht von neuem geboren, um die Freiheit zu haben, falsche Dinge zu tun und uns dabei nicht schlecht zu fühlen. Vielmehr sind wir in der Gnade von der Macht der Sünde und des Todes befreit, um an einem Leben der Fülle teilzuhaben. Wir wurden nicht befreit, damit wir Drogen nehmen können und trotzdem wissen, dass Jesus uns liebt (was wahr ist). Sondern wir sind dazu befreit worden, Gottes Liebe zu erfahren und die Auferstehungskraft Jesu, damit wir von nichts abhängig sein müssen, damit wir Heilung finden, damit wir Freude erleben und die Fülle eines Lebens mit Gott, gemeinsam mit der Familie und mit den Kindern Gottes. Wir sind *vom* Tod und *von* Dingen, die uns zerstören, befreit worden, um frei zu sein *für* das Leben mit Jesus und für gute Werke, durch die sich Gott in unserem Leben zeigt. Wir hören von Gott, so oft wir wollen.

In uns ist etwas Außergewöhnliches geschehen, etwas, das die Menschen des alten Bundes sich nicht vorstellen konnten. Du hörst die Stimme Gottes! Du hörst die Stimme Jesu! Im Alten Testament konntest du die Stimme Gottes nicht hören. Unter jenem Bund sprach Gott zu einem einzelnen Menschen und dieser Mensch gab Gottes Botschaft dann an die restlichen Menschen weiter. Unter der Gnade hörst du selbst die Stimme des Hirten. Du hast seine Stimme gehört. Ganz sicher hast du das! Jesus sagt: »*Und die Schafe hören auf seine Stimme, und er ruft seine eigenen Schafe beim Namen und führt sie heraus*« (Vers 3).

Das ist jetzt sehr wichtig: Wie hörst du die Stimme Jesu? Jesu eigene Stimme kam in den Worten seines Gnadenevangeliums zu dir. Du hörtest seine Stimme und er führte dich aus dem Gesetz heraus. Du hast auf sein Evangelium der Gnade reagiert und es geglaubt, dabei kamst du zu der Erkenntnis, dass er dich persönlich aufrief. »Er ruft seine eigenen Schafe beim Namen.« Genau so ist er. Es gibt keine Lehre der allumfassenden Gnade, die den menschlichen Willen umgeht. Deshalb gibt es auch keinen Universalismus, bei dem Gott einfach den menschlichen Willen übertrumpft und jeden dazu zwingt, in den Himmel zu gehen.

Gott liebt dich als ein selbstbestimmtes Wesen, und er ruft dich beim Namen. Denk darüber nach. Jesus ruft dich beim Namen. Jesus benutzt deinen Namen. Jeder weiß, welche Vertrautheit darin liegt. Den Klang deines Namens aus dem Mund einer Person zu hören, die dich liebt, ist mit nichts auf der Welt zu vergleichen. Meine Frau kann mich »Schatz« oder »Liebling« oder ... nennen (die anderen Namen willst du gar nicht wissen). Aber auch nach all diesen Jahren gibt es nichts, was vergleichbar wäre mit den Momenten, wenn sie mich bei meinem Namen nennt. »Greg, würdest du den Kaffee aufsetzen?« Das ist eine kraftvolle Sache, denn dein Name ist das Symbol deiner Identität. Wenn du deinen Namen hörst, weißt du, dass er alles bedeutet, was du bist, was du jemals warst und was du je sein wirst. Wenn du deinen Namen ausgesprochen hörst, weißt du, dass alles, was darauf folgt, speziell dich angeht. Wie kraftvoll und vertraut es ist, wenn es über die Lippen einer Person kommt, die dich liebt!

Jesus kam zu dir in den Schafpferch. Er kam zu einer Zeit in dein Leben, als du verwundet und verletzt warst, weil du ständig gegen die Mauern des Gesetzes liefst, und wie er selbst sagt (hier in diesem Bibelabschnitt), rief er dich beim Namen. »Bill, ich bin gekommen, um dich abzuholen. Suzanne, ich lege dir nichts zur Last. John, hör mich an; ich bin niemals böse auf dich. Lori, es ist nicht wahr, dass du nicht liebenswert bist; ich liebe dich. Peter, Peter, lass uns hier verschwinden; ich bin die Tür. Angela, wach auf, du gehörst zu Papas Familie. Du bist für immer und ewig seine kostbare Tochter. Es wird niemals enden.«

Jesus sagte, er habe dich bei deinem Namen gerufen, und was genau tat er dabei? Er wandte das Wort der Gnade persönlich an, und du wusstest, dass es dir galt. Das Wort der Gnade war für dich. Seine Stimme kam mit dem Wort der Gnade. Und du glaubtest es, und Jesus brachte dich heraus. Du hörtest seine Stimme. Es war keine laut vernehmbare Stimme. Es war eine innere, intuitive Stimme, die zusammen mit dem Wort der Gnade kam. Anders gesagt, seine Stimme klang genauso wie das Wort der Gnade. Und als du das Wort der Gnade durch persönliche Ansprache empfingst, weckte es den Wunsch nach bestimmten Dingen in dir. »Ich möchte mein Leben Jesus geben. Ich möchte von ihm gerettet werden. Ich genieße es, Gottes Liebe zu erfahren. Ich liebe ihn auch. Ich möchte dieser Lehre über die Gnade zuhören. Ich möchte dieses Buch über Gottes Liebe lesen.« Was passiert hier? Diese Wünsche in dir sind die Stimme Jesu, die durch das Wort der Gnade zu dir gekommen ist. So hast du begonnen, ihn zu hören.

Wie hörst du auch weiterhin die Stimme Jesu? Indem du in seinem Wort der Gnade bleibst. Jesus sagte: »*Bleibt in meinem Wort.*« Du ernährst dich vom Wort der Gnade und während du das tust, werden dir spontan Dinge in den Sinn und in dein Herz kommen, und was du dabei hörst, ist die Stimme Jesu, die persönlich zu dir spricht. Also für mich gibt es nichts Spannenderes als das. Aber die Sache hat einen Haken: Wenn du nicht in seinem Wort bleibst (wenn du also deinem Denken erlaubst, in Ängsten, Unsicherheiten oder Verletzungen zu hausen), wird das, was du hörst, nicht die Stimme Gottes sein, weil das, was du glaubst, auf etwas anderes als auf Jesus ausgerichtet ist.

Es gilt folgendes Grundprinzip: *Eine Person kann nur hören, was sie glaubt.* Ich werde dir erklären, was ich damit meine. Wenn du mal so richtig fassungslos sein willst, dann gib in deiner Suchmaschine »die Stimme Gottes« ein und sieh dir die Suchergebnisse an. Ich habe mir kürzlich eine Stunde Zeit genommen, um auf Webseiten zu lesen und in Videos zu hören, was Menschen über

Jesu Stimme erzählen. Ich kann dir sagen, es wimmelt nur so von Abwegigem. Die Menschen hören, was sie glauben.

Ich hörte einem Mann zu, der sich lang und breit darüber ausließ, dass viele Menschen, die an Jesus glauben und auf ihn vertrauen, in der Hölle landen werden. Ob ein an Jesus Glaubender in die Hölle kommt oder nicht, hängt laut diesem Mann davon ab, ob derjenige in der Lage ist, die hörbare Stimme Jesu zu vernehmen. Der Mann predigte dabei aus genau dieser Schriftstelle in Johannes 10. »Wenn ihr die hörbare Stimme Jesu nicht vernehmen könnt«, sagte er, »mögt ihr vielleicht glauben, aber ihr seid nicht seine Schafe.« He, das ist falsch! Woher weiß ich, dass das falsch ist? Diese Botschaft würde niemals von einer Plattform der Gnade ausgehen. Dieser Mann hört Verurteilung. Er hört, was er glaubt.

Ich werde dir etwas Wunderbares erzählen. Wir haben etwas so viel Besseres als die hörbare Stimme Gottes. Wir haben eine viel höhere Form der Kommunikation mit Papa als hörbare Worte, etwas, das viel kraftvoller und lauter als gesprochene Worte ist. Wenn du ein Vater wärst und frei entscheiden könntest, ob du zu deinem Sohn mit einer hörbaren Stimme sprichst oder deine Wünsche direkt ins Herz deines Sohnes plumpsen lässt, sodass deine Wünsche tatsächlich zu seinen Wünschen werden, was würdest du tun? Welche der beiden ist die höhere Form der Kommunikation? Ist es das hörbar gesprochene Wort oder ist es der innerliche Herzenswunsch? Stell dir das mal vor – in solch einer vertrauten und kraftvollen Weise lässt Gott uns heute seine Stimme hören. Und es ist einfach, die Stimme Gottes – die Stimme von Jesus höchstpersönlich – zu erkennen. Sie kommt mit dem Wort der Gnade.

Was uns verankert, sind die Worte Jesu, die Worte, die uns aus dem Schafspferch befreien, seine Worte der Gnade. *So klingt seine Stimme.* Seine Stimme wird immer in diesen Worten zu hören, von diesen Worten umgeben sein. Sie wird in den Worten sein, die deine neue Identität beschreiben: Du bist gerecht. Du bist sein Sohn. Papa hält dich fest. Niemand kann dich aus seiner Hand reißen. Du bist eine neue Schöpfung in ihm. Du bist mit Christus verbunden. Er ist dein Hirte. Für dich wird gesorgt. Alle deine Bedürfnisse werden gestillt.

Die Dinge, die in deinem Denken und deinem Herzen aufsteigen werden, während du über sein Wort der Gnade nachsinnst (in ihm bleibst), werden Wünsche sein, die aus Gott geboren sind. Doch wenn du nicht in seinem Wort bleibst (nicht in dem bleibst, was er über dich sagt), wirst du feststellen, dass die in dir aufsteigenden Dinge ihren Ursprung in Ängsten, Verdammnisgefühlen, Verletzungen oder verwundeten Teilen deiner Seele haben. Nicht alles, was du denkst oder fühlst, ist die Stimme Jesu. Jesus will der Person auf dem Parkplatz vor dem Einkaufszentrum keine runterhauen, weil sie als Autofahrer so unfähig ist. (»Mach sie fertig, Jesus! Soll ich Feuer vom Himmel herunterrufen?«) *Du* möchtest das tun, denn dieser Gedanke in dir ist *aus der Frustration heraus geboren.* Kannst du sehen, was ich meine? Das ist nicht die Stimme Jesu. Das garantiere ich dir.

Die Stimme Jesu kommt aus deinem Zustand der Zufriedenheit in dem Wort der Gnade zu dir. Die Bibel sagt in Psalm 37,4 (NLB): »*Freu dich am Herrn, und er wird dir geben, was dein Herz wünscht.*« Früher dachte ich, damit sei gemeint, wir sollen uns große Mühe geben, ihn zu preisen, und uns mit aller Kraft über seine Gegenwart freuen. Und wenn ich dann dahin komme, dass ich mich über Gott genug gefreut habe und Gott mit meiner Freude über ihn zufrieden ist (wenn das Freu-o-Meter im Himmel auf »Voll« steht), dann wird Gott mir das neue Auto geben, das ich mir wünsche, oder die neue Arbeitsstelle, die ich brauche, oder er gibt dir den Freund, um den du ihn gebeten hast. Sich am Herrn zu freuen war der Schlüssel dazu, von Gott das gewünschte Weihnachtsgeschenk zu bekommen.

Doch das ist völlig verkehrt. *Dich am Herrn zu freuen bedeutet, die Freude zu entdecken, die Gott über dich empfindet.* Es ist die alttestamentliche Entsprechung zu dem, was Jesus sagt: »Bleibe in meinem Wort. Erinnere dich, wer du für mich bist (es sind lauter gute Nachrichten; darin findest du Freude); du bist mein Sohn und ich liebe dich; hier ist, was ich für dich getan habe. Ich habe mich für dich um alles gekümmert.« Es geht darum, in diese Haltung der Zufriedenheit in Gott und in seiner Liebe zu kommen, weil du weißt, wie sehr du von ihm geliebt bist. Es geht darum, an seiner Güte für dich teilzuhaben. Das bedeutet es, sich am Herrn zu freuen. Tatsächlich bedeutet das Wort für »freuen« wörtlich übersetzt »die Köstlichkeit des Herrn genießen«. Eine genauere Betrachtung würde zeigen, dass in diesem Begriff etwas Feminines mitschwingt, es steht der Gedanke an Weichheit und üppigen Luxus dahinter. Für die weibliche Leserschaft ist das mit einem Besuch auf einer Schönheitsfarm oder in einem Wellness-Studio vergleichbar, wo ihr Frauen eine Moorbehandlung oder eine Massage bekommt. *Es ist ein Schwelgen in Gottes liebkosender Fürsorge.*

Das Evangelium Gottes bedeutet, dass *er etwas für dich tun will.* Das Evangelium besteht in »Gott tut für uns«. Der Gesetzesbund besteht in »Du tust für Gott«, wobei du zum Diener/Sklaven wirst. Jesus sagte aber, dass der Größte im Königreich der Diener aller ist. Jesus ist der Größte im Königreich und er kam, um der Diener aller zu sein. Wenn du darauf bestehst, Jesu Diener zu sein, beanspruchst du damit die Herrschaft über ihn.

Du bist nicht dazu da, um der Diener des Herrn zu sein. Gott möchte dir dienen. Er möchte dir die Füße waschen. Und wenn dich das aus der Fassung bringt (wie schon Petrus beim letzten

Abendmahl), dann hast du keinen Anteil an ihm. Wenn du nicht zulässt, dass Jesus dir dient, wirst du nicht herausfinden, welchen Gewinn es bedeutet, in Christus zu sein. Er möchte dich liebevoll umsorgen. Und wenn du diese Position einnimmst, in der du liebevoll umsorgt wirst, in der du in Jesu Worten der Güte und des Lebens bleibst, wirst du (in dieser Position, dieser gnadenvollen Position deiner Identität) feststellen, dass bestimmte Wünsche in dir aufsteigen. Diese Wünsche sind aus Gott geboren und sie sind die Stimme Gottes. Sie sind, um es genau zu sagen, deshalb aus Gott geboren, weil sie aus dem Wort der Gnade aufsteigen, und nicht aus deiner Verletztheit oder Bedürftigkeit oder deinem Schmerz oder deinen Gefühlen der Verdammnis oder Schuld. Du weißt, dass du Gott hörst, wenn du dich am Herrn freust, denn das ist es, was ihn seine Wünsche in dein Herz legen lässt.

Jesus sagte: *»Meine Schafe hören meine Stimme; ich rufe sie beim Namen. Ich führe sie aus ihrer Umgrenzung heraus und sie folgen mir, weil sie meine Stimme kennen.«* Jesus spricht mit den Worten der Gnade zu dir, du folgst ihm aus der Umgrenzung heraus und dann beginnt das wahre Leben. Er spricht weiterhin zu dir und du folgst ihm und du kennst seine Stimme. Schafe hören nicht auf die Stimme eines Fremden.

Der Dieb ist derjenige, der zu dir kommt, um dir das wegzunehmen. *»Der Dieb kommt nur, um zu stehlen, zu töten und zu verderben; ich bin gekommen, damit sie das Leben haben und es im Überfluss haben«* (Joh 10,3). Ein Dieb kommt, um zu stehlen, was rechtmäßig dir gehört. Ein Dieb wird sagen, dass du nicht in der Lage bist, Jesu Stimme zu hören. Ein Dieb wird sagen: »Nur ich kann das; du solltest auf mich hören. Denn ich kann besser hören.« Was hat er damit getan? Er hat dir die Zuversicht gestohlen, dass Jesus zu dir spricht. Ein Dieb wird sagen, dass es dir aus Gottes Sicht an irgendetwas mangelt, dass du mit Gott ins Reine kommen musst (so stiehlt er deine Zuversicht). Ein Dieb wird sagen, du brauchst das Gesetz Gottes, um von Gott zu hören. Nein, du brauchst nur zu wissen, wer du in Christus bist, mit seinem Heiligen Geist in dir. Hör nicht auf den Dieb, denn Jesus sagte, dass du nun, da du seine Gnade kennst, nicht auf die Stimme eines Fremden hören wirst. Du wirst nur auf Jesu Stimme hören.

Satan kommt mit vielen anderen Stimmen, um zu stehlen, zu töten und zu zerstören. Und deshalb ist jede Stimme, die nicht Jesu Wort der Gnade ist, eine Stimme, die gekommen ist, um zu stehlen, zu töten und zu zerstören. Sie wird dein Erbe stehlen. »O Gott, ich bin nicht gut genug, um deine Segnungen zu verdienen. Ich bin ein Versager; ich habe gegenüber meiner Familie versagt, ich habe meine Kinder enttäuscht, ich habe meinen Ehepartner enttäuscht; ich habe kein Anrecht.« Der Teufel will das gute Bild von dir, das widerspiegelt, wer du in Jesus wirklich bist, töten. Er kann nicht entwerten, wer du bist; er kann lediglich dein Selbstbild verzerren, um es zu verunstalten und zu zerstören und dich im Unglauben zu halten.

Warum fällt es manchen Leuten so schwer zu glauben, dass Jesus ihnen Leben im Überfluss geben will? Der Teufel stiehlt, tötet und zerstört. Er tut das genaue Gegenteil von Jesus. Jesus tut das Gegenteil vom Teufel. Er stiehlt nicht, indem er von dir nimmt, was ihm nicht gehört. Er tut das genaue Gegenteil: Er beschenkt dich mit Dingen, die ihm gehören und die er dir gibt. Er tötet nicht; er erweckt dich zu einem neuen Leben. Er beschädigt nicht dein Selbstbild, um dich so zu zerstören; er spricht davon, wie schön du bist. Für Jesus bist du schön. Er sieht deine Anmut. Das ist das Hohelied Salomos, das Liebeslied Jesu über dich. Er betrachtet dich als schön.

Bleibe in diesen Worten. Freue dich an seiner guten Meinung über dich. Darin findest du überfließendes Leben. Und dort kommuniziert Gott mit dir auf einer Ebene, die so viel höher ist als hörbare Worte. Er teilt seine Gedanken und sein Herz mit dir. Glaube das. Jesus rief dich beim Namen und er ruft dich auch jetzt noch beim Namen. Jesus führte dich durch sein Wort der Gnade, durch deine neue Identität hinaus, und er führt dich auch weiterhin. Jesus sprach durch das Wort der Gnade zu dir und er spricht auch jetzt zu dir. Du hörst seine Stimme. Du bist eins seiner Schafe. Sieh nur, wie viel Vertrautheit darin liegt. Höre seine Stimme. Welche Dinge steigen in diesem Moment in dir auf? Das ist er. Was fühlst du gegenüber den Menschen in deinem Leben? Welche Dinge möchtest du tun? *Das ist seine Stimme.*

Offenbarung

DIE GEMEINDE VON EPHESUS

Das Geheimnis der sieben Sterne, die du in meiner Rechten gesehen hast, und der sieben goldenen Leuchter. Die sieben Sterne sind Engel der sieben Gemeinden, und die sieben Leuchter, die du gesehen hast, sind die sieben Gemeinden. Dem Engel der Gemeinde von Ephesus schreibe: Das sagt, der die sieben Sterne in seiner Rechten hält, der inmitten der sieben goldenen Leuchter wandelt: Ich kenne deine Werke und deine Bemühung und dein standhaftes Ausharren, und dass du die Bösen nicht ertragen kannst; und du hast die geprüft, die behaupten, sie seien Apostel und sind es nicht, und hast sie als Lügner erkannt; und du hast [Schweres] ertragen und hast standhaftes Ausharren, und um meines Namens willen hast du gearbeitet und bist nicht müde geworden. Aber ich habe gegen dich, dass du deine erste Liebe verlassen hast. Bedenke nun, wovon du gefallen bist, und tue Buße und tue die ersten Werke! Sonst komme ich rasch über dich und werde deinen Leuchter von seiner Stelle wegstoßen, wenn du nicht Buße tust! Aber dieses hast du, dass du die Werke der Nikolaiten hasst, die auch ich hasse. Wer ein Ohr hat, der höre, was der Geist den Gemeinden sagt! Wer überwindet, dem will ich zu essen geben von dem Baum des Lebens, der in der Mitte des Paradieses Gottes ist.
– Offenbarung 1,20 und 2,1–7

B etrachten wir Jesu Worte an die sieben Gemeinden in den ersten drei Kapiteln der Offenbarung.

Wenn du das Buch der Offenbarung kennst, dann weißt du, dass es mit dem Apostel Johannes beginnt, der auf der Insel Patmos im Exil ist. Dies ist der geliebte Johannes, der Jünger, den Jesus liebte. Und Jesus gibt ihm eine Vision. Ein Großteil dieser Vision hat natürlich mit Jesu Rückkehr auf die Erde zu tun, mit der Großen Trübsalszeit, dem Aufstieg des Antichristen und alledem. Viele der Dinge, die Johannes in dieser Vision sieht, werde ich hier nicht behandeln. Doch ich möchte mir die Eröffnungskapitel der Offenbarung ansehen, in denen Jesus selbst das Wort an die sieben Gemeinden richtet.

Jesu Worte sind die offenbarten Gedanken Gottes. Und Jesu Worte und sein Leben offenbaren Gottes Liebeslied an die Menschen auf dieser Erde. 1. Johannes 4,10: »*Darin besteht die Liebe – nicht dass wir Gott geliebt haben, sondern dass er uns geliebt hat und seinen Sohn gesandt hat als Sühnopfer für unsere Sünden.*« Das Wort »Sühnopfer« bedeutet »Begleichung«. Jesu Tod beglich die Schuld für unsere Sünden. Und die Bibel sagt: »*Aber nicht nur für die unseren, sondern auch für die der ganzen Welt*« (1Joh 2,2).

Die Sündenschuld der ganzen Welt wurde in Jesus beglichen. Das bedeutet, dass für die Sündenschuld deines gesamten Lebens bereits bezahlt worden ist. Wenn du zu Jesus kommst, erwartet er nicht, dass du zuerst deine Fehler bereinigst, bevor er mit dir redet. Er steht nicht mit verschränkten Armen da und wartet darauf, dass du alles zugibst, was du falsch gemacht hast.

Nein, Jesus hat dich mit der Gottheit ins Reine gebracht. Es geht nur noch darum, in Übereinstimmung mit ihm zu kommen. Die, die mit ihm übereinstimmen (die glauben), werden gerettet. Gott betrachtet nicht deine Sünde, während er darauf wartet, dass dein Verhalten sich ändert. Er betrachtet seinen Sohn, mit dem du gemeinsam zur rechten Hand des Vaters sitzt. Und er füllt deinen Becher bis zum Überfließen mit der Güte seines Lebens in dir, wenn du glaubst. Genau in diesem Moment sitzt du mit Christus im Himmelreich. Und dein Vater freut sich über dich; tritt in seine Freude ein. Komm unter seinen Einfluss.

Das alles musst du mit absoluter Sicherheit wissen und glauben, bevor du dich mit der Offenbarung befasst, sonst wirst du verunsichert und durcheinandergebracht werden. Wenn du deine Stellung in Christus nicht als erlösten, Freude bereitenden Sohn oder als erlöste, Freude bereitende Tochter deines Vaters verstehst, wenn dir das nicht klar ist, wirst du die ersten drei Kapitel der Offenbarung missdeuten.

Du als ein an Jesus Glaubender bist geliebt. Du bist geliebt und heil und für immer vollkommen gemacht in Christus, du bist der geliebte Sohn des Vaters, an dem er Freude hat, genau in diesem Moment. Sag jetzt zu dir selbst: »Ich bin für meinen Vater eine Freude.« Wenn du in Christus bist, ist es das, was er sagt. Gott sagt zu seinem Sohn: »Hier ist mein geliebter Sohn, an dem ich Freude habe.« Wenn du an Jesus glaubst, ist dein Vater erfreut über dich.

Weißt du, du musst diese zentrale Wahrheit mit in die Offenbarung hineinnehmen. Tust du das nicht, wird sie dich durcheinanderbringen; du wirst die Botschaft der Offenbarung falsch verstehen. Und das gilt insbesondere für die ersten drei Kapitel.

Schauen wir sie uns nun an. Der Apostel Johannes hat eine Vision, während er betet. Dabei sieht er Jesus, und Jesus geht zwischen sieben Leuchtern umher, die die sieben Gemeinden im damaligen Kleinasien darstellen. Sieh dir Kapitel 1, Vers 20 an. Hier spricht Jesus: »*Das Geheimnis der sieben Sterne, die du in meiner Rechten gesehen hast, und der sieben goldenen Leuchter. Die sieben Sterne sind Engel* (wörtlich: Botschafter – das sind die Pastoren der Gemeinden; es sind die Prediger, diejenigen, die die Botschaft überbringen, und Jesus hält sie in seiner rechten Hand. Welch ein wunderbarer, sicherer Ort!), *und die sieben Leuchter, die du gesehen hast, sind die sieben Gemeinden.«*

Die sieben Gemeinden sind Beispiele, von denen wir lernen sollen. Diese Gemeinden machten manche Dinge wirklich gut und andere wirklich schlecht. Aber versteh das richtig: Die Gesamtheit der Gemeinde mit den hier aufgeführten Einzelgemeinden wird von Jesus gerichtet, und *nicht einzelne Personen*. Diese Institutionen werden von Jesus beurteilt. Der Leuchter – die Institution – als Träger von Jesu Licht, wird hier beurteilt. Nicht du. Nicht du! Du wirst hier nicht beurteilt.

Wenn du also in der Offenbarung ein hartes Wort an die Gemeinden liest, richtet sich dieses nicht an einzelne Gläubige, sondern an die Leiter dieser Gemeinden und dient als Anweisung dafür, wie die Dinge besser zu handhaben sind. Nun wissen wir alle, dass die Ortsgemeinde, als Institution an sich, dann und wann dumme Dinge tut. Diese unvollkommene Institution ist nicht Jesus. Amen!? Deine Gemeinde ist nicht Jesus.

Wo ist Jesus? Jesus ist in den einzelnen Menschen seines Volkes. Denk darüber nach. Du bist NICHT einer der Leuchter an einem bestimmten Ort. Ein solcher Leuchter ist lediglich eine Sammlung von Entscheidungen, die wir alle zusammen treffen. Dieser Leuchter bist nicht du. Wo ist dein Platz in diesem Ganzen?

Betrachten wir es gemeinsam. Diese Vision, die Johannes hat, zeigt Jesus, der zwischen den Gemeinden auf der Erde umhergeht. Wo ist Jesus gerade jetzt? Die Bibel sagt, er ist in den Himmel aufgestiegen, nachzulesen in Apostelgeschichte Kapitel 1. Dennoch sieht Johannes in dieser Vision Jesus zwischen diesen Gemeinden umhergehen.

Wenn Jesus im Himmel ist, wie ist er dann gleichzeitig auf der Erde? Der einzige Ort, an dem Jesus auf der Erde existiert, ist in dir. Sein Heiliger Geist ist in dir!!

Hör genau zu: Der Jesus, der zwischen seinen Leuchtern/Gemeinden umhergeht, ist der Jesus, der in seinen Menschen ist. Lass es mich anders ausdrücken. Dieses Bild von Jesus, der sich inmitten seiner Gemeinde bewegt, ist ein Bild von dir, wie du die Leuchter der Gemeinde genau betrachtest, und nicht ein Bild von Jesus, der dich genau betrachtet. Jesus, in Gottes Volk, betrachtet die Leuchter genau (der Leuchter ist das, was das Licht hochhält). Manche Leuchter (manche Gemeinden) erledigen ihre Aufgabe, das Licht hochzuhalten, nur sehr schlecht und sollten wirklich dringend entfernt werden. Wer entfernt sie? Du tust das! Jeder Gläubige entscheidet selbst, wohin er geht, nicht wahr?

Können wir uns alle darauf einigen, dass die Gemeinde als Institution eine Menge dummer Dinge getan hat? Und zu der Gemeinde in Ephesus sagt Jesus nun, dass er den Leuchter, also die Gemeinde in Ephesus als Institution, nehmen und entfernen wird. Das geschieht durch Gottes Volk, das eine Gemeinde verlässt, die ihre erste Liebe verloren hat.

Manche Gemeinden haben es verdient zu sterben. Sie sollten tot sein. Rufe nicht den Rettungswagen. Hefte eine »Bitte nicht wiederbeleben«-Notiz an die Eingangstür. Du weißt, wie ich das meine.

Die Botschaften an die Gemeinden in Ephesus, Smyrna, Pergamon, Thyatira, Sardes, Philadelphia und Laodizea sind also das, was Jesus – durch sein Volk – über diese Institutionen denkt, deren Aufgabe es ist, sein Licht hochzuhalten (seine Wahrheit als Licht auf den Leuchtern).

Diese sieben Gemeinden in Kleinasien werden, wie wir bereits wissen, durch Leuchter dargestellt. Was tun Leuchter? Sie tragen ein Licht. Sie sind dazu bestimmt, Lichter in der Welt zu sein (das Licht Jesu in diese Welt zu tragen). Sind wir uns einig, dass manche Gemeinden nicht besonders gut darin sind, Jesu Licht in die Welt zu tragen? Wäre es traurig, wenn sie entfernt würden? Nicht wirklich.

Was wir also hier in der Offenbarung sehen ist Jesus, der durch sein Volk spricht und den Leuchtern, den einzelnen Gemeinden, die das Licht Jesu in die Welt tragen, auf diese Weise Ermutigung, Ermahnung und sogar Zurechtweisung zukommen lässt.

Weißt du, dieser Vorgang ist immer in die falsche Richtung gedeutet worden. Diese Worte an die Gemeinde wurden von Pastoren stets als ernste Warnung an die Menschen verkündet. »Ihr müsst eure Sache besser machen! Seht nur, was ihr alles falsch macht! Ihr seid halbherzig! Bringt euch in Form!« Doch es ist genau andersherum. Es ist Jesus, der (durch sein Volk) den Leitern (den Engeln, den Botschaftern) der Gemeinden sagt: »Wir wollen, dass ihr eure Sache besser macht. In diesen Bereichen läuft es gut und hier läuft es nicht gut. Lasst uns gemeinsam daran arbeiten.«

Die Sache ist die (und du musst das wirklich verinnerlichen, um die Offenbarung verstehen zu können): Hier sagt nicht Jesus zu dir als Einzelperson: »Ich werde deinen Leuchter aus meiner Gegenwart entfernen, wenn du dich nicht besserst und auf Kurs kommst.« Nein! Du bist derjenige, der sich, durch die Augen Jesu blickend, danach sehnt, dass deine Gemeinde das helle Licht auf dem Leuchter ist, das zum Wohl dieser Welt herrlich leuchtet!

Es ist so, dass eine Kirche, eine Gemeinde aufgrund ihrer Werke beurteilt wird. Nur auf diese Weise kann eine Institution beurteilt werden.

Kapitel 2, Vers 2–3: *»Ich kenne deine Werke und deine Bemühung und dein standhaftes Ausharren, und dass du die Bösen nicht ertragen kannst; (die Bösen ertragen* – sinnbildlich zeigt das, wie die Gemeinde sie mitträgt; du lässt nicht zu, dass die, die Jesus nicht erfahren haben, einfach so weitermachen ohne ihn jemals zu erfahren). *Und du hast die geprüft, die behaupten, sie seien Apostel und sind es nicht, und hast sie als Lügner erkannt; und du hast [Schweres] ertragen und hast standhaftes Ausharren, und um meines Namens willen hast du gearbeitet und bist nicht müde geworden.«*

Okay, das sind die Dinge, die die institutionelle Glaubensgemeinschaft in Ephesus als Gemeinde richtig macht. Das war es, in was die Leiter diese Gemeinschaft von Gläubigen hineingeführt hatten. Es klingt etwas anstrengend. »Ich kenne deine Werke, dein Arbeiten, dein Prüfen, dein Standhalten, dein Arbeiten (schon wieder), deine Unermüdlichkeit.«

Sieh dir das an. Das ist alles, was Jesus an Lob finden kann, und es ist ziemlich begrenzt. Ein eingeschränktes Belobigungszeugnis. Es ist nicht mehr als eine Liste von Werken. Einige davon waren gut und sogar notwendig. Doch Jesus ist nicht beeindruckt. Hier wird niemand mit Lob überhäuft. Etwas Wichtiges fehlt. Vergiss nicht, hier beurteilt Gottes Volk – in Jesus – die Gemeinde.

In Vers 4 lesen wir, was fehlt: »*Aber ich habe gegen dich, dass du deine erste Liebe verlassen hast.*« Wow, lies das nochmal: »*dass du deine erste Liebe verlassen hast*«.

Denk genau nach. Die erste Liebe einer Gemeinde ist nicht deine Liebe zu Jesus, sondern Jesu Liebe zu dir. Hier in 1. Johannes 4,19 steht es: »*Wir lieben ihn, weil er uns zuerst geliebt hat.*« Wessen Liebe war zuerst da? Jesu Liebe. Doch in dieser Gemeinde in Ephesus tauschte die Leiterschaft die Botschaft von der Liebe Jesu zu dir ein und ersetzte sie durch deine Liebe zu Jesus.

Die Botschaft in Ephesus war zu einem »Liebe Gott! Liebe Gott! Liebe Gott!« verkümmert. Das ist das erste und oberste Gebot der Bibel (Mt 22,37): »*Du sollst den Herrn, deinen Gott, lieben mit dei-*

nem ganzen Herzen und mit deiner ganzen Seele und mit deinem ganzen Denken.«

Doch die menschliche Seele ist nicht in der Lage, aus eigener Kraft Liebe zu Gott zu entwickeln. Du kannst Gott nicht lieben, ohne zuvor seine Liebe zu dir erfahren zu haben. *Wir lieben*, sagt die Bibel, *weil er uns zuerst geliebt hat.* Und so ist es nicht nur anfänglich. Es ist dauerhaft so. Wir fahren damit fort, Gott zu lieben, weil wir fortwährend seine Liebe erfahren. Die Leiter in Ephesus predigten: »Liebe Gott, liebe Gott, liebe Gott.« Doch du kannst durch menschliche Anstrengung keine Liebe zu Gott bewirken. Du kannst Gott nicht lieben, ohne dass er zuerst seine Liebe in dir ausgießt. *»Darin besteht die Liebe – nicht dass wir Gott geliebt haben, sondern dass er uns geliebt hat«* (1Joh 4,10).

Wenn du die erste Liebe empfängst, bestehend aus »Er liebt dich«, dann hast du die Liebe in dir, um Gottes Liebe erwidern zu können; und das geschieht völlig mühelos (man muss sie nicht befehlen, sie steigt einfach auf). Doch wenn du deine erste Liebe, also Gottes Liebe zu dir, verlässt, wenn sie nicht STÄNDIG die erste ist, dann hast du für Gott nichts weiter übrig als – bestenfalls – widerwilligen Gehorsam. »Ich diene dir, Gott, weil ich Angst habe, in die Hölle zu kommen. Und ich werde versuchen, dir gegenüber folgsam zu sein, weil dein grimmiger Zorn über mein Fehlverhalten wie ein Schwert über meinem Kopf hängt und mich in die Hölle schickt, wenn ich nicht aufpasse.« Gott aus Angst zu dienen führt unweigerlich zu Hass.

Weißt du, ich habe ständig gehört, wie dieser Abschnitt so ausgelegt wurde, also genau verkehrt herum. Jesus sagt in Vers 5: *»Bedenke nun, wovon du gefallen bist, und tue Buße und tue die ersten Werke! Sonst komme ich rasch über dich und werde deinen Leuchter von seiner Stelle wegstoßen, wenn du nicht Buße tust!«* Ich habe erlebt, wie das in einer Weise gepredigt wurde, die Gottes Volk drangsaliert und einschüchtert! Und als Gegenmittel wurde dabei Folgendes gepredigt: »Du musst Gott mehr lieben. Komm schon, wo bleibt deine Liebe? Zeig sie mir. Wenn du nicht zu deiner ersten Liebe zurückkehrst, wird dein Leuchter entfernt werden.« Und die Menschen reagieren aufgrund von Scham oder Schuld und legen Geld in den Opferbeutel oder tun religiös erscheinende Dinge. Doch letztendlich führt es zu Groll und Hass gegen Gott, wenn du versuchst, seine Liebe zu gewinnen.

Tue Buße darüber! Okay, »Buße« bedeutet: Ändere deine Denkweise. Jesus sagt, du denkst verkehrt! »Bedenke, wovon du gefallen bist.« Fallen bedeutet, du bewegst dich von einer sehr, sehr hohen Position zu einer viel niedrigeren Position. Sie hatten die hohe Position verlassen, in der sie Gottes erstaunliche Liebe zu ihnen betonten, und eine viel niedrigere Position eingenommen, in der sie ihre Liebe zu Gott und ihren Dienst für ihn hervorhoben.

Nichts Gutes erwächst aus einer Haltung, in der du versuchst, Gott zu lieben. Weißt du, was in einer solchen Haltung, in der es um deine Liebe zu Gott geht, seinen Anfang nimmt? Zorniger, religiöser Fanatismus. Grimmige Strenge, die die Maske der Religion trägt. Tu dies, tu jenes nicht. Trage dies, trage jenes nicht. Apostel Paulus sagt in Kolosser 2,23 (NEÜ): »*Es sieht zwar so aus, als ob solche eigenwilligen Gottesdienste, Demutsübungen und Misshandlungen des Körpers Zeichen besonderer Weisheit seien. Aber in Wirklichkeit haben sie keinen Wert ...*«

Jede gute Sache, einschließlich deiner Liebe zu Gott, hat seinen Ursprung hierin: »Gott liebt dich und gab sich selbst als Lösegeld, um dich freizukaufen.« Erfahre seine Liebe. Lebe in seiner Liebe. Schwimme in seiner Liebe. Dies ist deine erste Liebe. Kehre zu ihr zurück. Denn die erste Liebe ist nicht deine Liebe. Nein, Gott entfacht sie. Die erste Liebe ist *seine* Liebe.

Hör mir zu. Gott will von dir keine Scheinliebe, die du durch menschliche Anstrengungen erzeugst. Nein, seine Liebe ist zuerst da. Gehe zu ihr zurück. Kehre zurück zu der Liebe, die zuerst DICH ERGRIFFEN hat. Die Liebe, die DICH EROBERT hat! Es ist eine Rückkehr zu der großartigsten Wunderbotschaft der Bibel: »Jesus liebt mich, ganz gewiss, denn die Bibel sagt mir dies.« Fang hier an. Und schon bald wird es heißen: »Jesus liebt mich, ganz gewiss, denn erfahren hab ich dies.« Dein Glaube an seine Liebe öffnet die Tür für dich, um *diese Liebe zu erleben*. Fange an, dich ganz dieser einen Wahrheit hinzugeben: »Jesus liebt mich. Jesus liebt mich. Er liebt mich und er wirft mir nichts vor. Er liebt mich.« Nicht: »Er liebt mich, wenn ich … tue.« Nein, nein. Er liebt dich. Lass ihn. Lass ihn! Lass ihn dich lieben! Empfange es. Du empfängst seine Liebe, indem du seine Wahrheit über dich empfängst. Er wirft dir keine deiner falschen Handlungen vor. »*Gott [war] in Christus und [versöhnte] die Welt mit sich selbst*« (2Kor 5,19). Bist du auf der Welt? Dann wurdest du mit dem Vater versöhnt. Gott war in Christus und »*[versöhnte] die Welt mit sich selbst, indem er ihnen ihre Sünden nicht anrechnete*«. Welches Gefühl gibt dir das? Gott rechnet dir niemals, niemals, niemals deine Sünden an, weil er sie alle Jesus angerechnet hat. Denn Gott hat dich so sehr geliebt, *dich so sehr geliebt*, dass er seinen eingeborenen Sohn gab, damit jeder, der an ihn glaubt, Gottes Lebensqualität haben würde. Jeder, der an ihn glaubt!

Mensch, er liebt dich! Glaube einfach. Wenn die Tür des Glaubens sich öffnet, wird seine Liebe deine Seele durchfluten. Glaubst du das? Denk darüber nach. Er sagt, er liebt dich. Glaubst du das? Wenn du es glaubst, sprich Folgendes aus: »Ich habe einen Vater. Ich habe einen Papa. Und er liebt mich! Ich habe einen Erlöser. Und er liebt mich.« Sage: »Jesus, ich empfange deine Liebe.«

Nun bist du zu der Liebe zurückgekehrt, die du am Anfang hattest. Ohne diese Liebe ist ein Dienst erledigt. Wenn es nicht allein um »die Liebe Gottes« geht und sie nicht als grundlegende Sache von der Kanzel gepredigt (und von dir und mir geglaubt) wird, dann ist dieser Dienst wertlos. Er ist lediglich »scheppern-des Blech«, wie Paulus es in 1. Korinther 13,1 (NEÜ) nannte. Er besteht dann nur aus Verurteilung, die Menschen unter Verdammnis bringt.

Nein, »erinnere dich!«, sagt der Herr. Offenbarung 2,5: *»Bedenke nun, wovon du gefallen bist, und tue Buße* (ändere dein Denken) *und tue die ersten Werke!«* Was war das Werk, das du als Erstes getan hast? Du hast geglaubt. Glaube, dass Jesus *für* dich ist. Glaube ihm. Glaube, dass er dein Sündenproblem aus dem Weg geräumt hat. Glaube, dass du genau jetzt, in diesem Augenblick, allein aufgrund des Werkes Jesu, deinem himmlischen Vater ganz und gar willkommen und angenehm bist. Was hast du als Erstes getan? Du hast geglaubt.

Einmal fragten die Menschen Jesus ganz direkt (Joh 6,28–29): *»Was sollen wir tun, um die Werke Gottes zu wirken?« Jesus antwortete und sprach zu ihnen: »Das ist das Werk Gottes, dass ihr an den glaubt, den er gesandt hat.«*

Brüder und Schwestern, tut das Werk, das ihr als erstes getan habt: Glaubt! Glaube, dass Jesus alles getan hat. Kehre zurück zu der Liebe, die du als erste hattest. Wessen Liebe? *Seine!* Mach nicht *deine* Liebe zu Gott zur Grundlage deines Lebens. Mach seine Liebe zu dir zur Grundlage deines Lebens.

Jesus spricht hier also durch die Gemeinde in Ephesus zu den Leitern, den Pastoren dieser Gemeinde. Und in Vers 6 führt er etwas an, das die Leiter der Gemeinde richtig machen. Lies selbst: *»Aber dieses hast du, dass du die Werke der Nikolaiten hasst, die auch ich hasse.«*

Tatsächlich weiß niemand so genau, wer die Nikolaiten wirklich waren. Aber ihre Identität findet sich in ihrem Namen. Niko bedeutet »kontrollieren«. Laiten bedeutet »Laien«. Laien sind die Nicht-Geistlichen. Nikolaiten sind somit jene, die die Laien kontrollieren. Es ist eine Geistlichkeit, die Menschen mithilfe von Schuld, Scham, Furcht und aus Habgier manipuliert, die Menschen mit einer bestimmten Absicht kontrolliert. Oh, Jesus hasst das!

Menschen, die in Kirche oder Gemeinde so etwas erlebt haben und dann schließlich in die Freiheit der Liebe und Gnade Jesu geführt werden, *hassen das ebenso!* Tatsächlich wenden sich viele Menschen ganz von der Kirche ab, weil sie sich nicht erneut manipulieren lassen wollen. Ich habe Folgendes schon von so vielen Leuten zu hören bekommen: »Ich hätte nie gedacht, dass ich mich nochmal in einer Gemeinde wiederfinden würde. Ich hasse es, dass ich durch Schuld manipuliert wurde. Ich hasse es, dass ich durch Angst manipuliert wurde.«

Ich weiß. Jesus hasst das auch. Er hasst es. Du bist freigesetzt worden, um in Freiheit zu leben. Und jetzt, wo wir frei sind, werden wir so etwas nie wieder zulassen. Keine Manipulation mehr. Nur Freude. Ausschließlich freuen und in dieser Freude auf die Liebe reagieren, die uns zuerst gezeigt wurde.

Bekanntlich spricht Jesus in der Offenbarung zu sieben Gemeinden. Alle Sendschreiben haben den gleichen Aufbau. Und jedes endet mit: »*Wer überwindet…*«, gefolgt von einem Versprechen, das Jesus uns gibt. Und über diese Versprechen möchte ich dir etwas sagen. Das Versprechen, das jeder dieser Botschaften angefügt ist und sich an den Überwinder richtet, gilt nicht für die ferne Zukunft. Es gilt für das Hier und Jetzt und bringt Folgen für die Ewigkeit mit sich. Es ist ein Geschenk, das du jetzt erhältst und das sich wie Wellen in die Ewigkeit ausbreitet.

Offenbarung 2,7: »... *Wer überwindet* (in diesem Fall also derjenige, der die Dummheit der Fehler der Gemeinde überwinden kann), *dem will ich zu essen geben von dem Baum des Lebens, der in der Mitte des Paradieses Gottes ist.*« Dies ist ein Hinweis auf den Garten Eden, in dessen Mitte der Baum des Lebens stand, der Baum, der Leben bringt. Echtes Leben. Das ewige Leben, das Gottes Lebensqualität ist.

Jesus sagte seinem Volk damit, dass jeder, der das Problem überwindet, das er soeben angesprochen hat, nämlich nicht in der ersten Liebe zu leben, dass jeder, der das überwindet und zu einer Haltung zurückkehrt, die ihn in der Liebe Jesu und in seinem für ihn vollbrachten Werk ruhen lässt, echtes Leben findet – göttliche Lebensqualität, die im Garten ihren Anfang nahm.

Da wo Gott für uns sorgt, entspannen wir uns und genießen seine Fürsorge, weil unsere Zuversicht allein auf seine Liebe baut. Iss das. Diese Frucht schmeckt so gut.

Offenbarung

DIE GEMEINDE VON PERGAMON

Der Apostel Johannes hat eine Vision, die sich vor seinem inneren Auge entfaltet. Der erste Teil dieser Vision handelt von auf der Erde stattfindenden Geschehnissen und zeigt Jesus, der zwischen den sieben Leuchtern umhergeht, die ein Bild für die sieben Gemeinden sind. Und genau das ist der Schlüssel. Wo findet das Ganze statt? Auf der Erde. Wie wird Jesus hier dargestellt? Er ist auf der Erde und geht »zwischen« den sieben Leuchtern umher. Das ist Jesus, der in dir ist. Du, als Teil von Gottes Volk, gehst zwischen den sieben Leuchtern umher. Auf der Erde geht Jesus dorthin, wo du hingehst, weil er in dir ist.

Dieses Bild von Jesus, der an die sieben Gemeinden Botschaften richtet, ist somit ein Bild von Jesus, der durch die Gemeinde (sein Volk) zu den Pastoren dieser Gemeinden spricht, die durch die sieben Sterne in seiner rechten Hand verkörpert werden.

Und diese Grundvoraussetzung ist ausschlaggebend. Denn dieses Bild weicht von der bisherigen Darstellung ab, die den Prediger als denjenigen zeigt, der Menschen von der Kanzel aus mit den Worten Jesu verurteilt und ihnen sagt, was sie falsch machen. Gefolgt von Warnungen und Drohungen: »Wenn ihr euer Leben nicht in Ordnung bringt ... wird Jesus euch von eurem Platz entfernen ... er wird euch aus seinem Mund ausspeien, weil ihr lau seid.« Nein, Gottes Volk ist es, das geleitet von Jesus selbst, die Botschaft und die Handlungen der institutionellen Kirche durch Ermahnung, Ermutigung und Zurechtweisung beurteilt.

DAS im Sinn behaltend, sieh dir Offenbarung 2,12 an: »*Und dem Engel der Gemeinde in Pergamon schreibe: Das sagt, der das scharfe zweischneidige Schwert hat*«.

Nur um es klarzustellen: Hier spricht Jesus, und Jesus hat das scharfe zweischneidige Schwert. Doch es ist kein gegenständliches Schwert, richtig? Es handelt sich hier um Symbolsprache. Nur wenige Verse zuvor beschreibt Johannes Jesus auf diese Weise. Hier in Offenbarung 1,16 ist das Bild: »*Und er hatte in seiner rechten Hand sieben Sterne, und aus seinem Mund ging ein scharfes, zweischneidiges Schwert hervor*«. Ein sonderbares Bild, wenn man darüber nachdenkt; aus Jesu Mund kam ein Schwert. Doch es bedeutet einfach nur, dass das Schwert Jesu seine Worte sind.

Christi eigene Worte dringen durch bis zur Scheidung von Seele und Geist. Oder anders gesagt, sie öffnen uns bis in den inneren Kern, dort, wo Geist und Seele zusammenlaufen, in unserem Herzen. Dort findet sich, was wir wirklich glauben. Jesus will, dass wir uns ansehen, was wir wirklich über uns selbst und über ihn glauben.

In Vers 13 steht: »*Ich kenne deine Werke und [weiß,] wo du wohnst: da, wo der Thron des Satans ist, und dass du an meinem Namen festhältst und den Glauben an mich nicht verleugnet hast, auch in den Tagen, in denen Antipas mein treuer Zeuge war, der bei euch getötet wurde, da, wo der Satan wohnt.*« Okay, aus der Archäologie wissen wir, dass der Tempel des Zeus, des griechischen Göttervaters aller Götter, in Pergamon war. Also gab es viel Verfolgung für die Christen dort, die sagten, dass Jesus, nicht Zeus, der Herr der Herren, Gott aller Götter sei.

Vers 14 (ELB): »*Aber ich habe ein weniges gegen dich, dass du solche dort hast, welche die Lehre Bileams festhalten, der den Balak lehrte, eine Falle vor die Söhne Israels hinzustellen, so dass sie Götzenopfer aßen und Unzucht trieben.*«

Vergiss nicht, es sind die Menschen, Gottes Volk, die richtigerweise über die Lehre urteilen, die in der Gemeinde gepredigt wird. Und hier wird auf die weit zurückliegende Zeit verwiesen, als die Israeliten aus der Wüste kamen und anfingen, in das verheißene Land zu ziehen.

Das Bild von Israel, wie es ins verheißene Land einzieht, wird im Neuen Testament als ein Symbol, als ein Bild der Gemeinde verwendet, die in ihre verheißene Ruhe in Jesus einzieht. Du kannst alles darüber in Hebräer 3 und 4 lesen.

Die Bibel sagt, dass es für Gläubige eine verheißene Ruhe in Jesus gibt. Es ist eine Position, in der du dich nicht länger darum bemühst, gut genug für Gott zu sein, sondern in dem für dich vollbrachten Werk Jesu ruhst. In der du weißt – und es auch glauben kannst –, dass du einen Vater hast, der für dich sorgt, und einen Geist, der dich zu weisen Entscheidungen leitet. Es gibt eine Position der echten Ruhe, in der du einfach weißt, dass du geliebt und angenommen bist. In dieser Position setzt du dein ganzes Vertrauen auf das, was Jesus getan hat. Du mühst dich nicht ab, um gut genug für Gott zu sein. Es ist eine Position, in der du gemeinsam mit Gott in dieser Welt (im Hier und Jetzt!) ruhen kannst. Es geht um das, was Jesus in Matthäus 11,28–30 sagte: *Bist du müde? Erschöpft? Durch Religion ausgebrannt? Komm zu mir. Geh fort mit mir und dein Leben wird sich erholen. Ich werde dir zeigen, wie man sich richtig ausruht. Geh mit mir und arbeite mit mir, sieh mir zu, wie ich es mache. Erlerne den ungezwungenen Rhythmus der Gnade. Ich werde nichts Schweres oder Unpassendes auf dich legen. Leiste mir Gesellschaft und du wirst lernen, frei und leicht zu leben.*

Diese Ruhe, die Ruhe mit Gott, in der du aufhörst, mit ihm zu ringen, kommt erst dann, wenn du *weißt*, dass Jesus dich ohne dein Zutun gerecht, würdig und angenehm gemacht hat. Es ist *sein* Werk. Er hat es für dich vollbracht. Er lebt in dir und du kannst in dem, was er für dich getan hat, ruhen. Du bist vom Vater geliebt. Du bist von ihm angenommen. Es fühlt sich extrem gut an, in dieser Position zu leben, Amen?

Doch für viele von uns gab es Zeiten in unserem Leben als Christ, in denen wir das nicht wussten. Und wir kämpften darum, gut genug für Gott zu sein. Wir waren auf Sünde fixiert, erreichten nie das Ziel, weil wir nicht verstanden, was Jesus getan hat. Mit anderen Worten, wir hatten Jesus, aber wir hatten nicht seine Ruhe!

Genau das beschreibt die Bibel in Hebräer 4,1 (LUT): »*So lasst uns nun mit Furcht darauf achten, dass keiner von euch zurückbleibe, solange die Verheißung noch besteht, dass wir in seine Ruhe eingehen.*« Diese Verheißung gilt also jedem Gläubigen, doch manche Gläubige scheinen »zurückzubleiben«. Die Verheißung gehört ihnen zwar, trotzdem besitzen sie sie nicht. Es liegt *ein Hindernis* auf ihrem Weg, das ihnen zur **Falle** wird.

Und über diese Falle spricht Jesus in seiner Botschaft an die Pastoren von Pergamon: »*Aber ich habe ein weniges gegen dich, dass du solche dort hast, welche die Lehre Bileams festhalten, der den Balak lehrte, eine Falle vor die Söhne Israels hinzustellen, so dass sie Götzenopfer aßen und Unzucht trieben.*« In Pergamon wurde etwas gepredigt, das den Menschen zur Falle wurde und sie daran hinderte, in die verheißene Ruhe Christi einzutreten. Und Prediger allerorts sahen diese Falle darin, »*dass sie Götzenopfer aßen und Unzucht trieben*«. Doch das war nur Bileams Strategie, nicht Bileams Lehre. Die eigentliche Falle, das Ziel von Bileam und Balak in dieser alttestamentlichen Geschichte, bestand darin, das Volk Gottes dazu zu bringen, den Abgott Baal anzunehmen. Sie sollten an einen anderen Gott glauben! Das ist die Falle. *Die Strategie war*, dass Baals Tempeldienerinnen die Männer verführen sollten, sodass diese schließlich einen falschen Gott annehmen würden.

Israel mit seinem mächtigen Heer ist also bereit, ins verheißene Land einzuziehen! Halleluja! Gott hat ihnen das Land zum Geschenk gemacht. Alles war bereit. Sie vertrauten darauf, dass er es ihnen geben würde, obwohl es dort noch Feinde gab, die es zu besiegen galt. Balak ist einer dieser Feinde. Er ist ein heidnischer König, der nicht will, dass Israel das Land besitzt.

Er befiehlt Bileam, Israel zu verfluchen. Doch Gott lässt nicht zu, dass Bileam das Volk verflucht. Und obwohl Bileam Israel nicht direkt verfluchen kann, unterbreitet er Balak eine andere Strategie. Es geht darum, die Israeliten dazu zu bringen, ihr Vertrauen auf ihren Gott Jahwe aufzugeben und stattdessen den Abgott Baal anzubeten.

Den falschen Gott anzubeten *war die Falle.* 4. Mose 25,3 (ELB): *»Und Israel hängte sich an den Baal-Peor. Da entbrannte der Zorn des HERRN gegen Israel.«* Warum? Weil sie anfingen, ihrer Anbetung Jahwes die Anbetung eines Abgottes hinzuzufügen.

Und nun, obwohl Gott ihnen das verheißene Land als Geschenk gegeben hat, sind sie wegen ihres Götzendienstes nicht in der Lage, hineinzugelangen. Sie hatten aufgehört, den wahren Gott Jahwe als ihre Quelle für alles Gute zu sehen. Sie fügten einen anderen Gott hinzu – Baal. Weißt du, wie Baal aussieht? Es gibt antike Statuen von Baal. Er ist ein stolz aussehender Mensch, der alles von oben herab betrachtet.

Was passiert also in der Gemeinde in Pergamon? Man erlaubt dort gewissen Leuten, eine Lehre zu verbreiten, die eine Falle ist, eine Lehre, die das Volk daran hindert, in die verheißene Ruhe einzugehen, eine Lehre, die den stolzen Menschen Baal dem vollbrachten Werk Jesu hinzufügt. Die sexuelle Unmoral ist nicht das Hindernis, so schlimm sie auch ist. Die Lehre Bileams ist es. Diese Lehre, die sagt: »Um Ruhe zu finden, solltest du Jahwe etwas hinzufügen.« Du solltest dem vollbrachten Werk Jesu etwas hinzufügen, um dir das verheißene Land besser zu sichern.

Das ist das Hindernis, das dir zur Falle wird. Du kannst Gottes verheißene Ruhe in Jesus nicht finden, wenn es einen Prediger gibt, der dir sagt, dass du den stolzen Menschen, deine eigenen Bemühungen, hinzufügen musst. »Tu diese fünf Dinge, damit Gott deine Gebete beantwortet. Stelle sicher, dass es in deinem Leben keine Sünde gibt, wenn du diese Segnungen haben willst.« Nein, das ist eine Falle.

Es ist einfach noch mehr von der immer gleichen Geschichte. Jesus sagt in Vers 15: »*So hast auch du solche, die an der Lehre der Nikolaiten festhalten, was ich hasse.*« Niko – Kontrolle, laiten – Laien. Jesus sagte damit, dass auch die Lehre Bileams am Ende nur ein weiterer Versuch der Geistlichkeit ist, den Laienstand zu kontrollieren, indem einige Werke hinzugefügt werden, die von den Laien ausgeführt werden müssen, um von Gott gesegnet zu werden oder vollständig angenommen zu sein. Und für gewöhnlich ist irgendwo auf dieser Liste auch der Punkt »Stelle einen fetten Scheck aus« untergebracht. Weil Gott dich *dann* segnen wird. Gott wird dich nicht segnen, wenn du nicht zuerst eine Saat säest. Mit anderen Worten, das verheißene Land erhältst du nicht wirklich als Geschenk. Gottes Annahme bekommst du nicht wirklich geschenkt. Und die verheißene Ruhe in Jesus ist eigentlich auch kein Geschenk. Du musst etwas tun, um das alles zu bekommen. Falle! Wenn du »tun« musst, um in Gottes Ruhe zu kommen und von ihm angenommen zu werden, wirst du beides nie erreichen. Glaub mir, das haben schon sehr viele von uns versucht.

Und erst als dieses Hindernis entfernt wurde und wir das unverfälschte, reine Evangelium Jesu Christi hörten (dass er ein vollendetes Werk in uns vollbracht hat, dass wir für immer vollkommen gemacht worden sind, dass wir in diesem Moment die

Gerechtigkeit Gottes sind, dass die Sünde uns nicht die Gemeinschaft mit Papa nehmen kann, weil er uns zu seiner festen Wohnung gemacht hat, dass wir ununterbrochene Gemeinschaft mit ihm haben und uns alle unsere vergangenen, gegenwärtigen und zukünftigen Sünden in Jesus bereits vergeben sind) und es auch wirklich begriffen, verstanden wir endlich, was Frieden ist! Dauerhafter Frieden. Freude. Anhaltende Freude. Wir traten endlich in unsere verheißene Ruhe ein! Ruhst du?

Gemeinden, die die Lehre Bileams predigen, sagt Jesus (durch sein Volk) Folgendes in Vers 16 (EÜ): »*Kehr nun um! Sonst komme ich bald und werde sie mit dem Schwert aus meinem Mund bekämpfen.*«

Oder anders gesagt: »Höre, Prediger, Gottes Volk wird mit den Worten Jesu zu dir kommen und dich mit der Wahrheit konfrontieren und manches an dir wird zurechtgestutzt werden. Du wirst schlagartig einen Teil deiner Theologie verlieren und möglicherweise auch etwas Stolz.« Und Freunde, genau das geschieht jetzt in dieser Reformation, die wie eine Flutwelle über die ganze Welt rollt. Die Reformation der Gemeinde – durch die Menschen, die, weil ihr Hindernis entfernt worden ist, sich erheben und vorwärts gehen – ist eine Welle, die unaufhaltsam rollt und immer größer wird. Und diese Menschen (vielleicht gehörst auch du als Leser dieses Buches dazu) können ihren Mund nicht geschlossen halten. Das Schwert fährt einfach immerzu aus ihrem Mund.

Du hast Leben und Frieden im verheißenen Land erfahren! Amen! Dir gehört jetzt das Leben. Dir gehört jetzt die Ruhe. Du bist geliebt und für immer freigesprochen. Jeder Segen gehört dir bereits, unentgeltlich und losgelöst von den Werken des Gesetzes; unabhängig von dem stolzen Menschengott, der denkt, er kann dem, was Jesus getan hat, etwas hinzufügen.

Wenn du das verstehst, empfängst du Ruhe. Tatsächlich empfängst du ein neues Leben. Und ich möchte, dass du dir die wunderschönen Worte Jesu ansiehst, mit denen er seine Botschaft an Pergamon enden lässt. Vers 17: »*Wer ein Ohr hat, der höre, was der Geist den Gemeinden sagt! Wer überwindet, dem werde ich von dem verborgenen Manna zu essen geben; und ich werde ihm einen weißen Stein geben und auf dem Stein geschrieben einen neuen Namen, den niemand kennt außer dem, der ihn empfängt.*«

Also: »*Wer überwindet* (also die Person, die das Hindernis überwindet, das sie davon abhält, in die verheißene Ruhe einzutreten), *dem werde ich von dem verborgenen Manna zu essen geben*«. Das Manna war die Nahrung, die Gott dem Volk Israel in der Wüste gab. Und Jesus sagte, dass diese Nahrung ihn selbst symbolisierte. Er ist das Manna, er ist das Brot, das vom Himmel herunter kommt und der Welt Leben gibt.

Doch warum wird es *verborgenes* Manna genannt? Darüber haben sich Menschen den Kopf zerbrochen, aber es ist lediglich ein weiteres alttestamentliches Bild.

Du erinnerst dich sicher, dass Gott dem Volk zur Zeit der Wüstenwanderung befahl, die Bundeslade zu bauen. Die Bundeslade war eine einfache Holzkiste, die mit Gold verkleidet war. Und Gott wies Mose an, drei Dinge in die Bundeslade zu legen. Die Steintafeln mit den Zehn Geboten. Aarons Stab (der Stab, der austrieb und blühte, ein Sinnbild für die Auferstehung – das tote Holz erwachte auf wundersame Weise zum Leben und brachte Frucht hervor, und das alles in einer einzigen Nacht, es symbolisierte also Jesu Auferstehung). Und was war der dritte Gegenstand in der Bundeslade? Ein Topf gefüllt mit Manna.

Salomo war derjenige König von Israel, der den ständigen Tempel in Jerusalem baute. Der Bau dieses Tempels war nicht das, was Gott wollte. In den Augen Israels bedeutete es die dauerhafte Aufrichtung des Gesetzesbundes innerhalb der Nation. Gott sagte zu den Israeliten: »Ihr wollt einen Tempel für mich bauen? Glaubt ihr, dort will ich wohnen? Gott lebt nicht in einem von Menschenhand gemachten Tempel.« Er lebt in dir! Amen? Doch Salomo baute den Tempel und zur Einweihung des Tempels sollte auch die Bundeslade hinaufgebracht werden, um sie ins Allerheiligste zu stellen. Und als es soweit war, wurde die Bundeslade gebracht (die Lade des *alten Bundes des Gesetzes*). Nachdem sie in den Tempel hineingetragen worden war, wo sie dauerhaft verwahrt werden sollte, wurde sie geöffnet. Und rate mal, was man darin fand – 1. Könige 8,9: »*Es war nichts in der Lade als nur die zwei steinernen Tafeln, die Mose am Horeb hineingelegt hatte, als der Herr mit den Kindern Israels einen Bund machte, als sie aus dem Land Ägypten gezogen waren.*«

Das heißt, die zwei Symbole der Kraft und Gegenwart Jesu (Aarons Stab und das himmlische Manna) waren nicht in der Lade! Gott hatte sie aus der Lade entfernt und sie bis zur Zeit der Erfüllung verborgen. Gott sagte damit: »Wenn ihr den Gesetzesbund zu einer Institution machen wollt, dann gibt es auch nur das Gesetz. Es wird keine Vermengung mit Jesus geben, mit der Kraft seiner Auferstehung, mit dem Leben seiner Gegenwart. Ich werde euch nicht erlauben, Jesus mit dem Gesetz zu vermengen.« Und alles, was für sie zu institutionalisieren blieb, waren die Steintafeln.

Gott verbarg das Leben in Jesus bis die Zeit erfüllt war. Und das verborgene Manna, das allein aus dem Leben Christi besteht (ausschließlich Manna, unabhängig vom Gesetz), das ist das Geschenk, das Gott seinem Volk gibt. Das verborgene Manna ist ein Symbol für »nichts außer Jesus«. Gott sonderte ihn ab von den Steintafeln. Iss nur ihn. Iss nichts anderes. Iss nur Jesus. Darin liegt dein Leben.

Wenn du in einer Gemeinde bist, die dir zusammen mit dem Manna auch Stückchen vom Stein zu essen gibt, spuck das Gemisch aus. Geh in eine andere Gemeinde. Manna und Stein passen nicht zusammen. Nur Manna, nur das, was Jesus getan hat, ist Leben. Er ist Leben. Und hör jetzt genau zu: Er ist dein eigenes Leben. Jesus ist dein eigenes, wahres Leben.

Jesus sagte, wenn du überwindest, wenn du an den Punkt kommst, wo du Ohren hast zu hören, und siehst, dass du dich nur von ihm ernähren solltest, dann »werde [ich] ihm einen weißen Stein geben und auf dem Stein geschrieben einen neuen Namen, den niemand kennt außer dem, der ihn empfängt«.

Und das ist die schönste und tiefgründigste Botschaft dieses ganzen Wortes an die Gemeinde in Pergamon.

Weißt du, Jesus gibt dir einen Stein, aber der ist nicht zum Essen da. Es gibt in der griechischen Sprache nämlich drei verschiedene Worte für Stein: *lithos*, *petros* und *psephos*. *Lithos* wird am häufigsten verwendet (82 Mal im Neuen Testament) und bedeutet Stein. *Petros* wird 161 Mal verwendet, wobei es in den meisten Fällen einfach nur zu Petrus gewandelt wird. Es bedeutet aber Fels.

Das dritte Wort ist *psephos* und es wird genau zweimal im Neuen Testament verwendet –einmal hier und das zweite Mal in Apostelgeschichte 26,10, wo Paulus sein Zeugnis gibt und schildert, wie er vor seiner Errettung Gläubige verfolgte. Lass uns lesen, was er dort sagt (LUT): »*Das habe ich in Jerusalem auch getan; dort brachte ich viele Heilige ins Gefängnis, wozu ich Vollmacht von den Hohenpriestern empfangen hatte. Und wenn sie getötet werden sollten, gab ich meine Stimme dazu.*« Das Wort, das hier zu »Stimme« übersetzt wird, ist *psephos*. Die Symbolik beschreibt den Vorgang, bei dem man eine Person schuldig oder nicht schuldig sprach, indem man seinen Stein zu den Steinen der anderen Personen legte, die über den jeweiligen Fall zu entscheiden hatten. Legte man einen schwarzen *psephos*, einen schwarzen Stein dazu, gab man damit seine Stimme für »schuldig« ab. Fügte man einen weißen Stein hinzu, erklärte man damit die Unschuld des Angeklagten. Dein Urteil war an die Farbe deines Steines gebunden.

In Apostelgeschichte 26 fällte Paulus einen Schuldspruch, indem er den schwarzen Stein dazulegte. Er stimmte gegen die Heiligen. Auch Jesus hat einen Stein. Er hat einen *psephos*; und darauf steht dein Name geschrieben. Dieser Stein ist das endgültige Urteil über dein Leben und Jesus gibt ihn dir als ein Geschenk. Und dieser Stein ist weiß. Denn das Urteil gegen dich ist ergangen und es lautet »Unschuldig!«.

Es ist sogar noch viel schöner als das. Jesus sagt, es sei ein *weißer* Stein, und das ist auch so. Aber den Stein weiß zu nennen ist eine starke Untertreibung; es ist ungefähr so, als würde man sagen, Bill Gates habe ein paar Dollar auf der Bank. Mir kommen die Tränen, wenn ich darüber nachdenke.

Das griechische Wort für weiß ist *aspros*. Es ist ein gebräuchliches Wort für diese Farbe. Doch Jesus sagte, dein Stein ist *leukos*. *Leukos* ist in der Bibel nur wenige Male zu finden. Es wird verwendet, um Jesus zum Zeitpunkt seiner Verklärung zu beschreiben; dort heißt es, sein Gesicht leuchtete wie die Sonne und seine Kleider wurden weiß wie das Licht. Ein strahlendes, blendendes Weiß, wie es kein Textilhersteller der Welt erreichen könnte. *Diese* Art von Weiß (blendend weiß) *das ist leukos*. Dieses Wort wird also verwendet, um das Weiß bei der Verklärung zu beschreiben. Es wird verwendet, um das Weiß bei der Auferstehung zu beschreiben und es wird neben der Schriftstelle in der Offenbarung noch an einer weiteren Stelle verwendet, die ich dir zeigen möchte.

Weiß ist eine sinnbildliche Darstellung deiner Gerechtigkeit. Weiß ist die Farbe der Reinheit. Wie beispielsweise »Ivory«-Seife – zu 99,44 % rein. Doch dieses Weiß geht noch weiter. Es ist ein

Wunder-Weiß. Es ist so, als sagte man über etwas, es sei zu 200 % rein, zu 200 % gerecht. Und die eine weitere Schriftstelle, in der dieses Weiß vorkommt, ist die, in der Jesus die Menschenmenge ansah, die zu ihm kam, um seine Lehre zu hören. Du erinnerst dich vielleicht noch an Johannes 4,35, wo Jesus sich zu seinen Jüngern wendet, während die Menge sich nähert, und sagt: »*Siehe, ich sage euch: Hebt eure Augen auf und seht die Felder an; sie sind schon (leukos) weiß zur Ernte.*« »Sie sind schon« – (»ich erkläre sie für«) unschuldig, blendend weiß, gerecht, rein, freigesprochen zur Ernte!

Jesus verkündete den Freispruch über die Menge. Sie waren bereit, geerntet zu werden. Bereit, zu hören und zu glauben. Bereit, ihren Glauben einzusetzen, um ihre Erlösung zu empfangen.

Wenn du auf eine Menschenmenge blickst, musst du sie mit den Augen Jesu sehen. Diese Menschen sind keine Sünder in der Hand eines zornigen Gottes, der darauf wartet, dass sie Buße tun und ihre Sünden bekennen. Jesus hat seinen Urteilsspruch über sie bereits gefällt: »Unschuldig! Unschuldig!« Nimm dieses Urteil für dich selbst an. Nimm den Stein, den er dir als Geschenk überreicht. Glaube es. Lass uns gemeinsam daran glauben.

Deine Identität ist nicht so beschaffen, dass deine Unschuld dich einfach nur weiß sein lässt. Dein Weiß ist das Weiß, in dem Jesus während seiner Verklärung erstrahlte. Du bist Verklärungs-weiß. Du bist Auferstehungs-weiß. Du bist so weiß, wie es keine menschliche Anstrengung, kein noch so gründliches Bleichen von menschlicher Hand es je bewirken könnte. Du trägst das Weiß nach Art der Herrlichkeit Gottes. Gottes Weiß der Gerechtigkeit. Und das überreicht dir Jesus als Geschenk; es ist sein Urteil, das er dir aushändigt.

Es gibt noch einen Punkt, auf den ich dich in dieser Schriftstelle hinweisen möchte. Es geht dabei um etwas überaus Wichtiges. Der leuchtend weiße Stein, der dich freispricht und deine Unschuld erklärt und dir als Geschenk überreicht wird, trägt darin eingraviert deinen wahren Namen, wie im letzten Teil von Vers 17 zu lesen ist: »... *und auf dem Stein geschrieben einen neuen Namen, den niemand kennt außer dem, der ihn empfängt.*«

Dein Name ist deine Identität. Um den Namen geht es. Ich möchte, dass du das genau verstehst, weil es so wichtig ist: Dein Name, deine Identität, wer du als Person wirklich bist, kann nicht getrennt von der Gerechtigkeit Jesu erkannt werden. Wir alle haben Lügen in unsere Herzen eingebrannt. Und wir glauben sie wirklich. »Ich bin unbeherrscht, ich bin nicht liebenswert, ich bin abstoßend, ich bin ein zorniger Mensch, ich bin nicht geduldig, ich bin unwürdig.« Wir definieren uns nach unserem »GETRENNT VON JESUS«-Leben. »Ich bin ein Ehebrecher, ich bin ein Dieb, ich bin gierig, ich bin ein sexuell Abartiger.« Das alles sind Selbstbilder, die getrennt sind von dem Leben, das in Jesus ist. Es sind Selbstbilder, die aus dem Kampf mit dem Fleisch geboren sind und sich den Wahrheiten fügen, die wir *in unserem Fleisch* sehen.

Ich muss das deutlich machen und ich bitte dich, mir in Liebe zuzuhören. Eine der größten Falschvorstellungen über das Christsein ist die, um es deutlich auf den Punkt zu bringen, dass wir Jesus *in unser Leben* aufnehmen, um von Neuem geboren zu werden. Wir alle haben das so schon an andere Leute weitergegeben, um ihnen dabei zu helfen, von Neuem geboren zu werden und die gute Nachricht von Jesus zu empfangen. Doch dahinter steht der Gedanke, dass wir Jesus *unserem Leben hinzufügen.* Mixe ein wenig Jesus in dein Leben – und Bumm! – schon bist du von Neuem geboren.

So ist es ganz und gar nicht. Du nimmst nicht Jesus in DEIN Leben auf. Du empfängst Jesus ALS dein Leben. Außer ihm gibt es kein Leben. Viele Gläubige bringen ihr ganzes Leben damit zu, den alten Menschen in Ordnung zu bringen, was unmöglich ist, weil Jesus ihn für tot erklärt hat. Gott ist nicht daran interessiert, die Person herzurichten, die du deiner Überzeugung nach warst, als du noch unter Verdammnis und Schuld lebtest. Er will nicht den fleischlichen Menschen in Ordnung bringen. Dieser Mensch ist in Christus am Kreuz gestorben. Das neue Leben, das du besitzt, ist von oben her geboren und es ist dein wahres Ich; deine wahre Identität ist *der lebendige Christus in dir*!

Er gibt dir deine Identität. Sie steht auf deinem »Urteilsspruchstein«. Auf diesem Stein steht dein neuer Name. Und dieser Name, dein echtes Ich, deine wahre Identität, ist dir überhaupt nicht fremd, denn Jesus sagt, dass du darin dein wahres Ich erkennen wirst. Es mag keine Identität sein, die irgendjemand sonst in dir erkennen würde. Doch wenn du diesen Namen von ihm empfängst, sagt Jesus, wird niemand ihn »*kennen*« außer dem, der ihn empfängt. Diese Person wird ihn »*kennen*«. Du wirst ihn kennen; du wirst ihn als dein wahres Ich erkennen.

Wer ist dein wahres Ich? Paulus sagt (Gal 2,20 ELB): »*Und nicht mehr lebe ich, sondern Christus lebt in mir.*«

Hör zu, ich war der Typ in der Highschool, der während des Unterrichts nie die Hand hob. Ich war ein totales »Mauerblümchen«. Ich war nach innen gekehrt, schüchtern und schwerfällig. Einmal, als sich das Schuljahr schon dem Ende zuneigte, stellte mein Geometrielehrer sich während des Unterrichts vor die Klasse hin und sagte:»Es gibt jemanden in dieser Klasse, der das ganze Jahr über nicht ein einziges Wort gesagt hat. Kann mir irgendeiner sagen, wer das ist?« Und alle Finger in der Klasse zeigten auf mich. Ich war derjenige. Ich dachte, ich müsse sterben. Ich war der, der so schüchtern war.

Ich hätte mich einfach damit abfinden können, dass es das ist, was ich bin; ich hätte es zur Identität von Greg Riether machen können. Doch weißt du was? Ich mag die Identität, die mit Jesus kommt, viel lieber. Sie ist mein wahres Ich. Der wahre Greg Riether ist der Typ, der jeden Sonntag von seinem Platz aufsteht und mutig die Liebe eines Erlösers und die Schuldfreiheit der Menschheit verkündigt. Jesus hat mich mit mir selbst bekannt gemacht. Es begann mit der Ausrufung meiner hell leuchtenden Unschuld.

Lass dich von niemand anderem definieren. Jesus weiß, wer du wirklich bist. Sag zu ihm: »Jesus, ich will nicht das Leben, das ich mir selbst geschaffen habe, ich will nur dich. Ich will, dass du in mir lebst und mir so meine Identität gibst. Nicht mehr ich selbst lebe, sondern du lebst in mir.« Mit dem Unschuldsurteil des weißen Steines geht ein weiteres Geschenk von Jesus einher: Er zeigt dir, wer du wirklich bist. Und dieses Ich sitzt wie angegossen. Lass dich von Jesus mit deinem wahren Ich bekannt machen. Welch ein Geschenk. Es ist niemals zu spät, dich selbst kennenzulernen.

Es beginnt mit der Schuldfreiheit. Du wirst für unschuldig erklärt. Du bist gerecht. Du bist würdig. Du bist fähig. Du bist weise. Du bist tauglich für das Königreich. Papa ist stolz auf dich wegen deines furchtlosen Glaubens, der sich dem, was andere sagen, widersetzt. Du bist sein geliebtes Kind. Du gehörst für immer ihm. Du bist zuversichtlich und begabt und schön und anmutig und liebenswürdig und geduldig, freundlich, gütig, treu, selbstbeherrscht, rein, voller Freude, Friede und Sanftmut. Glaube *ihm*. Lass dich von ihm mit dir selbst bekannt machen.

Offenbarung

DIE GEMEINDE VON THYATIRA

Und dem Engel der Gemeinde in Thyatira schreibe: Das sagt der Sohn Gottes, der Augen hat wie eine Feuerflamme und dessen Füße schimmerndem Erz gleichen: Ich kenne deine Werke und deine Liebe und deinen Dienst und deinen Glauben und dein standhaftes Ausharren, und [ich weiß], dass deine letzten Werke mehr sind als die ersten. Aber ich habe ein weniges gegen dich, dass du es zulässt, dass die Frau Isebel, die sich eine Prophetin nennt, meine Knechte lehrt und verführt, Unzucht zu treiben und Götzenopfer zu essen. Und ich gab ihr Zeit, Buße zu tun von ihrer Unzucht, und sie hat nicht Buße getan. Siehe, ich werfe sie auf ein [Kranken-] Bett und die, welche mit ihr ehebrechen, in große Drangsal, wenn sie nicht Buße tun über ihre Werke. Und ihre Kinder will ich mit dem Tod schlagen; und alle Gemeinden werden erkennen, dass ich es bin, der Nieren und Herzen erforscht. Und ich werde jedem einzelnen von euch geben nach seinen Werken. Euch aber sage ich, und den übrigen in Thyatira, all denen, die diese Lehre nicht haben und die nicht die Tiefen des Satans erkannt haben, wie sie sagen: Ich will keine weitere Last auf euch legen; doch was ihr habt, das haltet fest, bis ich komme! Und wer überwindet und meine Werke bis ans Ende bewahrt, dem werde ich Vollmacht geben über die Heidenvölker, und er wird sie mit einem eisernen Stab weiden, wie man irdene Gefäße zerschlägt, wie auch ich es

von meinem Vater empfangen habe; und ich werde ihm den
Morgenstern geben. Wer ein Ohr hat, der höre, was der Geist
den Gemeinden sagt! – Offenbarung 2,18–29

E rinnern wir uns: Jesus geht zwischen diesen sieben Gemeinden
auf der Erde umher. Das ist die Vision, die Johannes sieht. Jesus
inmitten der institutionellen Gemeinden ist ein Bild von Gottes
Volk. Jesus ist auf der Erde nur in seinem Volk, also auch in dir,
gegenwärtig. Deshalb geht er zwischen allen sieben Gemeinden
gleichzeitig umher. Das Bild hier zeigt somit Jesus, der durch sein
Volk jede dieser Gemeinden, jede dieser Institutionen, beurteilt. Er
beurteilt ihre Lehre und ermutigt, belehrt und ermahnt sie dabei.
Und wenn ein Leuchter (eine Gemeinde) entfernt werden muss,
wird Jesus sie entfernen; und das tut er durch dich! Gottes Volk
entscheidet darüber, welche Gemeinde bestehen bleibt; du ent-
scheidest durch deine Anwesenheit und durch deine Brieftasche.
Und aus Jesu Sicht verdienen manche Gemeinden es zu sterben.

Wir sind nun an einem Ort namens Thyatira. Und Jesus spricht
durch Gottes Volk zu dem Pastor von Thyatira. Er spricht über
den Dienst. Manches macht dieser Dienst richtig – er wirkt und
dient in Liebe, er hat Glaube und beweist sich in Geduld. Doch es
gibt andere Dinge, die in dieser Gemeinde nicht so gut laufen.

Man lässt zu, »dass die Frau Isebel, die sich eine Prophetin
nennt, meine Knechte lehrt und verführt, Unzucht zu treiben und
Götzenopfer zu essen.«

Wir wissen natürlich sofort, dass Jesus hier in Sinnbildern
spricht. Schließlich stammt die Geschichte von Isebel aus dem Alten Testament. Sie war die Ehefrau des israelitischen Königs Ahab
und betete Baal an. Und weil Ahab sie heiratete, fingen auch er
und ganz Israel an, einen falschen Gott anzubeten.

Jesus bezieht sich auf diese Geschichte als Symbol dafür, was in dieser Gemeinde vor sich geht. Es gibt eine Person in dieser Gemeinde, der eine herausragende Stellung eingeräumt wurde. Es handelt sich dabei um eine Prophetin. Ein Prophet oder eine Prophetin ist jemand, der behauptet, für Gott zu sprechen. Diese Person nimmt also für sich in Anspruch, für Gott zu sprechen. Doch in Wirklichkeit spricht sie *nicht* für Gott, sie spricht für ein falsches Bild (Verständnis) von Gott. Genau das tut Isebel. Sie spricht für einen Gott, der nicht Gott ist und bringt so Gottes Volk dazu, das Falsche zu glauben.

Ich muss dazu sagen, dass ich total bizarre Dinge über diese ganze Isebel-Sache gehört und gelesen habe. Ich habe Leute zum Beispiel sagen hören: »Diese Person hat einen Isebelgeist.« Wenn du online gehst und »Isebelgeist« in deine Suchmaschine eintippst, betrittst du eine theologische Welt, in der von dämonischer sexueller Kontrolle gesprochen wird und von allen möglichen Dingen, mit denen gesetzlich Religiöse dich gedanklich beschäftigt halten wollen. Leute, die sich mit der Isebelgeist-Theologie befassen, wollen, dass du auf bestimmte Sünden achtest. Gesetzlich Religiöse wollen immer, dass du sündenbewusst bist. Gott will, dass wir unser Bewusstsein auf Jesus gerichtet halten. Jesus sagte: »*Tut dies zu meinem Gedächtnis.*« »Erinnert euch an das, was ich getan habe, und nicht an das, was ihr getan habt.«

Und je nachdem wie gesetzlich du bist, bekommst du mit, dass man bei bestimmten Dingen »aufpassen« muss, weil sie etwas mit dem Isebelgeist zu tun haben. Pass auf! »Frauen, verwendet kein Make-up, denn Isebel war geschminkt an dem Tag, als sie starb. Und wenn ihr euch schminkt, öffnet ihr euch damit für den Isebelgeist.« Und das lässt sich auf alles Mögliche ausweiten; tatsächlich reden wir über alles, was die sexuelle Attraktivität oder Schönheit erhöht. Denn offensichtlich bevorzugt Gott Hässlichkeit. Hässlichkeit ist fast schon Frömmigkeit! Sieh dich vor Wimperntusche vor. Pass auf, wie du dein Haar frisierst, welche Kleidung du trägst, welche Schuhe du anziehst (die Absatzhöhe ist wichtig, weil flaches Schuhwerk gottgefällig ist – 5 Zentimeter gehen hart an die Grenze christlicher Freiheit, aber 12-Zentimeter-Absätze führen direkt in die Sünde). Achte auf die Farbe deines Lippenstifts, die Länge deiner Fingernägel, die Saumlänge deines Kleides. Sieh dich vor all diesem weiblichen Schönheitskram vor, der Männer beeinflussen und unter Kontrolle bringen soll.

Ich will es hier ganz deutlich sagen: Das ist es NICHT, worüber Jesus spricht. Er verwendet Symbolsprache. Und wenn Jesus sagt, dass Isebel, die Prophetin (Vers 20) »meine Knechte lehrt und verführt, Unzucht zu treiben«, sagt er damit nicht, dass es hier um eine Frau geht, die sich ihr Gesicht bemalt, um so Männer zum Ehebruch zu verführen.

Denk darüber nach: Jeder sonstige Verweis in der Offenbarung auf sexuelle Unmoral ist zweifellos symbolischer Art. Und kein Bibelgelehrter, gesetzlich oder nicht, würde mir darin widersprechen. Doch wenn es um Jesu Worte an die Gemeinden geht, gibt es überall Prediger, die das, was Jesus eindeutig als Symbol gemeint hat, zu etwas Wörtlichem machen. Prediger lieben es, Menschen wegen allem, das sexueller Natur ist, mit Verdammnis zu überhäufen.

Doch Jesus benutzt die Symbolsprache der sexuellen Unmoral, um einen ganz anderen Gedanken zu vermitteln. Denk daran, was Jesus zu den Pharisäern sagte: »Du böses und ehebrecherisches Geschlecht«. Das bedeutet nicht, dass sie sexuell unmoralische Handlungen begingen. Sie waren Pharisäer! Sie hätten *niemals* Ehebruch begangen. Doch Jesus sagte, sie alle seien ehebrecherisch. Was bedeutet das? Jesus sagt damit, dass ihr Ehebruch darin besteht, dass sie keine vertraute Beziehung mit dem Gott hatten, der ihnen nahe war. Stattdessen pflegten sie eine innige Beziehung zu Steintafeln. Sie tauschten den Gott, der direkt vor ihnen stand (Jesus), gegen einen falschen Gott ein.

Und genau davon spricht Jesus hier. Es gab eine Lehre in Thyatira, die von einer falschen Prophetin kam, die behauptete, für Jesus zu sprechen. Doch diese Person führte mit ihrer Lehre die Menschen nicht in die vertraute Beziehung mit Jesus. Sie lehrte sie vielmehr, eine Beziehung mit einem falschen Gott zu haben. Diese Person »*[lehrt] meine Knechte und verführt [sie], Unzucht zu treiben*«. Und jetzt pass genau auf: Das Ergebnis davon ist (Vers 20), dass sie »*Opferfleisch [essen], das den Götzen geweiht wurde*«.

Dieser Satz erklärt, worum es sich bei dem falschen Gott handelt. Sie essen, was sie ihrem Götzen opfern. Lass es mich anders sagen: Sie ernähren sich von den Opfern; sie versuchen, ihre Speise in den Opfern zu finden, die sie ihrem Götzen – ihrem falschen Verständnis von Gott – darbringen. Wenn du isst, was du opferst, versuchst du damit, dich von deinem *Tun* nähren und aufbauen zu lassen.

Ein Opfer ist etwas, das eine Person im Austausch gegen Gottes Gunst *tut* oder *darbringt*. Du bringst ein Opfer dar, um Gott dazu zu bewegen, dass er etwas für dich tut. Je größer das Bedürfnis, desto größer das Opfer. Und worauf vertraut eine Person in dem Moment, in dem sie das tut? Sie vertraut auf ihr Opfer. Sie setzt ihre Hoffnung auf ihr Opfer. Ich sage dir etwas: Worauf auch immer du deine Hoffnung setzt, das ist dein Gott. Und wenn du hoffst, dass das, was du tust, Gott dazu bewegt, dein Gebet zu beantworten (oder wenn du dich darauf verlässt, dass du Gott dazu bringst, dich zu mögen, indem du ihm dein Wohlverhalten als Opfer anbietest), dann bringst du dem falschen Gott – dir selbst – ein Opfer dar. Du versuchst, aus deinem selbst erbrachten Opfer Nahrung zu ziehen. Du ernährst dich von der Speise deines Opfers. Du isst dein eigenes Opfer. Bruder, Schwester, das nährt dich nicht. Du setzt dein Vertrauen auf das, was du getan hast.

Das war es, was die Prophetin Isebel lehrte. Iss dein Opfer. Vertraue auf dein *Tun*, wenn du Gott dazu bewegen willst, für dich zu handeln. »Hier ist eine Liste von Dingen, die zu tun sind, um von Gott zu bekommen, was du willst. Tu sie.« Verstehst du, was das über das Ernähren von Dingen, die du opferst, aussagt? Das ist Isebels Lehre. Und Isebel, die Prophetin, wird in nahezu jeder Gemeinde bis zu einem gewissen Grad toleriert. Tatsächlich wird Isebel, die Prophetin, heute in vielen Gemeinden weltweit sogar gefeiert.

Wenn irgendjemand sich vor Gottes Volk hinstellt und den Menschen eine Liste von Dingen nennt, die sie tun müssen, damit Gott sie gern hat und sie auch weiterhin gern hat oder die sie tun müssen, damit Gott ihr Gebetsanliegen beantwortet, oder wenn derjenige sagt: »Folgendes müsst ihr tun, um euren Segen zu vergrößern«, dann hat er damit das Volk Gottes in den Ehebruch geführt. So jemand bringt die Leute dazu, sich auf die Beziehung mit einem Götzen einzulassen. Denn die Leute, die so jemandem zuhören, werden ihre Hoffnung auf Dinge setzen, die sie getan haben. Sie werden essen, was sie opfern, in dem Versuch, daraus geistliche Nahrung zu ziehen. Doch FAKT ist, was die Kraft von Christi Werk betrifft, dass wir bereits mit »jedem geistlichen Segen in den himmlischen [Regionen] in Christus« (Eph 1,3) gesegnet sind. Das Wort »jedem« bedeutet entweder »jedem« oder es ist das falsche Wort. Hat Gott dir nicht bereits seine Hand geöffnet? Ist der Himmel nicht bereits ein offener Himmel? Das ist der neue und lebendige Weg in Jesus. Alles andere ist eine Fälschung.

Vergangene Woche sprach ich mit einem Bruder. Er arbeitet am Gebetstelefon eines führenden Dienstes in meinem Heimatland. Und einer der herzzerreißendsten Anrufe wiederholt sich jeden Tag aufs Neue, wenn verzweifelte Menschen am anderen Ende der Leitung sagen: »Ich verstehe es nicht. Ich habe eurem Dienst mein Opfer gegeben. Ich habe mein Geld gegeben. Und trotzdem bin ich mit der Hypothek im Rückstand – oder: mein Vermieter will mich aus meiner Wohnung werfen – oder: mein Auto wurde mir weggenommen, weil ich die Raten nicht bezahlen konnte. Ich habe getan, was ihr mir gesagt habt. Wo ist mein Wunder?«

Nein! Nein! Setze deine Hoffnung nicht auf irgendein Opfer, das du gebracht hast. Ernähre dich nicht davon. Setze deine Hoffnung – deine ganze Hoffnung – allein auf das Opfer, das Jesus gebracht hat. Ernähre dich *davon*! Iss Jesus. Jesus hat alles vollbracht. Er war das Opfer, das zwischen dir und deinem Papa-Gott alles in Ordnung gebracht hat. Er hat die Dinge für alle Ewigkeit in Ordnung gebracht. Du bist für immer erlöst (sagt der Hebräerbrief). Dir ist für immer vergeben. Du bist für immer mit jedem Segen des Himmels gesegnet. Du bist für immer vollkommen gemacht. Das ist Jesu Opfer. Iss es. Verdaue, was Jesus getan hat. Von Jesus kommt eine niemals endende Versorgung, um alle entstehenden Bedürfnisse zu erfüllen.

Setze deine Hoffnung nicht auf dein Opfer. Hoffe nicht auf deine Frömmigkeit. Setze deine Hoffnung auf das vollendete Werk Jesu. Das vollendete Werk! Vollendet. »Es ist vollendet«, sagte er. Das bedeutet, du kannst nicht ein eigenes Opfer hinzufügen. Wenn du denkst, du müsstest ein Opfer hinzufügen, hast du Isebel zu dir sprechen lassen.

Was brauchst du in diesem Moment? Hier ist meine Liste mit 5 Schritten, die du unternehmen musst, um eine Antwort von Gott zu bekommen: 1) Schau auf Jesus. 2) Schau auf Jesus. 3) Schau auf Jesus. 4) Schau auf Jesus. 5) Schau auf Jesus. »Jesus, du bist in mir. Du bist meine Gerechtigkeit. So wie du, bin auch ich in dieser Welt, genau in diesem Moment. Du bist geheilt. Du bist voller

Friede. Dir geht es prächtig. Du bist würdig. Du bist für immer vollkommen. Ich ernähre mich von deinem Opfer. Ich bin geheilt. Ich bin voller Friede. Mir geht es prächtig. Ich bin würdig. Ich bin für immer vollkommen.« Setze darauf deine Hoffnung! Deine ganze Hoffnung.

Toleriere Isebel nicht. Jesus sagt (Vers 22–23 NGÜ; das ist, was er denkt): »*Darum werfe ich sie jetzt aufs Krankenbett. Und die, die mit ihr Ehebruch begangen haben, lasse ich in größte Not geraten – es sei denn, sie kommen zur Besinnung und wenden sich von dem ab, was diese Frau tut. Isebels Kinder aber müssen sterben; ich werde sie nicht am Leben lassen.*« Vergiss nicht, der Jesus, der hier über Kinder spricht, ist derselbe Jesus, der sagt: »*Lasset die Kinder zu mir kommen ...*« Jesus spricht hier nicht über Menschenkinder. Jesus sagt Folgendes: »Der Dienst der Isebel wird kränklich und korrupt und kraftlos sein. Diejenigen, die Ehebruch mit ihr begangen haben, alle, die ihrer Torheit Glauben geschenkt haben, werden ›in große Not geraten‹. (Wie wahr das doch ist! Es liegt kein Friede in der Botschaft, die den alten Bund des Gesetzes mit dem neuen Bund der Gnade vermengt). Und wenn Jesus sagt: »*Isebels Kinder müssen sterben; ich werde sie nicht am Leben lassen*«, meint er damit, dass alle Kinder Isebels, alle *Dienste*, die ihre Theologie geboren hat, sterben werden.

Die Kinder Isebels sind Dienste, die aus einer zusammengemixten Botschaft geboren sind: »Ein wenig Gnade, vermengt mit ein paar Werken – du kommst zu Jesus durch Gnade, aber du musst die Beziehung durch Werke aufrechterhalten.« Diese Mixtur gibt es in verschiedenen Geschmacksrichtungen. Schluck sie nicht. Spuck sie aus. Lass solche Dienste unter dem Fluch stehen. Jesus will, dass solche Dienste sterben. Die Welt wird zu einem besseren Ort, wenn sie sterben. Diese Dienste lehren die Menschen, Ehebruch zu begehen. Diese Dienste bringen den Menschen bei, sowohl mit Jesus als auch mit einem Götzen, bestehend aus ihren eigenen Werken und Opfern, eine Beziehung einzugehen.

Doch in solchen Diensten liegt keine Kraft. Diese Dienste haben nicht die Kraft, Menschen in die Freiheit Jesu zu entlassen. Ganz im Gegenteil, sie bringen viele in Gottes Volk in große Not. Sie sind kränkliche Totenbett-Dienste.

Kannst du erkennen, dass sich in dieser Botschaft an Thyatira alles um eine vertraute Beziehung mit Jesus dreht? Oh ja, und jetzt komme ich langsam zum guten Teil. Mich segnet das dermaßen!

Vers 26 (ELB): »*Und wer überwindet und meine Werke bis ans Ende bewahrt, dem werde ich Macht über die Nationen geben*«. Schau nochmal genau hin. Jesus sagt: »*Und wer überwindet*«. Wer was überwindet? Den Ehebruch, bei dem Jesus mit irgendetwas anderem vermengt wird. Er sagt: »Wer überwindet und meine Werke bis ans Ende bewahrt.«

Das Wort für *bewahren* an dieser Stelle bedeutet »vor Verlust schützen, daran festhalten«. Hier geht es um die Person, die an Jesu Werken festhält (sie vor Verlust schützt). Jesu Werke. Nicht deine Werke. Hier steht nicht: »Und wer die Dinge tut, wie Jesus sie tut.« Nein, es geht nicht um deine Werke. Es geht um Jesu Werke. Es geht darum, seine Werke zu beschützen. Die Kraft seines vollbrachten Werkes zu bewahren. Erkennst du, was das bedeutet?

Wer Jesu eigene Werke nah bei sich behält (wer die Hoffnung in seine Werke setzt, wer sich von seinen Werken ernährt, wer nichts weiter kennt als seine Werke, wer das Opfer isst, das Jesus gebracht hat, und nicht die Opfer, die wir bringen), DEM »werde ich Macht über die Nationen geben.«

Macht über die Nationen. Was bedeutet das? Glücklicherweise sagt Jesus uns im nächsten Vers genau, was das bedeutet. Vers 27: »*Er wird sie mit einem eisernen Stab weiden, wie man irdene Gefäße zerschlägt*«.

Es gibt viele Beispiele in der Bibel, die sich auf den eisernen Stab beziehen. Der eiserne Stab ist ein Hinweis auf die Herrschaft Jesu. Stell dir also einen eisernen Stab vor. Wie viel wiegt so ein Ding? Vielleicht hat er noch eine Eisenkugel an einem Ende. Klingt ziemlich brutal, oder?

Doch dieser eiserne Stab wird nicht gegen Menschen eingesetzt. Der eiserne Stab wird nicht dazu benutzt, Menschen unter dem Zorn Gottes zu zerschlagen. Das ist nicht das Bild, das Jesus uns hier zeichnet. Dieser Stab wird dazu verwendet, eine mächtigere Herrschaft als die der Nationen aufzurichten, und mit ihm werden die Nationen zerschlagen, so wie Tongefäße mit einem Eisenstab zerschlagen werden.

Achte darauf, dass du hier das richtige Bild vor Augen hast. Die Nationen der Welt werden durch Tongefäße dargestellt. Ein solches Gefäß ist lediglich das Behältnis für einen bestimmten Inhalt. Im Falle einer Nation besteht der Inhalt des Gefäßes aus dem Volk. Das Volk wird in Form und Begrenzung durch das Tongefäß bestimmt. Das ist seine Identität, die es von dem Tongefäß erhält, von dem es umschlossen ist. Was zerstört Jesus mit seinem eisernen Stab? Die Identität (die Begrenzungen und Definitionen) der einzelnen Nationen.

Die Kraft und das Werk Jesu (seine Herrschaft!) zerschmettert jede menschengemachte Begrenzung und Festlegung. Gottes Volk ist an keine bestimmte Nationalität gebunden. In Christus sind wir alle eins. Das ist damit gemeint. Wenn ich fünf Tongefäße nebeneinander stelle, die alle mit Wasser gefüllt sind, umschließen diese Gefäße das Wasser und geben ihm seine Form, dabei trennen sie Wasser von Wasser. Doch wenn ich den eisernen Stab schwinge, die Kraft des Evangeliums Jesu, zerschmettert er die menschengemachten Begrenzungen. Er zerschlägt die von Menschen festgelegten Identitäten. Und das Wasser erlebt seine Einheit in Christus, dem größeren Gefäß, der die Völker in sich trägt.

Das heißt, dass jede von Menschen vorgenommene Definition und festgelegte Identität, jede kulturelle Abgrenzung und jede konfessionelle Eingrenzung durch das Evangelium zu Staub zerschmettert wird. Das Evangelium bringt ungleiche Menschen zusammen, weil die Tongefäße unserer menschengemachten Identitäten zerschmettert wurden.

Und zu guter Letzt sagt Jesus dies: »... *und ich werde ihm den Morgenstern geben*.« Tatsächlich ist das Wort für »Morgen« an dieser Stelle das Wort »Tag«. Jesus wird als Tagesstern bezeichnet. Aus astronomischer Sicht ist der Tagesstern der Stern, der tagsüber zu sehen ist. Es ist eine poetische Umschreibung der Sonne. Und außerhalb der Offenbarung findet sich hierzu nur eine weitere neutestamentliche Erwähnung, und zwar in 2. Petrus 1,19. Dort bezieht sich Petrus auf die Verklärung Jesu, die während des irdischen Dienstes Jesu geschah. Petrus sah die Verklärung Jesu mit eigenen Augen und sie bestätigte ihm dessen Identität. Sieh dir Vers 19 (NEÜ) nun an: »*Aber eine noch festere Grundlage haben wir im prophetischen Wort* (das Jesus als den Messias, den Sohn Gottes, bestätigt), *und ihr tut gut daran, darauf zu achten wie auf ein Licht, das an einem dunklen Ort leuchtet*«. Das ist das Bild vom Wesen Jesu, von seiner ihm eigenen Herrlichkeit, die in unser verdunkeltes Herz scheint (ein Herz, das ihn noch nicht kennt), »*bis der Tag anbricht*« (hier geht es um eine Person, die zum Glauben an Jesus gekommen ist; ihr wurde die gute Nachricht mitgeteilt und das Licht des wahren Wesens Jesu fing an, in ihr Herz zu scheinen, sprich, der Tag brach an).

Doch was passiert nun? »*Und der Morgenstern* (oder Tagesstern – die Sonne) *[geht] in euren Herzen auf*.«

Das ist so unglaublich schön, weil es eine genaue Beschreibung dessen ist, was im Leben einer Person geschieht, wenn sie zum Glauben an Jesus kommt und anfängt, sich nur noch von seinem Opfer zu ernähren. Jesus wird mit der Sonne verglichen, die im Leben eines Gläubigen höher und höher steigt. Jesus selbst spielt eine immer wichtigere Rolle.

Ich möchte es so sagen, weil es genau das ist, was ich erlebt habe und wofür ich so sehr brenne: Als endlich die gute Nachricht von dem vollbrachten Werk Jesu in mein Herz gesät wurde und ich sie glaubte, war es, als ginge ein Licht in mir auf. Ich hatte mein ganzes Leben lang an Jesus geglaubt, doch sein vollbrachtes Werk verstand ich nicht. Die Prophetin Isebel hatte bereits zu einem sehr frühen Zeitpunkt in mein Leben hineingesprochen. Das Ergebnis war, dass ich meine eigenen Bemühungen als eine Möglichkeit, Gott zu gefallen und ihn zu besänftigen, hinzufügte. Ich dachte wirklich, meine Leistung hinsichtlich eines heiligen Lebenswandels sei der ausschlaggebende Gradmesser für Gottes Gunst und Liebe und für seine Freude an mir. Doch ich war überzeugt, Gott niemals zufriedenstellen zu können. Ich betrachtete mein Leben und fand überall Fehler – in meiner Rolle als Ehemann, als Vater und als Pastor. Ich betete nicht genug. Ich gab nicht genug. Ich las die Bibel nicht oft genug. Und meine Gedanken verurteilten mich ständig.

Doch als Gott mir anhand der Bibel zeigte, dass er seine Liebe und Vergebung für mich niemals davon abhängig macht, wie heilig ich zu sein vermag, als er mir zeigte, dass alle meine Sünden – vergangene, gegenwärtige und zukünftige – in Jesus bereits vergeben sind (2. Kor 5,19) und ich immer frei und ungehindert das Allerheiligste auf diese neue und lebendige Weise betreten darf, als er mir zeigte, dass mich nichts von seiner Liebe trennen kann, dass es für mich nun KEINE Verurteilung mehr gibt, dass er mir niemals böse ist oder mir Vorwürfe macht, sondern dass ich sein geliebter Sohn bin, an dem er immer Freude hat, als er mir zeigte, dass es sein Wunsch für mich ist, für immer ein Beweis seiner Gunst und Liebe für die Welt zu sein (so ist Eph 2,7 gemeint!), trat ich in ein neues Leben ein. All das ist die gute Nachricht von Jesus: für immer erlöst, für immer vollkommen gemacht, für immer freigesprochen von Schuld. Ich bin ein Sohn und er will, dass ich »Abba, Papa« zu ihm rufe. Als ich das endlich verstand, ging das Licht über meinem Leben auf.

Und zum ersten Mal in meinem Leben erlaubte ich mir, die Liebe Gottes zu erfahren. Der Geist der Sklaverei, der Furcht verursacht, wurde durch einen Geist der Annahme und Liebe ersetzt. Das war mein Geburtstag, Leute. An dem Tag wurde ich geboren. Wiedergeboren.

Und diese Gedanken begannen mich wirklich freizusetzen, sodass ich die Bibel verstehen konnte und auch, wer ich bin. Jesus nahm seinen eisernen Stab und zerschmetterte das Gefäß des »Sünders«, in das ich mich selbst hineinbegeben hatte. So bekam ich eine neue Identität: »Gerechter, geliebter Sohn des lebendigen Gottes.« Wunderschön.

Ich dachte: »Besser kann es nicht werden«. Ich war zum ersten Mal während meines Erwachsenenlebens unbeschwert. Ich war wirklich glücklich.

Doch dann geschah noch etwas viel Besseres. Jesus gab mir den Morgenstern, was heißt, er selbst gab sich mir. Ich versuche, das in Worte zu fassen: Die gute Nachricht von Jesus und was er getan hat ist nicht der Gewinn. Doch das Geheimnis der Zeitalter ist, wie Paulus sagt, jetzt geoffenbart worden: »Christus in uns, die Hoffnung der Herrlichkeit.«

Jesus ist in dir. Er ist in dir! Das ist definitiv eine Offenbarung. Hättest du mich vor 10 Jahren gefragt, ob Jesus in mir ist, hätte ich gesagt: »Ja, klar.« Doch die Wirklichkeit seiner Gegenwart, das Erleben seiner Gegenwart, davon wusste ich nichts. Doch jetzt geht der Morgenstern in meinem Herzen auf. Genau das ist es, wovon Petrus gesprochen hat.

Und wenn ich heute auf meinem Bett liege, denke ich: »Jesus, du bist in mir. Und ich erkläre übereinstimmend mit deinem Wort, dass nicht länger ich lebe, sondern nur noch dein Leben in mir; das ist alles, was ich will.« Und das ist der Gewinn! Freund, wenn dir das entgeht, entgeht dir auch der Gewinn.

Menschen, denen das entgeht, sagen absurde Sachen. Sachen wie: »Nun, diese Gnadenbotschaft bedeutet, dass ich jede Sünde begehen kann, nach der mir der Sinn steht, und Gott wird mir vergeben.« Nein! Halt! Gott bewahre! Jesus hat sich in deinem Körper niedergelassen und sich mir dir verbunden. Er ist nichts als gerecht. Er ist nichts als heilig. Ich will nichts mit sündigem Verhalten zu tun haben.

Und er ist so gütig, so liebevoll und so kraftvoll und voller Heilung. Ernsthaft, manchmal denke ich: »Wie kann mein Körper krank werden? Wie überhaupt kann dieser sterbliche Körper Krankheit erfahren, wo doch er in mir ist? Wie könnte ich nicht von ihm geleitet werden, wenn ich mir seiner Gegenwart bewusst bin? Er ist doch alles, was in mir ist.

Ich bin ein heiliges Wesen. Du bist ein heiliges Wesen. Die Herrlichkeit Jesu umgibt dich von allen Seiten. Unschuldig, gerecht, vollkommen. Ich sage dir, du bist vollkommen, wertvoll und heil. Dies sind bloß einfache Worte, die etwas beschreiben, das man nur erleben kann. Jedes kleinste bisschen Verständnis des vollbrachten Werks Jesu führt zu einer fast unbeschreiblichen Offenbarung: Der Tagesstern wurde dir gegeben. Und je öfter du auf deinem Bett liegst und dich mit der Realität Jesu in dir auseinandersetzt (und damit, wer du in ihm bist!), desto höher steigt der Tagesstern in deinem Herzen.

Und das ist Christsein. Alles andere ist im Vergleich dazu ein Misthaufen. Diese vertraute Nähe ist dauerhaft und verbindlich. Verwirklicht wird sie durch den Tagesstern, der in deinem Leben immer höher aufsteigt. Isebel soll verflucht sein. Ernähre dich von der Gegenwart Jesu und seinem Werk.

Offenbarung

DIE GEMEINDE VON SARDES

Und dem Engel der Gemeinde in Sardes schreibe: Das sagt der, welcher die sieben Geister Gottes und die sieben Sterne hat: Ich kenne deine Werke: Du hast den Namen, dass du lebst, und bist doch tot. Werde wach und stärke das Übrige, das im Begriff steht zu sterben; denn ich habe deine Werke nicht vollendet erfunden vor Gott. So denke nun daran, wie du empfangen und gehört hast, und bewahre es und tue Buße! Wenn du nun nicht wachst, so werde ich über dich kommen wie ein Dieb, und du wirst nicht erkennen, zu welcher Stunde ich über dich kommen werde. Doch du hast einige wenige Namen auch in Sardes, die ihre Kleider nicht befleckt haben; und sie werden mit mir wandeln in weißen Kleidern, denn sie sind es wert. Wer überwindet, der wird mit weißen Kleidern bekleidet werden; und ich will seinen Namen nicht auslöschen aus dem Buch des Lebens, und ich werde seinen Namen bekennen vor meinem Vater und vor seinen Engeln. Wer ein Ohr hat, der höre, was der Geist den Gemeinden sagt! – Offenbarung 3,1–6

Erinnern wir uns daran, dass es hier um ein Bild von Jesus auf der Erde geht; Jesus inmitten der sieben Gemeinden. Wie ist Jesus auf der Erde anwesend? Er ist in seinem Volk anwesend. Auf diese Weise ist Jesus in allen sieben Gemeinden gleichzeitig präsent. Tatsächlich zeigt dieses Bild also Gottes Volk, wie es zu den

Pastoren der einzelnen Gemeinden spricht und diese Organisationen beurteilt, indem es sie tadelt, ermahnt und ermutigt – und manchmal sogar damit droht, diese Dienste wegen der scheußlichen Dinge, die verkündigt werden, vollständig zu entfernen.

Und jede dieser Botschaften Jesu an die Pastoren folgt einem bestimmten Muster. Es beginnt damit, dass Jesus der jeweiligen Gemeinde sagt, was sie richtig macht, gefolgt von dem, was die Gemeinde korrigieren muss. Die Gemeinde in Sardes genießt die zweifelhafte Ehre, eine von insgesamt nur zwei Gemeinden zu sein, in der Jesus nichts finden konnte, was in Ordnung war! Nichts Lobenswertes fand in dieser Gemeinde statt! Tatsächlich beginnt Jesus in Vers 1 gleich mit diesen Worten: »*Ich kenne deine Werke: Du hast den Namen, dass du lebst, und bist doch tot.*«

Das ist sehr aufschlussreich. Er sagt: »Ich kenne deine Werke.« Diese Gemeinde bringt Werke hervor. Und das müssen wohl ein paar wirklich wundervolle Werke sein, denn sie lassen die Menschen, die sie sehen, sagen: »Also DIESE Gemeinde ist wirklich lebendig. DIESE Gemeinde tut wirklich ganz wundervolle Dinge.«

Wenn die Menschen also den Namen »Erste Christengemeinde im Stadtzentrum von Sardes« hörten, war dieser Name gleichbedeutend mit »lebendige Gemeinde«. – »Ihr wollt wissen, wie man einen Gottesdienst gestaltet? Macht es einfach so wie die Gemeinde in Sardes. Denn die ist lebendig!«

Doch was meinen Gläubige damit, wenn sie sagen, dass eine Gemeinde wirklich lebendig ist? Es kann eine Menge verschiedener Dinge bedeuten. Doch üblicherweise geschieht Folgendes: Die Leute sehen die Frucht einer Gemeinde, sie sehen Anzeichen von Wachstum, Bewegung oder guten Werken und sie sagen: »Diese Frucht ist Gottes Frucht. Gott segnet sie. Sie machen alles richtig.« Ihre Besucherzahlen sind hoch. Die Summe der Opfergaben ist hoch. Sie haben dieses tolle Gebäude gebaut. Sie haben schöne

Räumlichkeiten. Sie haben jede Menge von Veranstaltungen. Sie haben Unmengen von sozialen Programmen – sie speisen die Armen, sie versorgen die Mittellosen mit Kleidung etc. pp. Das sind gute Dinge. Amen?

An nichts davon ist etwas auszusetzen. Diese Dinge sind Frucht. Sie sind Werke. Doch die Menschen sehen diese Frucht, sie sehen diese Werke und bezeichnen die Gemeinde aufgrund der festgestellten Frucht als »lebendig« (für sie ist es die Identität, das Kennzeichen dieser Gemeinde).

Jesus sieht dieselbe Frucht, sieht genau dieselben Werke, dieselben guten Dinge, die auch andere sehen, doch er bezeichnet diese Gemeinde als »tot«, nennt es ihre Identität, ihre *wahre* Identität.

Sowohl die Menschen als auch Jesus betrachten dieselbe Frucht, dieselben guten Werke und kommen dennoch zu zwei völlig entgegengesetzten Schlussfolgerungen. Was ist hier los? Wie ist es möglich, dieselbe Frucht zu sehen, und die MENSCHEN, die sie sehen, sagen »lebendige Gemeinde«, aber JESUS sieht die Frucht und sagt »tote Gemeinde«? Wie ist das möglich?! Was sieht Jesus in den Werken, das die meisten Menschen nicht darin sehen?

Vers 2: »*Werde wach und stärke das Übrige, das im Begriff steht zu sterben; denn ich habe deine Werke nicht vollendet erfunden vor Gott.*« Die guten Werke in der Gemeinde in Sardes waren keine »vollendeten Werke« vor Gott. Da liegt der Fehler.

Okay ... an diesem Punkt würde ein gesetzestreuer Prediger feststellen, dass die Unreinheit darauf zurückzuführen ist, dass die Menschen in irgendeiner Weise nachlässig geworden sind. Der gesetzestreue Prediger wird also einschreiten und sagen: »He, ihr Leute! Ihr müsst eure Herzen reinigen. Ihr müsst Gott gegenüber in eine bessere Haltung kommen, damit eure Werke reiner werden. Ihr müsst eure Sache richtig machen, eure Prioritäten neu ordnen und dann euer ABSOLUT BESTES geben. Gebt Gott 110

Prozent eurer Anstrengungen, dann werden eure Werke annehmbarer sein; eure Werke werden vor Gott vollkommen gemacht werden.« Und genau so habe ich das in verschiedenen Predigten zu hören bekommen.

Doch weißt du was? Das ist nicht das Heilmittel, das Jesus verschreibt. Jesu Rezept für das Hervorbringen vollkommener Werke lautete nicht »härter arbeiten«. Sein Heilmittel steht gleich im nächsten Vers, Vers 3: »*So denke nun daran, wie du empfangen und gehört hast, und bewahre es und tue Buße!*«

»Denk daran«, sagt der Herr! Geh in deiner Erinnerung zurück und rufe dir ins Gedächtnis, wie das bei mir funktioniert. Denk daran, wie du empfangen und gehört hast. Geh ganz bis zum Anfang zurück. Wie hast du von Gott empfangen? Wie hast du Jesus empfangen? *Aus Gnade durch Glauben.* Jesus wurde dir als ein Geschenk gegeben, das du durch Glauben empfangen hast. Wie wurdest du gerecht? Du hast Gerechtigkeit als Geschenk empfangen, unabhängig von den Werken des Gesetzes, unabhängig von deinen Eigenbemühungen. Es war allein Gott. Was ist mit Freude? Kannst du hören, wie Jesus sagt: »Erinnerst du dich, wie meine Freude in deinem Herzen aufstieg, nachdem du die gute Nachricht empfangen hattest und dir klar wurde, dass dir für immer vergeben ist? Hast du daran gearbeitet? Kam es so, weil du einem Werk des Gesetzes gehorsam warst oder weil du einfach empfangen hast? Das ist Frucht! Das ist meine Frucht, die in dir geboren wird! Das ist die *vollkommene* Frucht, die ich in dich hineingeboren habe.«

Weißt du, Jesus sagt ihnen: »Wenn ich derjenige bin, der das Werk tut (die Frucht trägt), dann ist es eine vollkommene Frucht. Wenn ihr diejenigen seid, die gute Dingen tun, und das aus irgendeinem anderen Grund als dem, dass sie von oben herab in euch hineingeboren wurden, dann ist die Frucht unvollkommen.

Dann tut ihr das Werk. Dann versucht ihr, meinem vollendeten Werk etwas hinzuzufügen.«

»*Wie ihr nun Christus Jesus, den Herrn, angenommen habt, so wandelt auch in ihm, gewurzelt und auferbaut in ihm und gefestigt im Glauben, so wie ihr gelehrt worden seid, und seid darin überfließend mit Danksagung*« (Kol 2,6–7).

Wie hast du empfangen? Durch Glauben. Wie gehen wir durch den Rest unseres Lebens? Im Glauben.

Das ist wirklich wunderschön. Woher weiß ein Gläubiger, wie er sein Leben führen soll? Wie empfangen wir Werke, die vor dem Vater vollendete Werke sind, und haben teil an ihnen? Folgendermaßen: »*So wandelt auch in ihm, gewurzelt und auferbaut in ihm und gefestigt im Glauben*«. Das zeugt von Vertrautheit. Zwischen uns und unserem Bräutigam kommt es zu einer innigen Vertrautheit. Du lässt deine Wurzeln tief in Jesus hineingehen. Du lässt dich von Jesus aufbauen und füllen. Und in *dieser* Position hörst du die Stimme Gottes.

Du weißt, dass der Heilige Geist zu dir spricht. Christi eigener Geist. Denke nicht, was viele Gläubige denken: »Oh, ich wünschte, der Heilige Geist würde zu mir sprechen und mich führen, wie er es mit dieser Person da tut.« Er tut es bereits! Ja. Ich werde dir sagen, wie du dem Geist zuhörst, der in diesem Moment zu dir spricht: Du sinnst über deine Vertrautheit mit Jesus nach. Selbstverständlich kannst du auch über alle möglichen anderen Dinge nachsinnen und so eine Menge schlechter Gedanken haben – Gier, Neid, Lust, Mangel, was für ein Versager du bist, wie verkorkst du bist. Wenn du über solche Dinge nachsinnst, wirst du verrückte Vorstellungen entwickeln. Doch wenn du in einem Zustand der sicheren Verwurzelung in Jesus bist, hörst du von Gott. So einfach ist es.

Er ist in dir. Du findest deine Identität in ihm (»*gewurzelt und auferbaut in ihm*«), du findest deine Verwurzelung in ihm (»Jesus, du liebst mich, ich bin gerecht, heilig, wertvoll, angenommen, geliebt, vollkommen gemacht … in dir, Jesus!«). Das bedeutet es, in ihm gewurzelt und auferbaut zu sein, in der Wirklichkeit seiner Gegenwart und der Wirklichkeit seines eigenen Lebens, das in dir wohnt. Er ist in dir. Und dann, *in dieser Position*, betrachtest du die Dinge einfach nur. Stelle ihm Fragen zu diesen Dingen oder sei einfach offen für neue Gedanken.

Das ist wahrscheinlich genau das, was gerade passiert, ohne dass es dir bewusst ist. Es ist völlig mühelos. Ich werde dir die Wahrheit sagen: Die besten Gedanken habe ich immer dann, wenn ich einer Botschaft zuhöre, die aus dem Evangelium Jesu, meinem Herrn, schöpft, weil mich das direkt in die Gegenwart Jesu versetzt.

Ich bekomme meine besten Ideen, während ich einer Botschaft lausche, die Jesu gute Nachrichten über mich ausspricht. Oftmals höre ich diesen guten Nachrichten einfach zu und werde von der Wirklichkeit der Gegenwart Christi in mir völlig ergriffen. Und in diesem Zustand zeigt Jesus mir dann etwas, zum Beispiel etwas aus der Bibel, über das ich nachgedacht habe, oder ich bekomme einen Impuls für etwas Bestimmtes. Das ist Gott! Das ist Gott! Du sagst: »Nein, ist er nicht. Das sind einfach nur deine kreativen Gedanken.« Nein, das ist Gottes Art zu denken! Er denkt in mir! Wir sind eins. Wenn ich in dieser Position bin, fühle ich, was er fühlt. Ich denke, was er denkt. Bin ich es oder ist es Gott? Ja und ja! Und in diesem Zustand schreibe ich Dinge in mein Notizbuch, weil ich sie nicht vergessen will. Manche der Dinge, die ich aufschreibe, sind Dinge, die ich tun kann! Dann, »überfließend mit Danksagung«, wie Paulus es formuliert, mache ich mich auf, um zu tun, was Gott in meinem Herzen geplant hat. DIESE SACHE ist dann keine mühevolle Arbeit. Sie macht Freude! Und diese Freude in mir ist eine Bestätigung dafür, dass es tatsächlich der Herr ist, der zu mir gesprochen hat. Ich bin Gott so dankbar dafür, wenn ich ihn deutlich zu mir sprechen höre. *»So wandelt ... in ihm, gewurzelt und auferbaut in ihm und gefestigt im Glauben, so wie ihr gelehrt worden seid, und seid darin überfließend mit Danksagung.«*

Wenn du auf diese Weise lebst, bringst du vollkommene Frucht hervor, denn die Frucht ist aus der vertrauten Beziehung mit Jesus, deinem Bräutigam, geboren.

Falls du versuchst, auf irgendeine andere Weise (aus einem anderen Beweggrund) Frucht hervorzubringen, wird diese Frucht unvollkommen sein. Wenn du denkst, du müssest diese Sache, dieses Werk tun, weil es deiner Beziehung zu Gott förderlich ist, ist das unvollkommene Frucht. Denk darüber nach, wie oft du schon Dinge getan hast, nur weil du dich Gott gegenüber schuldig gefühlt hast. Die Bibel sagt, dass Jesu Frucht voll von Danksagung ist. Du kannst nicht voller Danksagung und gleichzeitig voll von Schuldgefühlen sein. Das funktioniert nicht.

Frucht, die aus Schuldgefühlen entsteht, ist unvollkommene Frucht. Tatsächlich formuliert es Paulus noch viel harscher. Er nennt als Beispiel Abraham und die Frucht, die er durch Sarah und Hagar erzeugte. Gott sagte Abraham, dass er den zugesagten Sohn durch Sarah haben würde. Aber weil es nicht sofort geschah, kamen Sarah und Abraham überein, dass Abraham mit Sarahs Dienerin Hagar einen Sohn zeugen sollte. Und das tat er auch. Doch die Frucht dieser Vereinigung war nicht Gottes Frucht. Es war die Frucht menschlicher Bemühung. Nun halte inne und denk nach. Diese Vereinigung zwischen Abraham und Hagar brachte greifbare Frucht hervor. Ein echter Sohn aus Fleisch und Blut, Ismael, wurde gezeugt. Doch nicht das Werk Gottes brachte ihn hervor (genauso wenig war es Gottes Lösung). Vielmehr war es menschliche Anstrengung und die menschliche Lösung für ein Bedürfnis.

Paulus verwendet das als eindringliches Beispiel für die Vermengung menschlicher Bemühungen mit dem, was Gott bewirken will. Paulus zitiert: *»Treibe die Magd hinaus und ihren Sohn!«* Treibe deine menschlichen Bemühungen hinaus! Das ist nichts als Ehebruch. Folge diesem Weg nicht. Die Frucht, die daraus entsteht, ist nicht Gottes Frucht, es ist deine Frucht.

Und die Gemeinde als Institution ist so sehr auf Frucht fixiert, dass es sie oft nicht interessiert, woher die Frucht kommt, solange du Frucht hervorbringst. Nein. Nein, das ist ganz und gar falsch. Gott will Frucht durch dich entstehen lassen, doch er will, dass diese Frucht durch eine innige Beziehung mit ihm entsteht.

Nehmen wir als Beispiel meine Frau und mich. Angenommen, wir wollten weitere Kinder haben, wären dazu aber nicht in der Lage, weil etwas mit mir nicht stimmte. Doch eines Tages käme meine Frau nach Hause und sagte zu mir: »Greg, freu dich, ich bin schwanger!« Ich würde sagen: »Wirklich? Wie ist das passiert?« »Oh, ich war mit einem alten Schulfreund intim. Aber ist es nicht großartig – wir werden ein Baby bekommen.« Darauf würde ich antworten: »Nein, das ist ganz und gar nicht großartig! Nicht *wir* bekommen ein Baby. *Du* bekommst ein Baby. Das ist nicht *unser* Baby.« Es geht nicht darum, einfach nur Frucht zu haben. Es geht darum, UNSERE FRUCHT zu haben.

Doch das ist das Problem vieler Gemeinden. Sie bringen Frucht hervor, doch diese Frucht wird aus der Vertrautheit mit etwas anderem als mit Jesus geboren. Und so heißt es dann: »Preist den Herrn, heute kamen zehn Leute nach vorne und übergaben Jesus ihr Leben von Neuem, weil ich Jonathan Edwards Erweckungspredigt hielt, die sie als Sünder in der Hand eines zornigen Gottes zeigte, nur an einem dünnen Faden über den Flammen der Hölle baumelnd. Ich habe sie durch Angst ins Königreich gezwungen. Ehre sei Gott. Halleluja, Gott ist gut.« Moment mal! Das ist auf Furcht gegründetes Evangelisieren. Du hast soeben Menschen geschaffen, deren Beziehung zu Gott auf Furcht gründet anstatt auf Liebe! Das ist nicht Gottes Frucht. Du hast somit Frucht aus deinem eigenen Fleisch hervorgebracht. Und Frucht, die im Fleisch erzeugt wird, muss auch durch das Fleisch aufrechterhalten werden. Die einzige Möglichkeit, diese Gläubigen motiviert zu halten, besteht darin, den Angstfaktor zu erhöhen. Hey, eine solche Gemeinde würde zu einer christlichen Version der Fernsehshow »Fear Factor« (Angstfaktor) taugen!

Es tut mir leid, das sagen zu müssen, aber Jonathan Edwards als Teil der sogenannten *Great Awakening* (Große Erweckung) in diesem Land (die Erweckung, die viele gerne kopieren würden), ist nicht mein Held. Er entließ Menschen nicht in die Freiheit des Evangeliums Christi. Er machte sie vielmehr wieder zu Sklaven eines Geistes der Furcht. Wenn irgendetwas Gutes bei all dem herauskam, ist es nur die Tatsache, dass einige Leute in der Lage waren, das Ganze hinter sich zu lassen. Aber ich sage es dir ganz offen: Ich spucke auf den Gedanken, dass diese Erweckung als Vorlage genutzt werden sollte. Diese »Erweckung« starb, und angesichts der Tatsache, dass es dabei um ein Eifern nach Gottes *Gesetz* ging, hatte sie es auch verdient zu sterben.

Hagars Frucht. Kannst du sehen, dass nicht alle Frucht gleich geschaffen ist? Pastoren sind stolz auf die Gebäude, die sie errichten. Wunderschöne Gebäude. Hey, ich bin überzeugt davon, Gott mag schöne Gebäude. Gott liebt Schönes. Doch wie viele Gemeindegebäude wurden mithilfe von Schuldgefühlen oder Furcht oder mit vermehrtem Segen als Lockmittel errichtet? »Gib, um mehr Segen zu empfangen. Bekomme deine Bedürfnisse erfüllt, indem du Gottes Werk tust; und stelle einen Scheck aus. Du solltest mindestens 10 Prozent geben. Und wenn du wirklich gesegnet werden willst, dann gib noch mehr für dieses Projekt. Kümmere dich um Gottes Haus und Gott wird sich um deines kümmern. Vernachlässige Gottes Haus und Gott wird deines vernachlässigen.« So wird Gottes Volk, das von Schuld, Furcht, Gier oder was auch immer angetrieben wird, das Geld für großartige Gemeindegebäude aus der Tasche gezogen. Und überall werden die Leute auf diese Gebäude zeigen und sagen:»Oh Mann, was für eine lebendige Gemeinde! Seht nur, was Gott dort tut.« Nein! Falsch! Diese Gebäude sind nichts weiter als götzendienerische Denkmäler für Hagar! Sie sind Frucht, die aus dem Ehebruch geboren ist.

Selbstverständlich ist es nicht immer so. Ganz sicher nicht. Aber ein Gebäude zu errichten, ja selbst eine riesige Gemeinde aufzubauen, ist nichts, woran sich Erfolg festmachen lässt. Gott bringt vollkommene Frucht in uns hervor. In jedem von uns! Das ist Erfolg! Als Gesamtgemeinde sind wir bereits erfolgreich!

Das ist die Schönheit, die darin liegt, deine Identität in Christus zu haben. Als Pastor bin ich ein großer Erfolg – nicht, weil ich so viele wundervolle Dinge tue, sondern weil es das ist, wozu Jesus mich gemacht hat. Ich kenne die gute Nachricht von Jesus und sie wird mir mit jedem Tag vertrauter. Und ich weiß, dass ich dazu berufen bin, sie auszusprechen. Das ist die Frucht, die Jesus in mir trägt und die meine Freude ist. Zehntausend Menschen in unserer Gemeinde zu haben, würde mich als Pastor nicht erfolgreicher machen, als wenn es nur fünfzehn wären. Erfolg besteht allein in der vertrauten Beziehung mit Jesus und der Frucht, die daraus entsteht.

Es ist ein Geschenk. Du bist heute ein Erfolg, weil du die gute Nachricht von Jesus kennst und eine innige Beziehung mit ihm hast. Du hast es geschafft. Das ist das gute Leben. Ob du nächstes Jahr deinen Abschluss machst oder deine Beförderung erhältst, oder ob nächstes Jahr dein letztes Kind von zu Hause auszieht und der Hund stirbt – es wird deinen Erfolg nicht beeinflussen. Heute findet der Erfolg deines Lebens statt, weil du das Evangelium kennst und eine vertraute Beziehung hast. Und du bringst Jesus, deinem Bräutigam, Frucht. Das ist ein gutes Leben. Genau das ist Leben.

Hier ist mein Rat an Pastoren, die das hier lesen: Versucht nicht länger, Frucht in eurem Dienst hervorzubringen. Und hört auf, Frucht in euren Gemeindemitgliedern bewirken zu wollen. Weist die Leute stattdessen einfach auf Jesus hin. Und noch eins solltet ihr tun: Geht schonungslos gegen alles in eurem Gottesdienst vor, das die Menschen glauben lässt, etwas trenne sie von Gott. Pastor, halte das Hamsterrad an, in dem abwechselnd Sünde bekannt und Vergebung empfangen wird. (Unsere Gemeinde hat das Bekenntnis der Gerechtigkeit!) Hör auf, den Menschen zu sagen, sie müssen »ihre Sünde unter das Blut stellen«.

Stelle jede Gepflogenheit ein, die dazu beiträgt, dass sie auf Sünde fokussiert sind. Erinnere sie vielmehr daran, wer sie *wirklich* sind. Weise sie auf Jesus hin und auf die vertraute Beziehung mit ihm, und dann lass Jesus die Frucht in deiner Gemeinde hervorbringen.

Das ist sehr wirkungsvoll, denn Jesus fährt mit seiner Botschaft an die Gemeinde in Sardes fort und spricht über Menschen, die »es wirklich haben«. Über Menschen, die in ihrer Gemeinde ein Beispiel sind, und darüber, was sie besitzen. Sieh dir Vers 4 in unserem Bibelabschnitt an: »*Doch du hast einige wenige Namen auch in Sardes, die ihre Kleider nicht befleckt haben; und sie werden mit mir wandeln in weißen Kleidern, denn sie sind es wert.*«

Einige wenige Namen, die ihre Kleider nicht befleckt haben. Nochmal: Der Name ist die Identität. Wir reden hier über Identität. Über Menschen, deren Identität nicht befleckt oder beschmutzt wurde.

Auch hier ist in Predigten die übliche Auslegung, dass du deine Kleidung befleckst (deine »Jesus-Kleidung«), indem du dich an irgendeiner Sünde beteiligst. Deine Sünde ist der Schmutz, der dich verunreinigt.

In manchen Traditionen ist es daher üblich, dass man sich für die Taufe neue Kleidung besorgt. Das ist großartig. Das ist wundervoll. Doch ich erinnere mich, vor einigen Jahren ein Lied im Radio gehört zu haben, in dem es darum ging, die Taufkleidung rein zu halten. Demzufolge steigst du aus dem Taufbecken und ziehst deine neue Kleidung an, und die hältst du dann rein, indem du nicht mehr sündigst. »Ich will keinen Schmutz auf meine Schuhe bekommen, indem ich irgendwo hingehe, wo ich nicht hingehen sollte. Denn dann muss mich Jesus wieder reinwaschen.« Aber Menschen tun unweigerlich Dinge in ihrem Leben, die sie bereuen. Dann ist dein Taufanzug beschmutzt und was folgt? »Jesus, bitte wasche meine Kleidung wieder rein.« Und die Menschen haben das Gefühl, dass Jesus ihnen vergibt, weil sie nach vorne zum Altar gekommen sind. Es wird ihnen dann für eine Weile großartig gehen, doch zwangsläufig werden sie wieder etwas tun, das sie bereuen. Dann geht es zurück an den Altar. Und das wiederholt sich bis zum Überdruss.

Gratulation! Du bist soeben in das Hamsterrad der Religion gehüpft. Dieser Anzug, von dem du denkst, er werde jedes Mal, wenn du sündigst, beschmutzt und müsse von Jesus immer und immer wieder reingewaschen werden, wenn du diesen Anzug ständig wäschst, wird er ganz zerschlissen sein, wenn du stirbst.

Tatsächlich ist die Kleidung, die Jesus dir gibt, seine Gerechtigkeit. Und du kannst seine Gerechtigkeit mit nichts, was du tust, beschmutzen, sei es Gutes oder Schlechtes. Er hat deine Schmutzigkeit bereits auf sich genommen. Man kommt nicht zu schmutziger Kleidung, indem man *etwas Schlechtes tut*. Man kommt durch Unglauben dazu. »Es gibt Einige in Sardes, deren Name, deren Identität nicht befleckt wurde! Sie tun genau das, was ich sie von Anfang an gelehrt habe. Sie erinnern sich, wie sie am Anfang ihre Gerechtigkeit als Geschenk empfingen, und auf diese Weise empfangen sie auch weiterhin.« Da gibt es die, die sagen: »Ich habe vor zehn Jahren, als ich anfing zu glauben, meine Gerechtigkeit als Geschenk von Jesus bekommen. Und heute habe ich meine Gerechtigkeit immer noch als ein Geschenk von Jesus, weil ich einfach glaube.« Die Kleider dieser Leute sind weiß!

Erinnerst du dich noch an das Weiß, von dem ich dir im letzten Kapitel erzählt habe? Es gibt für Weiß das griechische Wort *aspros*. Es ist eine gebräuchliche Bezeichnung für diese Farbe. Man sollte also meinen, dass Jesus dieses Wort verwendet, wenn er sagt, dass die Menschen, die ihre wahre Identität in ihm haben, weiß gekleidet sind.

Aber Jesus verwendet dieses Wort (*aspros*) nicht, um das Unschuldsweiß seines Volkes zu beschreiben. Er verwendet das Wort *leukos*. *Leukos* beschreibt ein blendendes, strahlendes Weiß. Das Wort *leukos* wird in der Bibel übrigens nur wenige Male verwendet. Mit diesem Wort wird Jesus zum Zeitpunkt seiner Verklärung beschrieben, als es heißt, sein Gesicht und seine Kleider wurden blendend weiß, so strahlend weiß, wie sie kein Textilhersteller der Welt machen könnte. Auch das Weiß zum Zeitpunkt der Auferstehung wird damit beschrieben. Und Jesus verwendet es, als er die Unschuld der Menschenmengen verkündet, die zu ihm strömen; er sagt, sie seien weiß und bereit zur Ernte. Jesus verkündet ihre Unschuld und nennt sie bereit für die Ernte.

Wenn du auf eine Menschenmenge blickst, musst du sie mit den Augen Jesu sehen. Diese Menschen sind keine Sünder in der Hand eines zornigen Gottes, der darauf wartet, dass sie Buße tun und ihre Sünden bekennen. Jesus hat seinen Urteilsspruch über sie bereits gefällt: »Unschuldig! Unschuldig!«

Deine Identität besteht nicht nur darin, dass du vor lauter Unschuld weiß bist. Dein Weiß ist das Weiß von Jesus während seiner Verklärung. Dein Weiß ist das der Verklärung. Dein Weiß ist das der Auferstehung. Du bist so weiß, wie es keine menschliche Anstrengung, kein noch so gründliches Bleichen von menschlicher Hand es je bewirken könnten. Du trägst das Weiß nach Art der Herrlichkeit Gottes. Gottes Weiß der Gerechtigkeit. Und das ist ein Geschenk, in das Jesus dich kleidet. Ich sage dir, dieses Gewand liegt in diesem Moment auf deinen Schultern. Das ist deine Identität, dein wahrer Name. Glaube nichts anderes. Etwas anderes zu glauben bedeutet zu denken, dein Gewand sei befleckt und beschmutzt.

Nein, Jesus sagt, die Menschen, die ihre Namen kennen, werden »mit mir wandeln … denn sie sind es wert«. Deine Würdigkeit beginnt damit, dass du einfach an deine Identität glaubst. Jesus hat dich würdig gemacht. Tatsache ist, wenn du das nicht glaubst, wenn du stattdessen glaubst, du seist es nicht wert, mit Jesus zu wandeln, dann wirst du das auch nicht. Du wirst es nicht! Aber diejenigen, die ihre Identität kennen, die sich ihrer Sohnschaft bewusst sind und sich von Papa in das BESTE Gewand kleiden lassen (das BESTE Gewand war Jesu Gewand), die sich von Papa mit dem besten Gewand, mit dem Ring an ihrem Finger und mit Schuhen an ihren Füßen ausstatten lassen, alle, die wissen, was es bedeutet, Sohn zu sein – *sie werden mit Jesus wandeln.*

Hey, du wandelst mit Jesus. Du bist würdig. Das Gewand bekleidet dich. Mit ihm zu leben, eine vertraute Beziehung mit ihm zu haben, allein darum geht es im Leben. Die Frucht, die aus der Vertrautheit mit deinem Bräutigam entsteht, macht das Leben gut. Und in Vers 5 sagt er: »*Und ich will seinen Namen nicht aus-*

löschen aus dem Buch des Lebens, und ich werde seinen Namen bekennen vor meinem Vater und vor seinen Engeln.«

Das ist einfach wunderschön und ich werde mit diesem Gedanken schließen. Leute lesen, wie Jesus im Himmel Namen von Menschen aus dem Buch des Lebens auslöscht, und dann sagen sie: »Er wird deinen Namen aus dem Buch des Lebens auslöschen und du wirst es nicht in den Himmel schaffen. Also pass auf, was du tust.« Nein, hör zu. Jesus sagte das, um dir Zuversicht zu geben, damit du gegen die Leute gewappnet bist, die solche dummen Dinge sagen. Jesus will, dass du seine Sicherheit kennst. Er will, dass du etwas Bestimmtes weißt. Er sagte Folgendes: *»Ich werde deinen Namen **nicht** aus dem Buch des Lebens auslöschen.* Vergiss, was andere Leute dir erzählen. Ich werde es nicht tun. Auf keinen Fall. Dein Name steht dort geschrieben. Und ich bin froh, dass er dort steht. Und ich lasse ihn dort. Ich werde ihn niemals entfernen. Ganz im Gegenteil«, sagt der Herr, »hier geht es nicht nur darum, dass in irgendeinem Buch im Himmel ein Eintrag deines Namens existiert, sondern Papa und ich werden ständig lobend von dir sprechen. Ich werde deinen Namen vor meinem Vater und vor seinen Engeln bekennen.«

Jesus redet mit Papa über dich. Er liebt es, deinen Namen zu erwähnen. Er sagt Dinge darüber, wer du wirklich bist. Zu bekennen bedeutet wörtlich »dasselbe zu sagen wie«. Jesus spricht aus, wer genau du für den Vater bist (zu wem genau er dich gemacht hat), und die beiden unterhalten sich über dich. Du weißt schon, man redet über das, was man liebt. Manche Menschen lieben Golf und können nicht aufhören, über das Golfspiel zu reden. Andere Menschen lieben Politik und reden unentwegt darüber. Jesus liebt dich. Und er kann nicht aufhören, über dich zu reden. Wie wunderschön ist das?! Deine Position ist dir sicher. Du bist mit der Gerechtigkeit der Auferstehung bekleidet. Du befindest dich in inniger Nähe zu Jesus. Er trägt seine Frucht in dir, und er und dein Papa können nicht aufhören darüber zu reden, wie sehr sie beide dich lieben.

Offenbarung

DIE GEMEINDE VON PHILADELPHIA

*Und dem Engel der Gemeinde in Philadelphia schreibe: Das
sagt der Heilige, der Wahrhaftige, der den Schlüssel Davids
hat, der öffnet, so dass niemand zuschließt, und zuschließt,
so dass niemand öffnet: Ich kenne deine Werke. Siehe, ich
habe vor dir eine geöffnete Tür gegeben, und niemand kann
sie schließen; denn du hast eine kleine Kraft und hast mein
Wort bewahrt und meinen Namen nicht verleugnet. Siehe,
ich gebe, dass solche aus der Synagoge des Satans, die sich
Juden nennen und es nicht sind, sondern lügen, siehe, ich
will sie dazu bringen, dass sie kommen und vor deinen
Füßen niederfallen und erkennen, dass ich dich geliebt habe.
Weil du das Wort vom standhaften Ausharren auf mich
bewahrt hast, werde auch ich dich bewahren vor der Stunde
der Versuchung, die über den ganzen Erdkreis kommen
wird, damit die versucht werden, die auf der Erde wohnen.
Siehe, ich komme bald; halte fest, was du hast, damit [dir]
niemand deine Krone nehme! Wer überwindet, den will ich
zu einer Säule im Tempel meines Gottes machen, und er
wird nie mehr hinausgehen; und ich will auf ihn den Namen
meines Gottes schreiben und den Namen der Stadt meines
Gottes, des neuen Jerusalem, das vom Himmel herabkommt
von meinem Gott aus, und meinen neuen Namen. Wer ein
Ohr hat, der höre, was der Geist den Gemeinden sagt!*
– Offenbarung 3,7–13

D iese Worte Jesu sind gute Nachrichten. Es sind gute Nachrichten und sie bedeuten Segen! Jesus segnet dich heute.

Wir haben soeben Jesu Worte an den Pastor der Gemeinde in Philadelphia gelesen. Es ist die einzige Gemeinde, über deren Dienst Jesus nichts Negatives zu sagen hat. Dieses Wort von Jesus ist so wohltuend und liebevoll.

Er beginnt in Vers 7 mit folgenden Worten: *»Das sagt der Heilige, der Wahrhaftige, der den Schlüssel Davids hat, der öffnet, so dass niemand zuschließt, und zuschließt, so dass niemand öffnet«.* Dieser Satzteil – »der den Schlüssel Davids hat, der öffnet, so dass niemand zuschließt, und zuschließt, so dass niemand öffnet« – kommt direkt aus dem Alten Testament. Jeder religiöse Jude, der das liest, würde wissen, dass es aus Jesaja 22 stammt.

Lesen wir Jesaja 22,22 doch einfach mal: *»Ich will ihm auch den Schlüssel des Hauses Davids auf seine Schulter legen, so dass, wenn er öffnet, niemand zuschließen kann, und wenn er zuschließt, niemand öffnen kann.«*

Es ist ein beinahe wörtliches Zitat, außer dass Jesus sagt: »Damit bin jetzt ich gemeint. Ich bin derjenige, der nun den Schlüssel zum Hause Davids hat.« Der Schlüssel zum Hause Davids, der auf Jesu Schulter gelegt wird, stellt symbolisch die Autorität und Herrschaft Davids dar. Erinnerst du dich, wie Jesaja über den Messias prophezeit und dabei sagt, »die Herrschaft soll auf seiner Schulter ruhen« (Jes 9,5)? Die Herrschaft ruht auf seiner Schulter. Es ist einfach ein weiteres Bild mit derselben Aussage; alle Autorität und Herrschaft wurde auf Jesus gelegt. Du hast also dieses Bild eines Königs vor dir, der überall eintreten kann, der zu allem Zugang hat, dem das Recht verliehen wurde, zu gehen, wohin er will und zu tun, was ihm gefällt.

Nur dass Jesus dieses Bild dazu verwendet, etwas ganz Bestimmtes deutlich zu machen. Es geht nicht nur darum, dass ihm die Regentschaft (alle Befehlsgewalt) gegeben wurde. Sondern diese Befehlsgewalt kommt in der symbolischen Form eines Schlüssels, der öffnet und schließt – dauerhaft öffnet und dauerhaft schließt (er öffnet, wie es heißt, und niemand kann zuschließen, das heißt: dauerhaft geöffnet; er schließt und niemand kann öffnen, das heißt: dauerhaft geschlossen). Ihm ist die Macht gegeben, Türen zu öffnen und zu schließen. Und diese Türen öffnet und schließt er FÜR DICH. Das tut er nicht für sich – das tut er FÜR DICH.

In Vers 8 sagt Jesus: »*Ich kenne deine Werke. Siehe, ich habe vor dir eine geöffnete Tür gegeben, und niemand kann sie schließen; denn du hast eine kleine Kraft und hast mein Wort bewahrt und meinen Namen nicht verleugnet.*«

Jesus hat eine Tür geöffnet. Für wen? Für sein Volk! Er sagt: »Ich habe meine Autorität benutzt, um für dich eine Tür zu öffnen (die niemand schließen kann).« Und er sagt zu seinem Volk: »Sieh die Tür!«

Schau dir den Vers nochmals an: »*Ich kenne deine Werke. Siehe, ich habe vor dir eine geöffnete Tür gegeben*«. Das Wort für »sehen« ist *idou* und wird oftmals mit »siehe« übersetzt. Wörtlich bedeutet es, etwas »wahrzunehmen«. Jesus sagt somit: »Erkennt, was vor euch ist. Vor euch ist eine geöffnete Tür.«

Eine geöffnete Tür bedeutet Zugang. Und in diesem Fall kann man gleich mehrere Dinge daraus folgern. Diese geöffnete Tür war für uns einst eine geschlossene Tür. Jesus nutzte seine Autorität, um sie zu öffnen **und** er hat diese Tür direkt vor uns platziert **und** er lädt uns dazu ein, Gebrauch von ihr zu machen. Damit will ich sagen, dass er deine Aufmerksamkeit deshalb auf diese Tür lenkt, weil er will, dass du sie benutzt.

Um es gleich vorweg zu sagen: Es geht hier um die Tür zu deinem Erbe in Christus, um alle Vorzüge, die wir als Söhne und

Töchter unseres Vater-Gottes genießen. Diese Tür war geschlossen, doch Jesus hat sie dauerhaft für dich geöffnet. Und Zugang zu diesen Vorzügen bekommst du, indem du sie kennst, indem du weißt, was Jesus sagt und was er dir gibt, und glaubst, dass die Tür für dich offensteht.

Viele Gläubige »sehen« diese geöffnete Tür zu ihrem Erbe nicht (sie nehmen sie nicht wahr, erkennen sie nicht). Sie können nicht erkennen, dass die Tür des Himmels dauerhaft für sie offensteht. Sie versuchen immer noch, Gott dazu zu bewegen, die Tür des Segens zu öffnen. Sie glauben, wenn sie nur inbrünstig genug bitten, wird Gott die Tür des Himmels lange genug öffnen, um ein paar hübsche Dinge hinauszuwerfen, bevor er sie wieder schließt. Wir müssen ihn also einfach immer wieder bitten: »Bitte Gott, bitte, gib mir deinen Frieden. Bitte Gott, ich flehe dich an, bitte vergib mir diese Sünde. Bitte verbanne mich nicht aus deiner Gegenwart.«

Weißt du, in der Gemeinde, die ich verlassen habe, war diese Art von Betteln in den Lobpreis integriert. Für gewöhnlich sagten wir folgende Worte, die direkt aus dem alten Bund stammen (Psalm 51, 12–13): »*Erschaffe mir, o Gott, ein reines Herz, und gib mir von neuem einen festen Geist in meinem Innern! Verwirf mich nicht von deinem Angesicht, und nimm deinen heiligen Geist nicht von mir.*« Der Gläubige, der heute so etwas sagt, »sieht« die Tür nicht, die Jesus für ihn dauerhaft geöffnet hat. Er weiß nicht, dass er bereits rein ist, dass sein Geist für immer vollkommen gemacht ist (sein Geist muss nicht erneuert werden), dass Gott ihn nicht wegen seiner Sünden verworfen hat (die Sünden der Welt wurden in Jesus für immer abgegolten) und dass Gott NIEMALS seinen Heiligen Geist von ihm nehmen wird – ganz im Gegenteil, er wurde mit dem Heiligen Geist versiegelt. Warum also »sieht« dieser Gläubige diese geöffnete Tür nicht?

Warum sind manche Gläubige in der Lage, »sie zu sehen«, und andere wiederum nicht? Hier ist der Grund: Jesus sagt, dass diese Gläubigen in Philadelphia die geöffnete Tür »sehen« können, »DENN (weil, aufgrund von) *du hast eine kleine Kraft und hast mein Wort bewahrt und meinen Namen nicht verleugnet*«.

Drei Dinge. Erstens, »sie haben eine kleine Kraft«. Das klingt nicht wie etwas Positives. Doch Tatsache ist, dass sie in der Lage sind, die offene Tür zu ihrem Erbe wahrzunehmen, weil sie nicht besonders stark sind.

Das Wort für »klein« ist *micron*. Daher stammt unser Wort Mikro – winzig klein. Wie beispielsweise ein Mikrochip, der kleinste aller verfügbaren Bausteine. Tatsächlich wird dieses Wort zumeist im Superlativ übersetzt und meint damit die kleinstmögliche, noch messbare Einheit. Jesus verwendete es, als er sagte: »Das Senfkorn ist das kleinste unter allen Samen« (es ist das *micron* unter allen Samen, das kleinste Samenkorn, das es gibt). Und über Johannes den Täufer sagte er, dass niemand, der von einer Frau geboren wurde, größer sei als dieser, doch selbst der *Kleinste* im Reich Gottes sei größer als Johannes der Täufer (auch hier wieder als Superlativ). Einmal stritten die Jünger darüber, wer wohl »der Größte ist«. Jesus antwortete: »Wer der Geringste ist in meinem Königreich, ist der Größte«. Wer »*micron*« ist im Königreich, ist der Größte.

Wenn also Jesus hier in der Offenbarung sagt, »du hast eine kleine Kraft«, dann ist das etwas Positives. Du hast die kleinstmögliche Menge an Kraft. Ich glaube, dass er damit meint, dass sie nicht auf ihre eigene Kraft vertrauen. »Ihr seht, dass eure Kraft winzig ist. Ihr seht, dass ihr Mikrokraft habt (eure Menge an Kraft ist am unteren Ende der Skala angesiedelt), und das bringt euch in Position für größten Segen.

Das ist das große Paradoxon für all jene, die Gottes Gnade in ihrem Leben nicht verstehen. Diejenigen, die Gottes Gnade nicht verstehen, haben Schwierigkeiten zu glauben, dass Gottes Kraft in unserer Schwachheit vollkommen wird. Gottes Kraft gelangt zur Vollkommenheit, wenn wir ein Volk von geringer Kraft sind. Jesus selbst sagte zum Apostel Paulus (2Kor 12,9): *»Lass dir an meiner Gnade genügen, denn meine Kraft wird in der Schwachheit vollkommen! Darum will ich* (sagt Paulus) *mich am liebsten vielmehr meiner Schwachheiten rühmen, damit die Kraft des Christus bei mir wohne.«* Beachte, dass das Sichtbarwerden der Kraft Christi auf Menschen RUHT oder BLEIBT, die zu Gott stets sagen: »Ich kann das aus meiner menschlichen Kraft nicht tun, und das muss ich auch nicht.«

Die Unfähigkeit, etwas aus menschlicher Kraft tun zu können, bringt dich in die perfekte Stellung, um Gottes Versorgung für dein Leben zu empfangen. So lange du glaubst, fähig zu sein, brauchst du Gott nicht. Verfluche jede Lehre, die sagt, du kannst aufgrund *deiner* Befähigung oder Kraft von Gott empfangen oder etwas für ihn bewirken oder dein Leben vor Gott in Ordnung bringen.

Betrachte es so: Wenn du eine schädliche, eine hartnäckige Sünde in deinem Leben hast und von ihr frei werden willst, aber nie Befreiung gefunden hast, dann ist die Antwort für dich nicht: »Streng dich diesmal mehr an.« Sie lautet auch nicht: »Leg dich ins Zeug, mach ernst und verdoppele deine Bemühungen.« Wie oft hast du es schon versucht und es hat nicht funktioniert? Du hast im wahrsten Sinne des Wortes eine Chronik des Scheiterns vorzuweisen.

Doch die Botschaft der Gemeinde an die Menschen lautete stets: »Werde diese Sünde los, sonst passiert was! Werde sie los, sonst verlierst du die Gemeinschaft mit Gott. Schaff sie aus der

Welt, oder du wirst aus seiner Gegenwart verbannt. Befreie dich davon, andernfalls wird der Heilige Geist von dir genommen.« Nein! Nein! Durch Jesus ist die Tür zum Himmel offen und kein Mensch kann sie schließen, nicht einmal du selbst. Deshalb sind diese Drohungen allesamt falsch. Sie sind falsch. Und wie wir gelehrt wurden, Sünde zu besiegen, ist genauso falsch. Gemeindeleiter werden sagen: »Verlass dich auf Gottes Hilfe, verlass dich darauf, dass Gott dir hilft.« Nein! Falsch. So läuft es nicht.

Gott will DIR nicht dabei helfen, dein altes Ich in Ordnung zu bringen. Vielmehr will er deine Reinheit SEIN. Er will dein neues Leben SEIN.

Weißt du, es ist für ein Kind Gottes ein natürliches Bedürfnis, ein heiliges Leben führen zu wollen. Jemand, der kein heiliges Leben führen möchte, hat keine Offenbarung über Gottes Liebe zu ihm oder über die Einheit, die er mit Gott hat. Doch der Weg zu einem heiligen Leben führt nicht über größtmögliche Anstrengung, auch nicht mit Gottes Hilfe. Der Weg zu einem heiligen Leben besteht darin, durch die offene Tür des Himmels zu gehen (die Tür, die Jesus vor dich hingestellt hat) und Jesus zu betrachten, der auf seinem Thron Platz genommen hat.

Zu heiligem Leben führt dich das Loslassen von der unangemessenen Verantwortung, die sagt, es obliege dir und deinen Bemühungen, dein Leben aufzuräumen. Du kannst das nicht tun. Du musst erkennen, dass du (in dir selbst) ein Mensch mit mikroskopisch kleiner Kraft bist. Wenn du eine Offenbarung über Gottes Liebe zu dir hast und willst, dass Jesus in dir regiert und herrscht, dann erkläre ihm gegenüber einfach: »Jesus, ich bin ganz und gar von dir erfüllt. Ich rühme mich dessen, dass ich keinerlei Kraft habe, mich zu ändern. Ich erkläre mich für tot und erkläre dich für lebendig in mir.« Wenn du diese Realität des Lebens Jesu in dir aussprichst, wirst du sie zu leben beginnen. Und dann wirst nicht du deine Sünde verlassen, sondern deine Sünde wird dich verlassen. Damit bin ich sachkundig vertraut.

Die Angst haftete an mir. Die Depression hielt mich fest umklammert. Und der Pessimismus ließ mich nicht los. Weder Tabletten noch gute Vorsätze oder Selbsthilfebücher, noch nicht einmal Gebet halfen mir. Geholfen hat mir nur, Jesus anzuschauen. Nur zu hören, was er sagte. Was mir am meisten half, war die Erkenntnis, dass ich mich nicht selbst in Ordnung bringen musste. Und wenn sich solche Dinge in meinem Leben zeigten, musste ich mich deswegen nicht selber fertigmachen, sondern sagte einfach: »Jesus, dieser Mensch, bei dem sich jetzt diese Depression zeigt, ist nicht mein wahres Ich. Ich bin ein Mensch mit mikro-kleiner Kraft. Ich stelle mich gemeinsam mit dir hin und erkläre, dass dieser Mensch tot ist. Und nun sage du mir, wer ich bin. Nenne mir meinen wahren Namen.«

Kannst du erkennen, was ich damit sage? Die Heiligen in Philadelphia erkannten, dass ihnen eine Tür geöffnet worden war, weil sie ihren eigenen Fähigkeiten keine Bedeutung zumaßen. Sie zählten auf Jesus, sie verließen sich darauf, dass er ihr Leben sein und ihnen sagen würde, wer sie waren. *»Siehe, ich habe vor dir eine geöffnete Tür gegeben, und niemand kann sie schließen; denn du hast eine kleine Kraft und hast mein Wort bewahrt und meinen Namen nicht verleugnet.«* Ihr habt mein Wort bewahrt. Erinnere dich, das Wort »bewahrt« (Jesus verwendet es hier in der Offenbarung häufig) bedeutet »vor Verlust schützen, daran festhalten«. Jesu Worte zu *bewahren* bedeutet für dich, dass du alles, was Jesus über dich sagt, sorgfältig sammelst, sicher verwahrst und daran festhältst.

Jesu Worte zu bewahren bedeutet, dass die Worte Jesu über dich nicht verloren gehen. Geh durch die Tür, betrachte Jesus und erkläre: »Jesus, ich habe mikro-kleine Kraft in mir selbst. Doch ich bin nur der, als den du mich bezeichnest. Ich kann nur tun, von dem du sagst, dass ich es tun kann. Also sage mir durch deine Gnade, durch deinen göttlichen, nicht von mir erworbenen, unverdienten Einfluss auf mich, wer ich bin und was ich zu tun vermag.«

Und was antwortet Jesus? *»Du vermagst alles zu tun durch Christus, der deine Kraft ist.«* Weißt du, wenn nicht länger du lebst, sondern Christus, der in dir ist, dann bist auch du alles, was er ist. Unaufhörlich. Du bist geliebt. Unaufhörlich. Du bist Papa eine Freude. Unaufhörlich. Du bist es wert, gesegnet zu werden. Unaufhörlich. (Bewahrst du sein Wort? Häufst du es an? Schützt du es vor Verlust?) Er sagt, du bist für immer erlöst, für immer vollkommen gemacht und mit dem Heiligen Geist versiegelt. Du bist aus der Macht der Finsternis gerettet und ins Reich seines Sohnes versetzt worden, du wurdest vom Fluch des Gesetzes befreit, es gibt nun keine Verdammnis mehr für dich. (*Bewahrst* du sein Wort?) Der Geist dessen, der Christus von den Toten auferweckt hat, wohnt in deinem Körper; du bist geheilt, gesund, fruchtbringend und begünstigt. Du bist dazu berechtigt, Teilhaber seines Erbes zu sein. Jesus sagt: »Ich habe die Tür zum Segen geöffnet. Sie ist offen und ich habe sie vor dich hingestellt. Die Tür ist geöffnet und kein Mensch kann sie schließen. Sie ist offen und nicht einmal du kannst sie schließen! Die Tür zum Himmel ist offen.« *Bewahrst* du sein Wort?!

Siehst du, das ist es, was er über dich sagt. Er gibt dir deine Identität. Er ist das, was in dir lebendig ist. Es ist alles nur er, 100 % er, er, er, er, er. Deshalb werde ich mich meiner Mikro-Kraft rühmen! Denn wenn ich schwach bin, dann kommt alles nur von ihm. Wenn ich schwach bin, dann ist er über allem.

Und an denjenigen, die das verstehen, wird der Segen Gottes reichlich offenbar werden. In dir wird sich Friede, Freude, Liebe und Kraft zeigen. Das wird Menschen, die ihr Leben lang angestrengt darum bemüht waren, all das zu erreichen, neidisch machen. Das sagt Jesus im darauffolgenden Vers. Wenn du endlich die geöffnete Tür des Himmels siehst, wenn du siehst, dass alle Dinge im Himmel dir bereits gehören, dann folgt, was Vers 9 sagt: *»Siehe, ich gebe, dass solche aus der Synagoge des Satans, die sich Juden nennen und es nicht sind, sondern lügen, siehe, ich will sie dazu bringen, dass sie kommen und vor deinen Füßen niederfallen **und erkennen, dass ich dich geliebt habe.**«*

Das bezieht sich auf jeden, der sich auf seine eigene Kraft verlässt und darauf, durch die eigene Tugendhaftigkeit Gottes Gesetz einhalten zu können. Dieses System, in dem Menschen durch eigene Bemühungen versuchen, für Gott gut genug zu sein und eine Stellung zu wahren, in der Gott ihnen seine Gunst gewährt, dieses ganze System größter Anstrengung in der Kraft des eigenen Fleisches, das ist Satans System. Satan will, dass du gefangen bleibst in diesem System, das im Garten mit folgender Lüge begann: »Du bist nicht wie Gott. Du musst ›das‹ tun, um so zu werden wie er« (arbeiten, arbeiten, arbeiten, arbeiten, arbeiten).

»Schau nur deinen Makel an; tu dies und du wirst wie Gott sein.« Es ist das System, in dem man tätig werden und versuchen muss, gottgefällig zu sein. Es konzentriert sich auf deine Unzulänglichkeit. Und überall auf der Welt konzentrieren sich Gläubige immer noch auf ihre Unzulänglichkeiten. Arbeiten, arbeiten, arbeiten, um Gottes Anerkennung zu erlangen; immer weiter daran arbeiten, wie Gott zu sein.

Was sie aus tiefstem Herzen suchen, ist das, was du bereits besitzt. Sie wollen Frieden mit Gott. Sie wollen wissen, dass sie ihm willkommen sind und er sie liebt. Sie wollen wissen, dass Gott mit ihnen zufrieden ist. Du hast das bereits. Du hast das alles geschenkt bekommen. Und ich ebenfalls. Immer mehr, fortwährend. Und die Menschen werden deine Freude sehen und deinen Frieden und deine Liebe, die du durch die offene Tür des Himmels erhalten hast, sie werden sehen, dass du besitzt, was sie nicht haben und wofür sie ihr ganzes Leben lang vergeblich gearbeitet haben. Jesus sagt an dieser Stelle, dass sie es in dir sehen werden und am Ende werden sie nach der Antwort suchend zu dir kommen. Warum? Weil der Segen so überaus stark auf dir ruht. Der Segen ruht in hohem Maße auf denjenigen, die wissen, dass die Tür zum Himmel für sie offensteht, und die diese Tür jeden Tag zu jeder Stunde nutzen.

Jesus hat der Gemeinde in Philadelphia noch viele weitere wunderbare Dinge zu sagen. Sehen wir uns einige davon kurz an, denn es gibt noch eine letzte Sache, zu der ich kommen möchte, weil sie in ihrer Bildsprache so wunderschön ist.

Er sagt in Vers 11: »*Siehe, ich komme bald; halte fest, was du hast, damit [dir] niemand deine Krone nehme!*« Nun, was *haben* sie? Die drei Dinge. Sie haben ein Gefühl für ihre eigene Schwachheit im Fleisch, sie schützen Jesu Worte, damit sie ihnen nicht verloren gehen, und sie bekennen Jesu Namen. Sie scheuen sich also nicht zu sagen, dass das alles von Jesus kommt. Für sie gibt es »keinen anderen Namen«. Das ist nicht das, was wir in unserer heutigen Zeit politisch korrekt nennen würden, nicht wahr? Damit will ich sagen, dass man in unserem Land immer noch für Gott sein kann, solange man nicht für Jesus ist. Der Geist der letzten Tage, sagt Apostel Paulus, ist nicht ein anti-göttlicher, sondern ein anti-christlicher Geist. Doch wir bekennen seinen Namen als denjenigen, der uns alles geöffnet hat. Jesus sagt also: »Halte es fest.« Warum? »*Damit niemand dir deine Krone nehme.*«

Denk darüber nach. Die Krone ist das Symbol der Autorität. Die Krone symbolisiert Regentschaft und Herrschaft. Gläubigen ist diese Krone gegeben worden. Wir wissen, wer wir sind. Wir herrschen auf dieser Erde. Was wir sagen, gilt. Wenn du weißt, wer du in Christus bist, wird, wenn du einen Raum betrittst, die Anwesenheit von Liebe, Freude und Zuversicht die Atmosphäre dieses Raumes verändern. Dein Befehl, ausgesprochen in der Autorität Jesu, wird Dämonen fliehen lassen und zerbrochene Menschen heilen. Du bindest und löst mit deinen Worten. Das alles geschieht durch die Gnade. Es ist alles Gnade. Es ist alles Jesus. Je besser du die Gnade verstehst, desto stärker wirst du regieren und herrschen.

Römer 5,17: »*Welche den Überfluss der Gnade* (wie viel? – den Überfluss der Gnade!) *und das Geschenk der Gerechtigkeit* (nicht die harte Arbeit daran, deine eigene Gerechtigkeit zu sein – sondern das Geschenk der Gerechtigkeit) *empfangen, [werden] im Leben herrschen durch den Einen, Jesus Christus.*« Man könnte auch sagen: »Jene, die den Überfluss der Gnade und das Geschenk der Gerechtigkeit empfangen, werden ihre Krone tragen.« Und lass dich von niemandem zurück unter das System des Gesetzes bringen, wo du verzweifelt versuchst, für Gott »gut genug« zu sein. Das würde ein böses Ende nehmen; du würdest damit deine Zuversicht verlieren. Am Ende würdest du deine Krone ablegen.

Aber in Vers 12 spricht Jesus diese wunderschönen Worte: »*Wer überwindet, den will ich zu einer Säule im Tempel meines Gottes machen, und er wird nie mehr hinausgehen; und ich will auf ihn den Namen meines Gottes schreiben und den Namen der Stadt meines Gottes, des neuen Jerusalem, das vom Himmel herabkommt von meinem Gott aus, und meinen neuen Namen.*«

Jesus sagt, dass du seinen Auferstehungsnamen, der deine Identität ist, auf dir tragen wirst. Du trägst den Namen deines Papas auf dir. Das ist deine Identität. Du wirst wie Gott. Damit sage ich nicht, dass du Gott *bist*. Doch wir werden in einen hohen Stand erhoben. Wir sind so lange mit Verdammnis geschlagen worden, dass es uns schwerfällt zu glauben, dass Gott uns nach seinem Bild geschaffen hat. Ja! Er hat dich nach seinem Bild geschaffen. Es ist nicht deine Schuld. Wir sind hier die Opfer! Wir gehören zu denen, die nach Gottes Art sind. Jesus erhob dich dazu, deinen Platz bei Gott im Kreis seiner Familie einzunehmen. Die Bibel sagt deutlich, dass du mit Christus in die himmlischen Regionen versetzt bist. Wir sitzen mit bei der Gottheit. Senke nicht den Blick und sage: »Nein, nicht ich, nein, nein, das kann nicht sein.« Es ist das, was die Bibel sagt. Nimm es an. Verwahre dieses Wort. Behalte es.

Das ist keine Stätte der Unruhe und Verwirrung; es ist der Ort, wo du Friede findest, indem du wirklich du selbst bist. In deiner Identität als geliebter Sohn Gottes, mit dem Papa hochzufrieden ist, liegt Friede. Auf uns steht also Jesu Name geschrieben. Wir tragen Papas Name auf uns. Und Jesus sagt, er wird den Namen der Stadt Gottes, des neuen Jerusalems, auf dich schreiben. Das ist wunderschön. Weißt du, was der Name Jerusalem bedeutet? *Salem* – was du wohl eher als »schalom« kennst. *Schalom* bedeutet »Friede«. *Jeru* bedeutet »regnen«, wie Wasser, das vom Himmel fällt. Jerusalem bedeutet »Friede, der herabregnet«.

Das ist dein Name. Nur, dass es das *neue* Jerusalem ist. Die neue Art von Frieden, der herabregnet. Es ist der Friede Jesu. Sein Friede ist nicht, wie die Welt ihn gibt. Er kommt nicht auf die Weise, wie jeder versucht Frieden zu erlangen, indem er sich ein friedliches Umfeld schafft. Nein, es ist ein Friede, der aufgrund deiner Identität aufsteigt. »Ich bin in Gott, er ist in mir, er liebt mich, ich bin ihm angenehm, er schätzt und begünstigt mich, Gott ist für mich, und wenn Gott für mich ist, wer kann gegen mich sein.« Es ist Friede, der daraus aufsteigt. Es regnet Frieden. Das gibt dir Jesus nicht nur als ein Geschenk, sondern so benennt er dich auch. Das ist dein Name. Dein Name lautet: »Friede regnet hier herab!«

Darüber gibt es so viel zu sagen, aber ich möchte dir eine letzte Sache zeigen. Jesus sagte: *»Den will ich zu einer Säule im Tempel meines Gottes machen, und er wird nie mehr hinausgehen«.* Eine

Säule ist ein unverzichtbarer stützender Teil der Struktur im Heiligtum. Der Gedanke hier ist, dass du nicht nur im Tempel Gottes bist, sondern auch das bist, woraus der Tempel Gottes besteht. Du bist sowohl im Tempel als auch der Tempel selbst. Du bist in Gottes Gegenwart, wirst aber auch von ihm bewohnt. Kannst du das in diesem Beispiel erkennen?

Und hier kommt jetzt das Wunderschöne daran. Es ist wie Poesie. Denn zu Beginn seiner Botschaft an die Gemeinde in Philadelphia sagt Jesus, dass er der Einzige ist, der Türen öffnet, die niemand schließen kann und Türen schließt, die niemand öffnen kann. Er tut beides. Gleich darauf spricht er über die Tür, die er geöffnet und vor dich hingestellt hat und die der Zugang zu den Vergünstigungen des Himmels, der Zugang zu deinem Erbe ist.

Doch welche ist die Tür, die er geschlossen hat? Es steht genau hier in Vers 12. Jesus sagt: »Ich mache dich zu einer Säule, ich stelle dich als Säule in der beständigen Gegenwart des Vaters auf, *und du wirst nie mehr hinausgehen*.« Diese Tür ist als Ausgang für dich geschlossen. Er hat die Tür geschlossen und niemand kann sie wieder öffnen. Du hast deinen dauerhaften, festen Platz in der Gegenwart des Herrn und er hat seinen dauerhaften, festen Platz in dir. Und jegliche Theologie, die dem nicht Rechnung trägt, ist ganz einfach falsch. Jesus schloss den Ausgang. Sobald du zum Glauben an ihn kommst, wird immer ein Rest von Glauben an ihn verbleiben, ungeachtet dessen, was als Bekenntnis deinen Mund verlässt. Er machte dich zu einer neuen Kreatur, und diese neue Kreatur macht er nicht zunichte. Du als Gläubiger bist Gottes Haus, und zugleich bist du in seinem Heiligtum. Jesus hat dich dorthin gebracht. Nicht du selbst hast dich dorthin gebracht. Er hat es getan. Du hast deinen Ruheort gefunden, und der ist in der Gegenwart Gottes, der dich gerne an diesem Ort hat. Und du wirst nie mehr hinausgehen.

Offenbarung

DIE GEMEINDE VON LAODIZEA

Und dem Engel der Gemeinde von Laodizea schreibe: Das sagt der »Amen«, der treue und wahrhaftige Zeuge, der Ursprung der Schöpfung Gottes: Ich kenne deine Werke, dass du weder kalt noch heiß bist. Ach, dass du kalt oder heiß wärst! So aber, weil du lau bist und weder kalt noch heiß, werde ich dich ausspeien aus meinem Mund. Denn du sprichst: Ich bin reich und habe Überfluss, und mir mangelt es an nichts! – und du erkennst nicht, dass du elend und erbärmlich bist, arm, blind und entblößt. Ich rate dir, von mir Gold zu kaufen, das im Feuer geläutert ist, damit du reich wirst, und weiße Kleider, damit du dich bekleidest und die Schande deiner Blöße nicht offenbar wird; und salbe deine Augen mit Augensalbe, damit du sehen kannst! Alle, die ich liebhabe, die überführe und züchtige ich. So sei nun eifrig und tue Buße! Siehe, ich stehe vor der Tür und klopfe an. Wenn jemand meine Stimme hört und die Tür öffnet, so werde ich zu ihm hineingehen und das Mahl mit ihm essen und er mit mir. Wer überwindet, dem will ich geben, mit mir auf meinem Thron zu sitzen, so wie auch ich überwunden habe und mich mit meinem Vater auf seinen Thron gesetzt habe. Wer ein Ohr hat, der höre, was der Geist den Gemeinden sagt! – Offenbarung 3,14–21

Eine der ersten Predigten, an die ich mich erinnere, habe ich als Kind gehört. Sie handelte davon, ein lauer Christ zu sein und war dem obenstehenden Bibelabschnitt entnommen. Ich erinnere mich lebhaft an dieses Bild von Jesus, der Menschen aus seinem Mund ausspeien will, wie man verdorbenes Essen ausspucken würde. Ich kann aufrichtig sagen, dass diese Botschaft, die ich an jenem Tag hörte, mich formte. Sie prägte meine Sicht von Jesus. Wahrscheinlich könnte ich die Predigten, an die ich mich aus meiner Jugendzeit erinnere, an einer Hand abzählen, aber ist es nicht interessant, dass gerade diese Predigt in mir hängenblieb?

Wenn du die Wortfolge »lauer Christ« oder »lauwarmer Christ« in deine Internetsuchmaschine eingibst, wirst du Tod im Überfluss finden. Ich meine damit ein unendliches Angebot von Schuld und Verdammnis, das zum Tode führt – deinem Tod, denn die Lehren, die du dort findest, werden dich zu der Überzeugung bringen, dass du von Gott getrennt bist und Jesus zornig auf dich ist. Die traditionelle Interpretation von Lauheit ist folgende: kalt ist schlecht (damit wird ein kaltes Herz gegenüber Gott symbolisiert), heiß ist gut (weil heiß deinen Eifer in deinen Werken für Gott symbolisiert) und Lauheit bedeutet ein Leben, das irgendwo zwischen diesen beiden Zuständen angesiedelt ist. Diese Einteilung wird dann sofort auf Gläubige angewandt, die eine Gemeinde besuchen. Denn Leute, die in einer Gemeinde sind, gehen immerhin in den Gottesdienst, also sind sie nicht kalt. »Aber … tust du auch genug?« Das ist die Frage. Denn sonst sind sie auch nicht heiß.

Laue Christen gehen also in die Gemeinde, aber sie *wollen* nicht immer dorthin gehen. Sie gehen zwar, aber manchmal *fehlen* sie auch. Sie sollten öfter in den Gottesdienst gehen wollen. Laue Christen lesen in ihren Bibeln, aber sie lesen nicht oft genug darin. »Du liest nur einmal am Tag, du solltest es aber dreimal täglich tun. Und es sollte auch viel mehr sein.« (Das ist eine großartige Strategie von gesetzlichen Predigern zur Leistungsförderung, denn ganz gleich, wie eifrig du bist oder wo du auf der Skala der guten Werke stehst, du solltest auf jeden Fall mehr tun! Schließlich willst du ja nicht, dass Jesus dich ausspeit). »Du betest nicht genug. Du evangelisierst nicht genug. Wärest du wirklich heiß für Gott, würdest du jeden Tag Menschen zu Jesus führen. Doch sieh dich nur an. Du hast es nicht getan. Und sehen wir uns doch einmal deine Spendenliste an; gegeben hast du ja, aber hast du auch genug gegeben? Hast du geopfert? Du bringst dem Königreich Gottes keine Opfer. Du hast dich nicht ganz in den Dienst gestellt. Wo bleibt dein Eifer für Gott?«

Es gibt sehr, sehr lange Listen mit Identifizierungsmerkmalen für laue Christen – »21 Merkmale für laue Christen«, »18 Kennzeichen eines lauen Christen«. Sie »helfen« dir festzustellen, ob du ein lauer Christ bist. Und das zwangsläufige Mittel gegen Lauheit ist, deinen Eifer zu steigern und mehr für das Königreich zu tun. Das sind düstere Warnpredigten. Angsteinflößende Predigten. Schuld hervorrufende Predigten. Zornige Predigten. Zorn tritt als Predigt auf. Es ist der Zorn von Predigern, die Gottes Enttäuschung über das eigene Leben verspüren und diese Enttäuschung auch auf dein Leben übertragen. »Wenn Gott nach allem, was ich geopfert habe, mit mir nicht zufrieden ist, dann denkt ja nicht, er sei mit euch zufrieden.« Ich werde dir nun sagen, dass diese ganze Sache falsch ist, und das werde ich dir auch deutlich zeigen. Die Worte, die Jesus hier spricht, werden dich heute mit großer Freude erfüllen, es sei denn, du bist ein lauer Christ. Dann wirst du hassen, was ich zu sagen habe.

Prediger in aller Welt sagen Folgendes: »Die Gemeinde von Laodizea ist DIE Gemeinde, die die Gemeinde der Neuzeit repräsentiert.« Und darin würde ich ihnen zustimmen. Ich glaube, dass Laodizea die neuzeitliche Gemeinde ist. Doch wie wir diese Gemeinde sehen, hängt ganz davon ab, was Jesus mit den Bezeichnungen »heiß«, »kalt« und »lau« meinte. Zunächst einmal an alle, die beim Lesen der Lehreinheiten über die Offenbarung gleich zu diesem Kapitel gesprungen sind: Jesus legt die Parameter für die Deutung seiner Botschaften an die Gemeinden gleich zu Beginn von Kapitel 1 fest. Solltest du also jenen Teil ausgelassen haben, wirst du alles andere falsch verstehen. Hier nochmal das Bild: Es zeigt Jesus, der auf der Erde zwischen den sieben Leuchtern umhergeht (die Leuchter repräsentieren die sieben institutionalisierten Gemeinden). Wie geht Jesus gleichzeitig zwischen allen sieben Gemeinden umher? Er tut es durch sein Volk. Jesus geht in dir und in mir auf der Erde umher. Wohin du gehst, da geht auch Jesus hin.

Was wir in der Offenbarung also tatsächlich sehen, ist ein Bild von Jesus in Gottes Volk, das diese sieben Dienste, diese sieben Gemeinden, beurteilt. Manche dieser Dienste schneiden gut ab. Manchen müssen zurechtgewiesen werden. Andere wiederum sind einfach nur furchtbar und gehören entfernt. Jesus sagt, dass er dabei die Entscheidung trifft, den Leuchter von seinem Platz zu entfernen. Damit ist gemeint, dass du, als Teil von Gottes Volk, die Entscheidung triffst, eine Gemeinde nicht länger zu unterstützen. Du verlässt diese Gemeinde und die Gemeinde stirbt; ihr Leuchter wird von seinem Platz entfernt. Es ist Jesu Botschaft an die Pastoren (die Boten – diejenigen, die seine Botschaft tragen); Jesus lässt sie durch seine Botschaft wissen, was sie richtig lehren und was nicht.

Deshalb ist das Erste, woran du dich erinnern musst, wenn du hörst, dass Jesus dich aus seinem Munde speien will, dass er dabei nicht von *dir* spricht. Tatsächlich spricht er über KEINEN Gläubigen. Jesus tut so etwas nicht. Er spricht über die Gemeindeorganisation in Laodizea, die Übelkeit bei ihm erregt, wenn er darüber nachdenkt, was dort gepredigt wird.

Nun, ich bin in der Gemeinde von Laodizea gewesen. Diese Gemeinde hat viele Außenstellen über die ganze Welt verteilt. Ich habe die Nahrung gegessen, die dort von der Kanzel aus serviert wird und sie verursachte in mir genau das gleiche Gefühl von Übelkeit. »Wenn ich das, was ich gehört habe, nur aus meinem System herausbekäme; wenn ich mich einfach übergeben könnte, würde ich mich danach besser fühlen!«

Doch die Sache ist die: Lass dir von niemandem erzählen, Jesus wolle Menschen ausspucken, weil sie lau sind. Davon ist hier nicht die Rede.

Das Problem liegt darin, dass in Laodizea etwas gelehrt wird, das die Menschen beeinträchtigt und sie davon abhält, mit Jesus eine vertraute Beziehung zu haben. Es wird etwas gelehrt, das die Menschen in einem Zustand des Mangels und des Elends festhält. Vers 17: »*Denn du sprichst: Ich bin reich und habe Überfluss, und mir mangelt es an nichts! – und du erkennst nicht, dass du elend und erbärmlich bist, arm, blind und entblößt.*«

In Laodizea liegen also Dinge verborgen, die es anzusprechen gilt. Jesus beginnt damit, indem er sagt: »Hier ist eure Wahrnehmung von euch selbst.« Du sprichst: »*Ich bin reich und habe Überfluss, und mir mangelt es an nichts.*« Das ist die äußere Erscheinung der Gläubigen in Laodizea. Es dreht sich alles um materiellen Reichtum. Offensichtlich war die Lehre, die dort verbreitet wurde, eine sehr vertraute Lehre des Judentums: Wenn du reich an Besitztümern bist, bedeutet das, dass du von Gott gesegnet bist. Ihre ganze Aussage bezüglich ihrer Identität (wie sie sich selbst sehen) konzentriert sich daher auf materiellen Reichtum. »Ich bin reich, ich bin wohlhabend geworden, und mir mangelt es an nichts.«

Nun, diese jüdische Gleichung – Reichtum = der volle Segen Gottes – stimmt nicht. In dieser Lehre waren sie gefangen und somit unfähig, in ein tiefergehendes Verständnis von Jesus hineinzukommen.

Jesus zeigt ihnen den wahren Zustand ihrer Seelen. Er sagt: *»Du erkennst nicht, dass du elend und erbärmlich bist, arm, blind und entblößt.«*

Was ich dir zeigen will, ist, dass Jesus uns an dieser Stelle eine genaue Beschreibung davon gibt, was lau sein bedeutet. Denn das ist hier das Problem, richtig? Diese Gemeinde lehrt und erzeugt Lauheit. Was bedeutet Lauheit? Laut Jesus bedeutet es offensichtlich, dass du (im Inneren, in deinem Herzen) »elend und erbärmlich, arm, blind und entblößt bist«.

Denk einen Moment darüber nach. Wenn du erbärmlich bist, dann weißt du es auch. Da bin ich mir ziemlich sicher. Doch wenn du davon überzeugt bist, dass Erbärmlichkeit normal ist, dann reagierst du mit einem »Was will man da machen?«. Wenn elend, erbärmlich, arm, blind und entblößt zu sein zum Leben eines Gläubigen gehört, dann ist dieser Zustand normal. So will Gott mich haben, und daran kann ich nichts ändern. Ich sollte mich über mein Elend freuen.

Viele Leute lehren, dass voller Kummer zu sein der ideale Zustand eines Christen ist. Sie nennen es nur anders, sie verwenden Begriffe, die religiöser klingen. Sie nennen es beispielsweise den »Weg des Kreuzes«; die Notwendigkeit, dem eigenen Ich abzusterben (ohne zu verstehen, dass dem Ich abzusterben bedeutet, den eigenen Anstrengungen, mit Gott ins Reine zu kommen, zu entsagen). Oder sie nennen es *Zerbrochenheit*, was in Wirklichkeit dasselbe ist wie *erbärmlich*. »Gott will dich in einem Zustand der Zerbrochenheit ihm gegenüber halten.« »Ich bleibe vor Gott in einer Haltung der Zerbrochenheit.« Das klingt so fromm, nicht wahr? Ein weiteres Wort, das verwendet wird, ist *Demut*. »Er will mich demütig halten.« Mit demütig meinen sie, es müsse ihnen »leidtun«. Sie müssten sich wegen der Sünden schlecht fühlen, weil das in ihrem Denken mit Belehrbarkeit gleichzusetzen ist. Womit es sich tatsächlich gleichsetzen lässt, ist ein fortwährender Zustand der Verdammnis. Selbstverständlich ist das nicht die Bedeutung von *demütig*. Jesus war demütig. Demütig zu sein bedeutet, du kennst deine Stellung vor Gott. Es bedeutet, du weißt, wer Gott ist und auch, wer du im Verhältnis zu Gott bist. Das ist echte Demut. Doch wenn du denkst, Demut hieße zu bereuen und gebrochen zu sein, dann wirst du auch glauben, sich elend zu fühlen sei der normale Zustand im Reich Gottes.

Ich glaube, dass dies eine der größten Lügen ist, die in der Gemeinde durch zeitgenössische Musik und in Predigten und Lehren aufrechterhalten wird, nämlich dass der Weg zu einer dauerhaften Gemeinschaft mit Gott über eine permanente Haltung der Zerbrochenheit ihm gegenüber führt. »Zerbreche mich, oh Gott.« Nein. Jesus kam, um die Gebrochenen zu heilen. Jesus will nicht, dass gebrochene Menschen gebrochen bleiben. Er will, dass gebrochene Menschen geheilt werden. Jesus sagte über den Vater: »Er hat mich gesandt, um die gebrochenen Herzen zu heilen.« Jemand mag fragen: »Was ist mit der Schriftstelle: ›*Ein zerbrochenes und zerschlagenes Herz wirst du, o Gott, nicht verachten*‹ aus Psalm 51?« Genau, ein Psalm aus dem alten Bund. Du bringst deine Zerbrochenheit unter dem Gesetz zu Gott und was tut er damit? Er will sie heilen! Gott will gesunde Menschen. Er will geheilte Menschen. Zerbrochenheit ist keine Tugend. Sie ist Teil des Fluches, und Jesus kam, um sie zu heilen.

Jesus sieht die Zerbrochenheit der Menschen in Laodizea und trauert darüber. »Das ist so unnötig. Aber ihr seid gelehrt worden, das sei normal. Ihr seht nicht, wie unnormal das ist.« Sieh dir die Worte an, die Jesus verwendet. Er sagt, »*du bist elend*« – im Griechischen ist es das Wort *talaípōros*, was so viel heißt wie

»eine Härtung durchlaufen« oder »eine Verhärtung tragen«. Dahinter steht interessanterweise das Wort für Talent (dabei handelt es sich um eine Masse- und Währungseinheit – wie die Talente in dem Gleichnis, in dem die Diener Talente aus Gold erhalten). Dies ist also ein direkter Verweis auf Münzen, die durch Beimischung wortwörtlich »gehärtet« wurden, was zu einer Verringerung des tatsächlichen Münzwerts führt. Heute würde man es vielleicht eher so ausdrücken: »Wenn man alles in die Waagschale wirft, kommst du dabei schlecht weg. Du hast das Ziel verfehlt, lässt es aber so aussehen, als sei das nicht der Fall.« Das ist die Umschreibung von elend. Deshalb sagt Jesus im nächsten Vers: »Kaufe Gold von mir. Es ist geläutertes Gold, es ist Gold, das absolut rein ist.« Dazu komme ich gleich.

Jesus sagt, dass sie elend sind (dass in ihrem Herzen etwas fehlt, denn es geht um ein Problem im Inneren) und erbärmlich (was sie wissen, es aber für normal halten). Dann sagt er weiter, dass sie *arm* sind (wörtlich: *jemand, der bettelt*). Genau das ist das Wort hier. *Jemand, der bettelt*. Wen betteln sie an? Sie betteln Gott an. Das ist ihre gängige Praxis. Sie denken, Gott anzubetteln sei normal.

Das beschreibt die meisten Leute in der modernen Gemeinde. Bitte Gott um das tägliche Brot. Bitte Gott um Vergebung. Gott zu bitten ist die normale Vorgehensweise, um von Gott etwas zu bekommen. Nein. Das ist normal unter dem alten Bund. Aber nicht im neuen Bund. Im neuen Bund heißt es: »*... in welchem wir auch ein Erbteil erlangt haben*« (Vergangenheitsform – Eph 1,11). »*Das Erbe Abrahams ist in Christus Jesus auch zu den Heiden gekommen*« (Vergangenheitsform – Gal 3,13-14). »*Der uns gesegnet hat mit jedem geistlichen Segen in den himmlischen [Regionen] in Christus*« (Vergangenheitsform – Eph 1,3). Kein Betteln mehr. Die Tür zum Himmel steht offen. Als solche, die an das vollendete

Werk Jesu glauben, empfangen wir einfach, was uns bereits gehört. Das ist das Leben des Christen. Wenn du aber denkst, Betteln sei normal, dann tust du es auch. Du wirst als Bettler vor deinem Vater stehen. Bekommst du eine Vorstellung davon, was in Laodizea gelehrt wird?

Sie sind bedürftig (kommen bei Gott schlecht weg), sie sind in ihren Herzen elend, sie betteln um das, was sie benötigen, und … sie sind blind und nackt. Sieh dir diese beiden letzten Punkte an.

Sie sind blind. Wir haben ja bereits festgestellt, dass wir nicht über physische Dinge, in diesem Fall über körperliche Blindheit, sprechen. Es ist ein Symbol, das Jesus benutzt, um ein Problem aufzuzeigen. Was meint Jesus damit, wenn er sagt, sie seien blind? Während seines Dienstes auf der Erde verwendete Jesus diesen Begriff oft als Sinnbild, um damit ein geistliches Problem zu benennen. Doch er wandte es ausschließlich, einzig und allein, auf die Blindheit der Pharisäer an. Matthäus 23,16: »*Wehe euch, ihr blinden Führer.*« Vers 24: »*Ihr blinden Führer, die ihr die Mücke aussiebt, das Kamel aber verschluckt!*« (Ich liebe diesen Satz – sie ertragen es nicht, das Einfache – das Evangelium der Gnade – zu schlucken, stattdessen versuchen sie lieber das Unmögliche, indem sie das Gesetz Gottes verschlucken.) »*Ihr seid Geschirr, dessen Äußeres rein ist, inwendig seid ihr aber schmutzig*« (Vers 25). Vers 26: »*Du blinder Pharisäer, reinige zuerst das Inwendige des Bechers und der Schüssel, damit auch ihr Äußeres rein werde!*« Matthäus 15,14: »*Sie sind blinde Blindenleiter! Wenn aber ein Blinder den anderen leitet, werden beide in die Grube fallen.*« Nur so verwendet Jesus den Begriff »geistliche Blindheit«, und er wendet ihn auf die Pharisäer an.

Verstehst du, worum es hier geht? Das sind diejenigen, die denken, ihre Heiligkeit werde durch ihr TUN bestimmt. Sie sind diejenigen, die blind sind. Sie sind die, die, wie Jesus sagt, von sich behaupten: »Ich kann sehen; ich sehe den Weg, der zu Gott führt. Er besteht darin, viel Gutes zu tun. Er besteht in einem rechtschaffenen Leben, in meinen Bemühungen um Gerechtigkeit.« Nein, das ist Blindheit. Es ist Selbstbetrug. Die einzige Möglichkeit, die Innenseite des Bechers zu reinigen, besteht darin, die Reinigung durch Jesus zu empfangen und Gerechtigkeit als Geschenk anzunehmen. Doch was wird in Laodizea gelehrt? Es ist eine Gemeinschaft, die aus Nachfolgern Christi besteht. Sie glauben an Jesus, sind aber blind und verlassen sich auf ihre eigene Gerechtigkeit. Wohin führt sie das? Es lässt sie in ihrem Denken nackt vor Gott stehen, was der letzte Punkt auf Jesu Liste ist. In ihren Köpfen stehen sie voller Scham vor Gott.

Hör zu: Solltest du dich jemals davor schämen, zu Gott zu kommen, dann deshalb, weil dein Handeln von der Denkweise der Pharisäer bestimmt ist. Du bist blind gegenüber dem wundervollen Weg der Gnade, den Jesus dir bereitgestellt hat. Du denkst, du musst dir Gottes wohlwollende Aufmerksamkeit durch dein gutes Betragen verdienen. Das ist Blindheit. Du hast damit offenbart, dass du unfähig bist zu sehen, was Jesus für dich getan hat. Du glaubst, deine Sünden verdecken zu müssen, bevor du zu Gott kommst. Das ist Blindheit. Die Menschen in Laodizea waren blind. Sie näherten sich Gott voller Scham. »Mir tut es so leid, dass ich schon wieder diese Sünde begangen habe, oh Herr. Wie erträgst du mich nur? Wie kannst du mir vergeben?« Das sind die Worte blinder Pharisäer; Menschen, die den alten Bund des Gesetzes, der auf deinen Werken basierte, mit dem neuen Bund der Gnade, der aus dem Glauben an Jesus kommt, vermengen.

Nun, da haben wir es.

Was ist die laue Gemeinde, die Gemeinde nach dem Vorbild von Laodizea? Sie ist eine Gemeinde der Vermengung. Sie ist eine Gemeinde, die die Kälte der Steintafeln des alten Bundes mit der

Hitze der Gnade des neuen Bundes – des neuen Bundes Jesu – vermengt. »Wir glauben an Jesus, doch wir verlassen uns noch immer auf unsere eigene Gerechtigkeit.« Und was bei dieser Mixtur herauskommt, sind Menschen, die denken, es sei normal, elend, erbärmlich, arm, blind und nackt zu sein.

Jesus sagt über diese Gemeinde, die alles miteinander vermengt: »Deine Lehre verursacht mir Übelkeit. Sieh nur, was sie meinem Volk antut. Sieh, wohin es die Menschen geführt hat. Sie wissen nicht, was ihnen gehört. Sie laufen immer noch nackt und beschämt herum. Und es geht ihnen erbärmlich.«

Und schon sind da überall Prediger, die sagen: »Oh, die Lösung für deine Lauheit ist zu erkennen, wie sehr du versagt hast, Volk Gottes. Werde heiß, brenne für Jesus, fange an, mehr für ihn zu tun. Verausgabe dich für ihn; gib mehr, bete mehr, faste mehr, gib mehr, lies öfter deine Bibel, gib mehr. Habe ich schon erwähnt, dass du mehr geben sollst?« Nein, nein, tausendmal nein! Leute, die dieses »Werke«-System propagieren, sind Blindenführer für die Blinden. Und beide werden in die Grube fallen.

Jesu Lösung für die Menschen in Laodizea, die diese scheußliche Lehre empfangen hatten, lautete nicht: »Geht hinaus und tut mehr.« Welch eine Ironie, dass Prediger allerorts lehren, die Lösung für eine laue Gemeinde sei »Begeisterung zu entwickeln und mehr zu tun, wirklich ernst zu machen mit dem Leben als Christ«. Doch Jesus bietet dies niemals als Lösung an. Jesus sagt: »Lass mich Zeit mit dir verbringen, ich werde dir sagen, wer du bist.« »Siehe«, sagt Jesus ZU GLÄUBIGEN, »*ich stehe vor der Tür und klopfe an. Wenn jemand meine Stimme hört und die Tür öffnet, so werde ich zu ihm hineingehen und das Mahl mit ihm essen und er mit mir.*« Jesus sagt: »Wir werden gemeinsam am Tisch sitzen und miteinander reden. Und ich werde dir sagen, wer du bist.« Jesu Lösung für Lauheit war nicht »tu mehr, steigere deine

Leistung«. Sie lautete: »Höre, was ich über dich sage.« Jesu Lösung ist im nächsten Vers (Vers 18) klar dargelegt (so überaus klar!), dennoch predigen sehr viele Prediger Jesu Lösung nicht – denn schließlich wollen wir ja nicht, dass die Bibel unseren Predigten in die Quere kommt!

Jesus versucht hier, den in seinem Volk durch dieses Gemisch von Lehre entstandenen Schaden rückgängig zu machen. Wenn die erste Predigt, an die man sich erinnern kann, diese Bibelstelle zum Inhalt hatte und dabei alles durcheinandergemengt wurde, dann gibt es für Jesus eine ganze Menge rückgängig zu machen! Mein ganzes Erwachsenenleben hindurch fühlte ich mich erbärmlich und bettelte zu Gott, bettelte, weil ich wusste, ich war es nicht wert, aus seiner offenen Hand zu empfangen. Ich musste mit Gott verhandeln: »Wenn du das für mich tust, Gott, werde ich das hier für dich tun, Herr. Ich werde Opfer für dich bringen.« Das ist ein unwürdiges Leben. Ein erbärmliches Leben. Es ist das Ergebnis einer Botschaft, die alles miteinander vermengt. Sie lässt dich vor Gott in einem Zustand des Mangels verharren. Sie lässt dich deine Beziehung zu Gott auf dein eigenes Tun gründen. Lässt deine guten oder schlechten Taten bestimmen, wie zufrieden Gott heute mit dir ist. Und (das ist der Kern des Ganzen!) es lässt dich die Scham über deine Missetaten empfinden. Das meint Jesus damit, wenn er über die Schande deiner Nacktheit spricht. Wir möchten uns mit unserem Tun bedecken. Wir wollen in der Lage sein, zu Gott zu sagen: »Immerhin habe ich das für dich getan. Siehst du? Ein kleines Feigenblatt.« Und die ganze Zeit über wissen wir, dass das nicht genug ist. Doch wann wird es genug sein?! Wann wirst du genug tun, um deine Blöße bedecken zu können?! Niemals! Niemals! Niemals! Also hör auf, es zu versuchen.

Du brauchst etwas, das nicht aus deinen eigenen Bemühungen kommt. Etwas, das nur Jesus dir geben kann. Vers 18: »*Ich rate dir, von mir Gold zu kaufen, das im Feuer geläutert ist, damit du reich wirst, und weiße Kleider, damit du dich bekleidest und die Schande deiner Blöße nicht offenbar wird; und salbe deine Augen mit Augensalbe, damit du sehen kannst!«* Was sehen? Jesus sehen. Sehen, was er für dich erworben hat. Gold, das im Feuer geläutert ist. Interessanterweise ist es nicht im Feuer geläutertes *Silber.* Silber ist das Metall, das den Menschen versinnbildlicht.

Das Alte Testament sagt, dass Menschen geläutert werden wie Silber im Feuer. Geläutert durch Prüfungen. Und so lehren überall Prediger, dass du im Feuer der Prüfungen und Opfer geläutert werden musst. Das sei die Art und Weise, wie du rein wirst. »Lass Feuer fallen, Gott.« Nein. Das war Reinheit unter dem Gesetz; Läuterung – so wie Silber geläutert wird. Was Jesus gibt, ist *Gold,* das Metall Gottes; das Metall, das für Gott steht. *Er* ging durch das Feuer. *Er* ging durch die Prüfung und *er* wurde zum Opfer. Und er *gibt* dir das Ergebnis seines Werkes: das volle, reine Gewicht seiner Erlösung! Vollständig bezahlt. Nichts fehlt hier. Keine Schummelei bei der Zahlung.

Du bist vollständig erlöst! Und das Erbe, das er für dich erworben hat, jede gute Sache für dein Leben, ist nun in deinem Besitz. Sieh es! Du bist reich. Sage jetzt: »Ich bin reich. Alles, was ich brauche, ist mir von Jesus gegeben worden.«

Er sagt: »Ich gebe dir weiße Kleider, damit du dich bekleidest und die Schande deiner Blöße nicht offenbar wird.« Das ist das Geschenk der Gerechtigkeit. Und es ist überaus wichtig, das zu verstehen. Wir müssen immer wieder daran erinnert werden, denn ohne Gerechtigkeit (was wörtlich »das Recht auf« bedeutet) fühlen wir uns unwürdig, irgendetwas von Gott zu empfangen. Ohne die Gerechtigkeit Jesu, die er dir als ein Gewand gibt, um deine Blöße zu bedecken, wirst du dich unwürdig fühlen und nicht davon überzeugt sein, dass Gott dir irgendetwas geben möchte. Wie du siehst, heißt die Lösung für ein Dasein als Bettler: Gerechtigkeit. Du hast ein Recht auf dein Erbe.

Deshalb sagt Jesus, dass das Gewand, das er dir gibt, *leukos* weiß ist. Weißt du noch, was *leukos* Weiß ist? *Leukos* ist kein normales Weiß. Es ist ein strahlend helles Weiß. Es ist ein Verklärungs-Weiß, ein Wiederauferstehungs-Weiß (dasselbe Wort für Weiß, das Jesus in jenen Bibelstellen verwendet, verwendet er auch hier). Ein Weiß, wie es kein Textilhersteller der Welt zu erzeugen vermag, wie es kein noch so starkes Bleichen und keine noch so große Mühe deinerseits erreichen kann – strahlend helles, blendendes Weiß. So weiß ist dein Gewand. Zieh es an. Sieh dich darin. Es ist seine Gerechtigkeit, die deine Blöße bedeckt. Sie bedeckt dein Empfinden, nicht genug zu tun. Sie macht dich würdig. Christus ist deine Würde. Je mehr du das erkennst, desto einfacher wird es für dich, dein Erbe zu empfangen. Dir bleibt nicht aufgrund von Sünde irgendetwas verwehrt. Du bist uneingeschränkt berechtigt! Das bist du.

Ich werde dir sagen, wie unschuldig du bist. Das ist etwas, das du im Glauben empfangen musst. Jesus wird von Johannes dem Täufer als das Lamm Gottes bezeichnet, das die Sünden der ganzen Welt wegnimmt. Tatsächlich sagte Johannes damit, dass das gesamte Opfersystem unter dem alten Bund nur ein Bild für Jesus war. Dass das Opferlamm ein Sinnbild für Jesus war, der dauerhaft, mit dem einen Opfer seiner selbst, jede einzelne Sünde, die es jemals gab und jede einzelne Sünde, die es jemals geben würde, wegnehmen würde. Er würde diese Sünden auf sich nehmen und er würde dir seine Unschuld geben.

Unter dem alten Bund wähltest du ein Opferlamm aus, das für deine Sünden sühnte. Dieses Lamm wurde symbolisch zu deiner Sünde. Und du empfingst – symbolisch – die Unschuld des Lammes.

Das ist ein Bild für die Unschuld, die auf dich übertragen werden sollte. Du wurdest wie das Lamm. Wie war das Lamm? Das Lamm konnte sich gemäß seiner Natur nicht an der Sünde beteiligen, die du begingst. So unschuldig war es. Es war so unschuldig, dass es die Sünde noch nicht einmal begreifen konnte. Du hättest dem Lamm die Sünde nicht so erklären können, dass es in der Lage gewesen wäre, sie nachzuvollziehen. Aber es ist nicht nur unschuldig aufgrund fehlender Sünde oder mangelndem Verständnis, sondern es ist unschuldig *geschaffen*. Es ist in seinem Wesen unschuldig, es ist von seiner Art her unschuldig. Es kann absolut nichts mit der Sünde zu tun haben, an der du teilhast.

Wenn die Zeit für das Opfer gekommen war, legte die Person, die gegen das Gesetz verstoßen hatte, ihre Hände auf den Kopf des Lammes und bekannte ihre Sünde über diesem Lamm, danach wurde das Lamm zur Sühne für diese Sünde geopfert. Die Schuld wegen deiner Sünde, genau genommen die Sünde selbst, wurde auf das Lamm übertragen, sodass sie nicht länger auf dir lag. Darüber hinaus wurde die Unschuld des Lammes auf dich übertragen. Dieses Lamm war nicht einfach nur deshalb unschuldig, weil es nicht an deiner Sünde teilhatte. Die Unschuld, die es besaß, lag in seiner Natur, in seinem Wesen (in seiner Unfähigkeit, Sünde überhaupt zu begreifen); und DIESE Unschuld, diese Reinheit wurde auf die Person übertragen.

Das Lamm Gottes, Jesus, dein Herr, nahm jede vergangene und zukünftige Sünde – Milliarden und Abermilliarden von Sünden – auf sich. Er, der von keiner Sünde wusste (der nie an Sünde teilhatte und darüber hinaus aufgrund seines Wesens Sünde nicht begreifen konnte), nahm deine Sünde auf sich und gab dir seine völlige Unschuld; Unschuld als Wesensart, als beabsichtigter Zustand.

Du bist aber nicht nur in einem fortwährenden Zustand der Vergebung vor Gott. Du bist nicht wie jemand, dem einfach nur für immer vergeben wurde. Vielmehr hat Jesus seine eigene Unschuld auf dich übertragen, er hat sie dir als Geschenk gegeben und du besitzt jetzt, in diesem Moment, **die Unschuld der Natur Christi höchstpersönlich**, die *von ihrem Wesen her* NIEMALS an Sünde beteiligt sein kann. Sie kann sie überhaupt nicht begreifen. Sie ist nichts als reine Unschuld. Und das ist das Geschenk, in das er dich wie in ein Gewand einhüllt. Die Tiefe deiner Unschuld vor Gott ist etwas, worin du schwimmen kannst. Das ist deine Unschuld. Dein wahres Ich, dein Geist, kann Sünde nicht länger begreifen. Deshalb sagte der Apostel Johannes, dass Gläubige *nicht sündigen können*. Das ist die Natur deines Geistes. Dein Geist behält dauerhaft seine Unschuld vor Gott. So sieht er dich nicht nur. So bist du auch wirklich; das ist dein wahres Ich. Das ist das *leukos* weiße Gewand, das dich einhüllt. Du bist würdig. Du bist würdig! Es bedeckt deine Blöße. Es bedeckt deine Scham. Du musst dich nicht länger vor Gott schämen.

Es gibt nur noch Frieden. Nur noch Liebe. Nur noch Freude. Sieh dich nur an! Seine Herrlichkeit (seine Natur) umgibt dich wie ein Gewand, und sie ist zu deiner *Herrlichkeit* geworden, indem Jesus in dir wohnt. Was bedeutet das? Es bedeutet nicht nur, dass du würdig bist, dein Erbe in Empfang zu nehmen. Es bedeutet mehr. Weitaus mehr. Er ruft dich auf, deinen Platz an der Tafel Gottes einzunehmen! Du bist in den Stand der Gemeinschaft mit der Gottheit erhoben worden. Vers 21: »*Wer überwindet …*« (Was überwindet? Dieses missbräuchliche, anti-christliche Lehrgemisch!) »*… dem will ich geben, mit mir auf meinem Thron zu sitzen, so wie auch ich überwunden habe und mich mit meinem Vater auf seinen Thron gesetzt habe.*« Du hast einen Platz an der Tafel Gottes. Rede mit ihm über alles. Rede mit ihm, um deine Identität zu verstehen. Um in diesem Leben zu herrschen.

RYAN RUFUS

Extra reine
Gnade

Ölbaum **versus** *Feigenbaum*

Extra reine Gnade

Gesetzlichkeit, Leistungsdenken und Selbstgerechtigkeit überwuchern leicht das lebendige Vertrauen auf die Güte und Barmherzigkeit Gottes – und lassen es mehr und mehr absterben. Ryan Rufus zeigt, wie hässlich und zerstörerisch dieser Vorgang ist. Dem stellt er sinnbildlich den heilsamen Ölbaum gegenüber: Glauben, der auf der unverfälschten, der extra reinen Gnade Gottes beruht.

Rufus erklärt, was es bedeutet, sein Denken zu erneuern, wie es im Römerbrief heißt, und wie der neue Weg des Geistes aussieht – im Gegensatz zum alten Weg des Gesetzes. Auch zahlreiche andere Aussagen der Bibel deutet er unter dem Blickwinkel der Gnade und träufelt damit gleichsam heilsames Öl auf wunde Christenseelen.

Das Evangelium in zehn Wörtern

In Christus sind wir geliebt, versöhnt, gerettet, angenommen, heilig, gerecht, der Sünde gestorben, neu und königlich. Kann es eine schönere Botschaft geben? In einer Zeit, in der klare Worte über die Liebe Gottes rar geworden sind, erinnert Paul Ellis an die überwältigende Wahrheit von der einfachen, köstlichen Gnade und der brennenden Leidenschaft Gottes für jeden von uns. Sein Buch ist eine Einladung, zum unverfälschten Evangelium der Apostel zurückzukehren.

Ellis nimmt seine Leser mit auf eine Entdeckungstour durch die himmlischen Schatzkammern des göttlichen Erbarmens und der Freundlichkeit des Höchsten – und er lässt sie vor der atemberaubenden Güte Gottes erschauern. Er erklärt, wie wir im Wohlgefallen Gottes leben und in allen Bereichen des Lebens Freiheit erfahren können. Es lohnt sich, Ellis auf dieser Reise zu begleiten und herauszufinden, wozu man eigentlich da ist. Das aufregende Abenteuer eines Lebens in der Liebe kann beginnen!

Weitere Bücher über
das Evangelium der Gnade
findest du unter:
www.gracetoday.de